人类网络

马修·杰克逊_著
Matthew O. Jackson
余江_译

中信出版集团 | 北京

图书在版编目（CIP）数据

人类网络：社会位置决定命运 /（美）马修 · 杰克逊著；余江译 . -- 北京：中信出版社，2019.7

书名原文：The Human Network: How Your Social Position Determines Your Power, Beliefs, and Behaviors

ISBN 978-7-5217-0406-8

Ⅰ . ①人… Ⅱ . ①马… ②余… Ⅲ . ①社会网络 – 分析方法 – 应用 – 经济学 – 研究 Ⅳ . ① C912.3 ② F0

中国版本图书馆 CIP 数据核字（2019）第 072169 号

人类网络——社会位置决定命运

著　　者：［美］马修 · 杰克逊
译　　者：余江
出版发行：中信出版集团股份有限公司
（北京市朝阳区惠新东街甲 4 号富盛大厦 2 座　邮编　100029）
承 印 者：北京诚信伟业印刷有限公司

开　　本：787mm × 1092mm　1/16　　印　　张：21.25　　字　　数：280 千字
版　　次：2019 年 7 月第 1 版　　印　　次：2019 年 7 月第 1 次印刷
京权图字：01-2019-2352　　广告经营许可证：京朝工商广字第 8087 号
书　　号：ISBN 978-7-5217-0406-8
定　　价：68.00 元

献给萨莉和哈尔

目 录

第1章

引言：网络与人类行为

导读

◎移动互联与社交媒体让我们的世界小到“尽在掌握”，但在技术革命背后，传播消息和情绪的最终还是人与人构成的网络。

◎一沙一世界，一个小学班级的家长群可能构建的朋友关系网络，其数量竟然远超过宇宙中的原子总数。

◎与随机网络不同，人类网络有着极其普遍却令人吃惊的各种特征。除身边的亲朋好友，整个社会和经济往来都属于“人类网络”，归根到底是人与人的交往。

◎你的网络，就是你的命运。

更多的事情在改变

在1492年左右开始的全球化1.0阶段，世界从大尺度走向中等尺度。在给我们带来跨国公司的全球化2.0阶段，世界从中等尺度走向小尺度。到2000年左右的全球化3.0阶段，世界从小尺度走向微型化。

——托马斯·弗里德曼（《世界是平的》作者），
接受《连线》杂志采访

2010年12月17日，26岁的街头小贩穆罕默德·布瓦吉吉在突尼斯中部一座尘土飞扬的小城西迪布济德自焚。他以这一行动，向二十多年统治期间反复镇压各种反对派的极权政府表达绝望和愤怒。布瓦吉吉的家人长期以来直言不讳地批评政府，他因此频繁遭受当地警察的骚扰。当天早上，警察又公开羞辱他，并没收了他的货品，这成为压垮他的最后一根稻草。布瓦吉吉往自己身上倒满汽油，纵火自焚以示抗议。

如果是几十年前，这一故事的结局也就是爆发数千人参与的抗议。西迪布济德以外的人甚至很少会知道那里发生了什么事件。然而这次，布瓦吉吉自我牺牲后引发的各种视频却不可阻挡地通过社交媒体快速传播，并被广泛报道。事发几周前，维基解密网站曾曝光有关的机密文件，突尼斯和其他国家进行镇压的消息已在网上疯传。随后爆发的“阿拉伯之春”运动也正是依靠脸书和推特等社交媒体与移动电话，才得以发动并组织起来。[①]

尽管这些通信手段是现代的，但传播消息和愤怒情绪的最终还是人类网络。新的特点在于消息传播的广泛和迅速，以及人们可以联合做出响应。要理解究竟发生了什么，我们仍需弄清楚消息如何在人们之间传递，还有人们的行为如何相互影响。

由此爆发的浩大而激烈的抗议行动让突尼斯政府在2011年1月中旬倒台。动荡波及邻近的阿尔及利亚，并在接下来的两个月里蔓延到阿曼、埃及、也门、巴林、科威特、利比亚、摩洛哥、叙利亚，甚至沙特、卡塔尔和阿联酋。“阿拉伯之春”运动的成败有待讨论，但抗议运动在这片地区如此快速蔓延非但在历史上没有先例，而且凸显了人类网络在我们生活中的重要地位。

正如上文引述的托马斯·弗里德曼的访谈，随着人类的通信手段在近来发生的巨大变革，这个世界比以前缩小了很多个数量级：传统纸媒、信件邮递、海外旅行、火车、电报、电话、收音机、飞机、电视、传真机……互联网技术与社交媒体不过是关于人类在何种距离、以何种速度、与何人交流的漫长进化史的最新篇章。

虽然人类之间的交流网络正在改变，但其中的许多部分却是持久并可预测的。理解人类网络及其变化过程，可以帮助我们回答有关当今世界的很多问题，例如一个人在网络中的位置如何决定他的影响力和权势？根据来自朋友的信息形成自己的观点，会让我们陷入哪些系统性的错误？金融市场的传染现象是如何形成的，为什么不同于流感的蔓延？我们社会网络的割裂如何导致了不平等、社会固化与两极分化？全球化正在如何改变国际冲突和战争？

尽管人类网络在回答上述问题时起着关键作用，但人们在分析重要的政治和经济行为与趋势时，却往往将其忽视。这不代表我们没有研究过人类网络，而是我们对网络作为人类行为的驱动力的科学知识同大众和决策者的认知之间存在缺口。本书的目标正是要缩小这一缺口。

本书的每一章都将展示人类网络如何改变我们对问题的思考，全书的主题是网络如何促进我们对各种社会和经济行为的理解。

有几种关键的人际关系特征在发挥重要作用，因此本书讲述的内容不只是强调一种理念。读完全书后，你会更充分地认识到自己所处的网络在多个方面的重要性。我们的讨论还将出自两种不同视角：一种是关于网络如何形成，以及为什么展现出某些关键的特征；另一种则是关于这些特征如何决定我们的权势、观点、机遇、行为和成就。

亿万人构成的网络

> 生活其实很简单，但我们非要让它复杂化。
>
> ——无名氏[②]

卡尔·萨根（美国天文学家和科幻作家）在他关于宇宙的名著中谈到，我们的宇宙中存在亿万颗恒星。据估计，目前宇宙中可观测到的恒星数量达到了 $300 \times 1\ 000^7$，即300 000 000 000 000 000 000 000 颗。这个数字听起来匪夷所思。像我一样，你或许也会因此感到自身的渺小卑微，对大自然充满敬畏。

然而神奇之处在于，比起一个小小的社群——如一间教室、一家俱乐部、一个团队，或一家小公司的员工——之中可能存在的各种朋友关系网络的数量，以上数字却微不足道。不可能吧？你会质疑，怎能得出这样的结论？

我们假设有个 30 人构成的社群，例如学校里某个班级的家长。从中选出任何一位来，比如莎拉。我们设想，她在这个社群里经常交谈的人或者可以求助的人，都视为她的朋友，那么，莎拉有可能与其他 29 人结为朋友。再看第二个人，比如马克，除去同莎拉的朋友关系外，他还可以与其他 28 人结为朋友。照此推算下去，在这个小社群中可以结为朋友的两两组合的数量为：$29+28+27+\cdots+1=435$。朋友关系看起来并不太多，却可能由此构筑起数量极其庞大的人际关系网络。

假如这个社群完全无法交流，没有人成为其他任何人的朋友，我们将会得到一个“空”网络，不存在任何朋友关系，所有 435 个可能的朋友关系都没有实现。假如这个社群非常和睦，我们则会看到另一个极端，一个“全”网络，每个人都是其他任何人的朋友。在以上两种极端情形之间有大量的网络类型。或许第一组配对的人彼此是朋友，第二组不是，第三组和第四组是朋友，第五组和第六组不是，等等。为计算出所有可能的朋友网络的数量，我们可以把每一组潜在的朋友关系标记为“是”或“否”，即存在两种可能性。因此，可能的朋友网络的数量将等于：$2\times2\times\cdots\times2$，共计 435 个项的乘积。435 次翻番的结果大致等于 1 后面加上 131 个零，而之前提到的恒星总数只有 23 个零。③因此，该社群中可能出现的朋友网络的数量将是宇宙中恒星数量的许多倍，事实上，它比我们估计的宇宙中所有原子的数量还要多出很多数量级！④

即使在 30 人的范围内，也已经难以用任何系统性的方法来标记如此众多的网络。在动物分类中，当人们提到“斑马”、“熊猫”、“鳄鱼”或者“蚊子”时，我们很清楚他们指的是什么。然而除了少数特殊类型以外，我们并不能用这类办法来描述人类网络。当然这不是说我们对其束手无策，而是强调理解社会的构成是非常复杂的任务。

对动物的分类和识别，我们可以借助某些特征：是否有脊椎？有多少条腿？是草食性、肉食性还是杂食性？是否胎生？成年后体型多大？皮肤属于何种类型？能否飞行？是否在水中生活？……在对人类网络分类时，我们也可以识别出某些关键特征。例如，我们可以通过现有的关系区分网络，这些关系是较为均衡地分布在人群中，还是能看出某些隔离模式。另外，此类特征将帮助我们理解若干重要议题，如经济不平等、社会阶层固化、政治极端化，乃至金融传染现象等。

借助人类网络的研究来理解人类的行为是可行的，有如下几方面的理由。首先，人类网络的几个主要特征对于人的行动原因有深刻的解释力。其次，这些特征是简单、符合直觉、可以量化的。再次，人的行为表现出的规律会导致带有某些特征的人类网络：很容易分辨是这些人形成的有规律的网络，还是通过随机联系形成的、并不依赖周围的其他联系或节点的网络。

例如，我们可以看看图 1.1 所示的两类人类网络：图（a）是某所高中的学生之间的亲密朋友关系网络（其细节将在本书第 5 章介绍）；图（b）是有着数量相同的节点和联系，却完全由计算机随机生成的网络。

以上两个网络有哪些显著差异？只需仔细观察，你就能窥见一二。其一是这所高中的不幸之处，有十来个学生没有亲密的朋友，而随机网络中所有的节点都存在与其他节点的联系。其二更令人吃惊，却又是人类网络的普遍特征：具有高度分隔性。网络上半部分的学生很少与网络下半部分的学生结为朋友，而随机网络中的联系则无序地指向所有方向。

在把这些高中学生的种族因素加入，形成图 1.2 后，网络的分隔特征将变得更为明显，也更能说明问题。

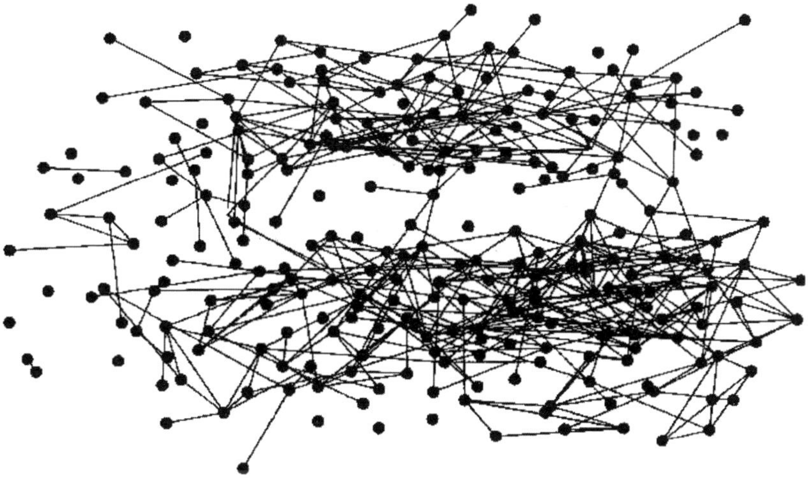

（a）　高中学生之间的亲密朋友关系网络

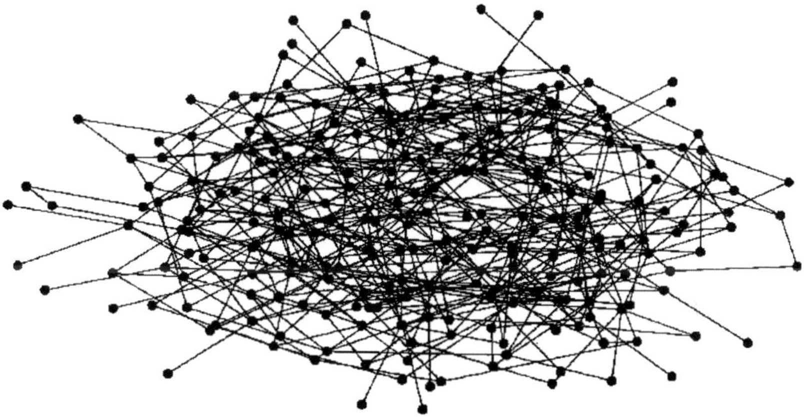

（b）　有着与图（a）同样数量与节点的随机生成网络

图 1.1　人类网络与随机网络

这种分隔是人类网络的主要特征之一，对之后的论述有着重大影响。下面将会看到，就我们为什么会形成有这种特征的网络，既有显见的解释，也源自某些微妙的理由。归根到底，我们关注这些网络及其特征是因为它们的影响，因此到本书结尾处读者会明白，为什么在高中的人际网络中出现此类分隔会对上大学的决策产生深刻的影响，却跟流感的传染基本没有关系。

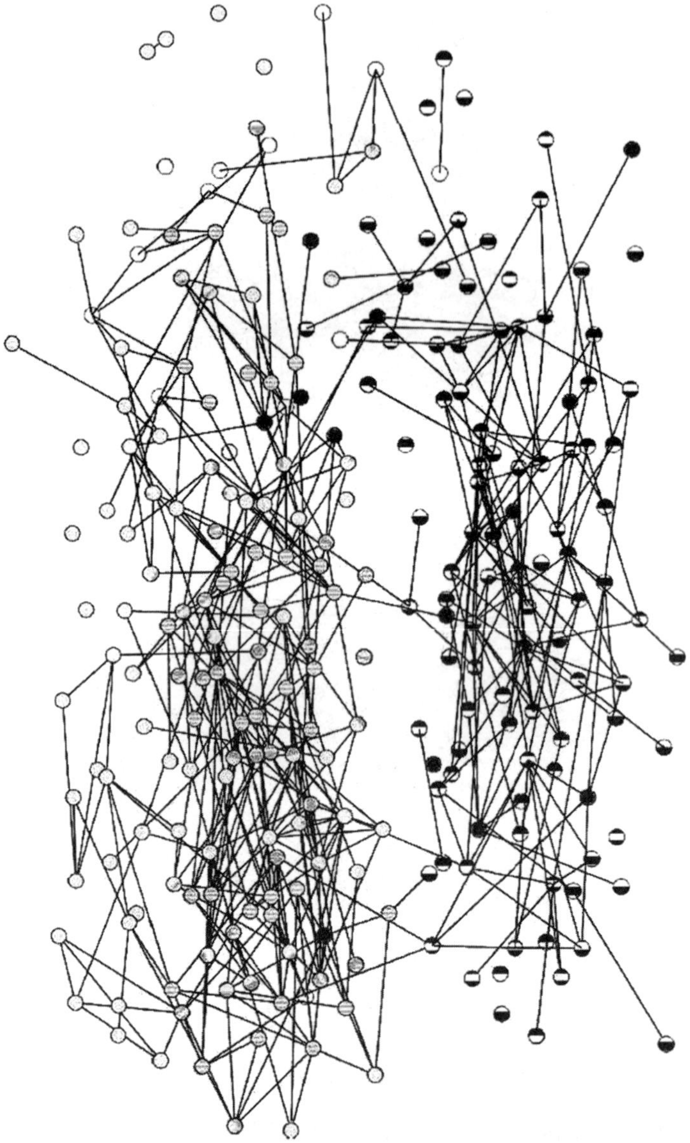

图 1.2 带有种族标记的高中学生网络。带花格的节点是“黑人”（学生自己认同的身份），灰色节点是“白人”，剩下的少数节点为“西班牙裔”（黑色节点）或者“其他/未知”（白色节点）。[5]

对人类网络的科学研究除了对我们生活的方方面面有密切的重要意义外，还是个引人入胜的领域，部分原因在于它跨越了多个学科：理解人类网络需要依靠来自社会学、经济学、数学、物理学、计算机科学与人类学等学科的核心概念和研究成果。[6]例如，我们的讨论将大量借助经济学中的外部效应概念，即人们的行为会给周围的人带来影响，并加上各种形式的反馈以放大这种效应。这些现象是许多复杂系统的共同特征：设定的条件便于描述和理解，但系统的特征和行为却可以非常丰富。

我们的讨论还将远远超越个人的亲朋熟人的关系网，甚至涉及国家之间的条约和银行之间的合同等关系。但我们考察的整个社会和经济往来最终都属于“人类网络”，因为它们都会在某个层面涉及人与人的交往。[7]

本书的出发点是，你在网络中的位置如何决定你的权势和影响力，因为这将对后续的几乎一切讨论都产生作用。我们将分析你可能发挥影响力的多种不同渠道，并逐一观察它们如何依赖于你的人际网络。

第2章

权势和影响力：网络中的核心位置

导读

◎今天是人气度的时代。名人网红的关注度直接左右着大众的观点、情感与抉择。

◎社交中的“友谊悖论”，让最受欢迎的人出现在很多人的朋友圈中。时尚业以之推动潮流走向，中学生也容易由此“沾染恶习”……

◎拥有人脉广泛的朋友比拥有为数众多的朋友更重要——关键是你认识谁。朋友的朋友，朋友的朋友的朋友……如何通过特征向量中心度测算你的全部网络影响力——这正是谷歌搜索成功的秘密。

◎美第奇家族在文艺复兴时期的崛起，缘于他们在家族婚姻与商业网络中的绝好位置，有着独一无二的“中介中心度”。

◎伟人不是生而伟大，而是越活越伟大。中心度带来更多中心度，朋友的数量会像复利那样增长。

有时候，富有理想的人会被整个业界圈子反感，被视为讨好卖乖和追求个人私利。可是，默默无闻的美德只有在天堂才会得到回报。要在这个世界上取得成功，你必须让人们知道你。

——索尼娅·索托马约尔（Sonia Sotomayor，美国最高法院大法官），《我挚爱的世界》（*My Beloved World*）

1930 年，圣雄甘地动员了数万人参与反抗英国统治的“食盐进军”（Salt March）。这是一场长度超过 200 英里 * 的步行运动，从甘地的基地到生产食盐的沿海城市丹迪，目的是抗议盐税。在当地的炎热气候下，食盐是必需品，消费量很大。高额的盐税于是成为英国殖民者给印度带来的苦难的特定象征。从更宽广的视角看，食盐进军发起的非暴力不合作运动最终结束了英国的统治。

如果你发现英国对殖民地的税收在之前遇到过类似抗议，那并不稀奇。甘地同样注意到，一个多世纪前的波士顿茶党曾反抗英国的税收。他讲道：“美国依靠苦难、英勇战斗和牺牲赢得了独立，而印度应该依靠苦难、牺牲和非暴力在上帝眷顾下实现自由。”据说食盐进军后在伦敦同印度总督欧文爵士会面时，甘地被问及希望在茶水中加糖还是奶油，他回答说不，他希望加点盐，“好让我们回想起著名的

---

* 英制单位。1 英里约等于 1.609 公里。

波士顿茶党”。[①]

食盐进军让我们瞥见了甘地后来将完成的壮举的冰山一角，他在1930 年4 月非法生产食盐的行动鼓励了数百人追随非暴力不合作运动。马丁·路德·金曾提及第一次读到甘地向大海进军时的感动。我们很容易看出这如何启发了他在发动民权运动与组织游行时的做法。

有大量的案例表明，个人有能力直接或间接地激发千百万人的行动。极大的影响范围是甘地和马丁·路德·金最终成功改变世界的关键。很自然地，一个人的位势和影响力可以通过他发动或激励的人数来判断，因为这反映了他的作用范围。

人类网络能帮助我们认清和测量这种作用范围。对作用范围的第一个测量指标是简单地数一个人认识多少人，或者有多少朋友或同事。在当今世界，我们可能还会询问，他在社交媒体上有多少关注者。我们将看到，一个人有多少朋友或关注者，对决定一个群体的认知和社交习俗有着微妙的影响。

当然，有许多直接的朋友或熟人只是个人发挥影响力的一种方式，而本章的很大部分将用来探讨权势的其他人类网络根源。无论甘地还是马丁·路德·金，对于他们动员起来的民众都只直接认识其中很小一部分，也不可能都有个人接触。他们有着重要的同盟和朋友，并通过其行动产生的宣传影响更多人。食盐进军就是从少数追随者起步，随着运动的发展和宣传的扩大，才变得声势浩大。

一个人的朋友或熟人可以很少，但如果这些朋友或熟人自身举足轻重，他也可能具有相当的影响力。此类间接作用的范围往往就是权势所在，我们能通过人类网络的概念非常清楚地看到这种影响力。借助显赫的友人来获取影响力是一种有迭代性、循环式的说法，但在人类网络的环境下，这很容易理解，并且带有许多启示。对权势和影响力的迭代的、基于网络的测量方法可以帮助我们弄清楚如何最好地启动扩散效应，以及是什么让谷歌成为极具创新性的搜索引擎。

提到对权势的衡量，这不是我们要讲的故事的结尾。人们还可以用另一种方式变得更加重要——在网络中显得尤其突出——即成为关键的连接点或者说协调人。某人可以成为相互不直接认识的人们之中的桥梁或中介，使他处于协调其他人行动的独特位置，从而获取居间好处，强化其权势。这类权势既反映在《教父》那样的故事中，也可以用于解释美第奇家族通过人际网络在中世纪的佛罗伦萨的崛起。

在之后探讨金融传染、不平等和极端化等现象时，理解人际网络如何赋予权势和影响力将非常有帮助。我们先从直接影响力入手。

人气度：中心度

迈克尔·乔丹没有像甘地那样动员民众参与游行，却激励了大家购买球鞋。他对数量庞大的民众的影响力无与伦比。仅仅是在运动生涯阶段，乔丹就从希望他帮忙推销产品的各家公司收获了5亿美元以上的报酬，这绝非偶然。[②]而他从打篮球中获取的薪水才刚超过9 000万美元。从上述两个数字来看，乔丹在当时的市场营销价值远远高于他作为运动员和娱乐明星的直接价值（今天依然如此）。这种令人难以置信的受关注度使他可以直接影响全球千百万人的决策。[③]

在网络术语中，某个人在特定网络中有多少联系或者链接（关系）被称为此人的“度”（degree）。与之相关的反映某个人在网络中处于何种中心程度的指标被称为“中心度”（degree centrality）。如果某人有200个朋友，另一个人有100个朋友，则根据中心度指标，前者的中心位置是后者的两倍。这一指标是符合直觉的，也是衡量影响力的显而易见的第一种方法。[④]

并不是只有在甘地、马丁·路德·金或乔丹那样的层次上，人们所能影响的人数多寡才具有意义。你也经常受到自己的朋友和熟人的影响。不过在无论规模多小的任何社群中，有着最高的度的人总是拥有超出比例的存在感和影响力。

这里说的超出比例的存在感代表一种名为“友谊悖论”（friendship paradox）的重要现象，由社会学家斯科特·菲尔德在 1991 年提出。[5]

你是否有过这样的印象：其他人的朋友比你多得多？如果是的话，你不必感到孤独。我们的朋友平均拥有的朋友人数超出社群中的一般水平，这正是所谓的友谊谬论。

图 2.1 展示的是詹姆斯·科尔曼的一项经典研究介绍的某所高中的朋友网络中的友谊悖论。[6]图中有 14 个女生，对其中 9 个而言，她们的朋友平均拥有的朋友人数超过她们自己，另外 2 个的朋友人数与她们的朋友的朋友人数相同，只有 3 个女生的朋友人数超过她们的朋友的朋友人数。[7]

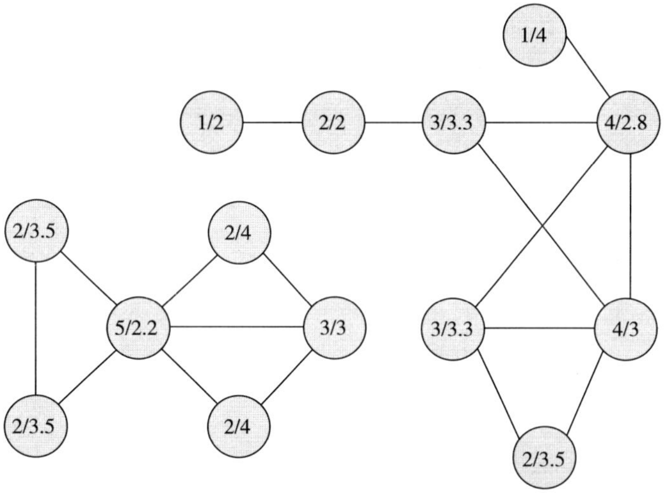

图 2.1　友谊悖论。数据来自科尔曼在 1961 年对高中学生朋友网络的研究。每个节点（圆圈）代表一位女生，每条连线代表两位女生之间存在朋友关系。友谊悖论在于，大多数女生比自己的朋友的交际更少。每位女生的圆圈中的前一个数字代表她有几个朋友，后一个数字代表她的朋友平均有几个朋友。例如，左下角的女生有 2 个朋友，而那两个女生分别有 2 个和 5 个朋友，因此平均数为 3.5。这个圆圈里的两个数字 2 和 3.5 表明，该女生的朋友数少于自己朋友的平均朋友数。在全部 14 位女生中有 9 位属于这种情况，有 3 位的朋友数多于自己朋友的平均值，有 2 位与自己朋友的平均数相同。

友谊悖论不难理解。最受人喜欢的人会出现在很多人的友人名单中，而朋友极少的人只会现身于少数人的名单。相对于在人群中的占比，有众多朋友的人在大家的友人名单中会被过度代表，而朋友少的人则会代表不足。比起只有5个朋友的人，有10个朋友的人被计算为朋友的次数是前者的两倍。

从数学角度看，这一悖论并不奇怪——大多数悖论同样如此。然而该现象对我们的几乎所有交往都有着重要意义。任何做过家长（或学童）的人都不会对下面的说法感到陌生，如“学校里其他所有人都有”，“学校里其他所有人都能够……”。尽管这类陈述往往是错误的，却总是反映着我们的感知。最受欢迎的学生可能在孩子们的朋友中被过度代表了，如果这些学生都在追随某种时尚潮流，孩子们就会认为所有人都是如此。人气高的人在决定感知和行为标准方面发挥了超出比例的作用。

为了最直观地看清友谊悖论的含义，我们先思考一个简单的例子，然后再分析它背后的有关数据。

我们来看一个班级的学生如何受朋友的影响。[8]从内心来说，这些学生都是比较从众的性格。他们面临一个简单的选择：是穿纯色的衣服，还是格子花纹的衣服？每个人对此有各自的偏好，在开学头一天，他们都根据自己的偏好选择服装，其结果如图2.2所示。

作为喜欢循规蹈矩的人，学生希望追随大多数人做事，只有在选择每种风格的人数都相同时，他们才听从自身的偏好。如图2.2所示，有4个学生喜欢纯色衣服，8个学生喜欢格子衣服。这样，由于三分之二的学生喜欢格子衣服，而如果大家都能看到整个群体的喜好，到第二天上学时，所有人都会穿上格子花纹的衣服。然而请注意，头一天选择纯色衣服的是最受欢迎的4个学生，或许也是群体中最引人注目的一批学生。

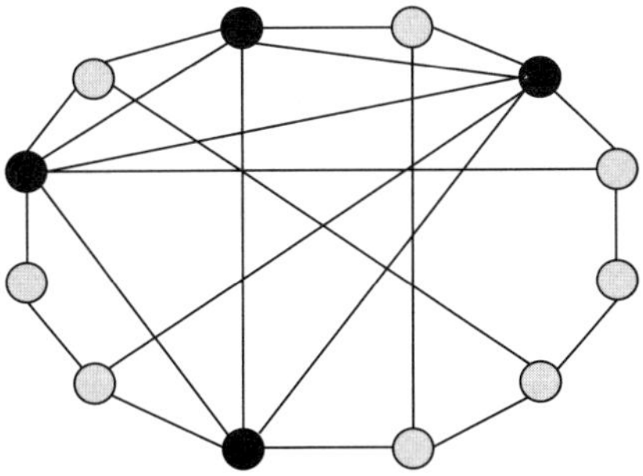

图 2.2　开学头一天，最受欢迎的 4 个学生选择纯色衣服，
其余 8 个学生选择格子衣服。

学生看不见所有人的情况——他们主要是和有连线的朋友交流。

图 2.3 的（a）到（d）显示了之后每天发生的情况。最受欢迎的这批学生看到了彼此的着装以及其他某些人的着装，其中大多数都是纯色衣服，因此他们将继续穿纯色衣服。其他部分学生主要看到的是最受欢迎的这批学生，他们将换成穿纯色衣服。我们从图 2.3 的（a）中看到，最受欢迎的学生在第二天继续穿纯色衣服，另有 4 名学生加入他们，总共有 8 名学生变成穿纯色衣服。从这里开始问题很快得到了解决，从图 2.3 的（b）到（d），每天都有更多穿格子衣服的学生看到大多数朋友穿纯色衣服，于是改变自己的风格。到第五天时，班上的每个学生都穿上了纯色衣服，而事实上在开学时他们大多数更喜欢格子风格。

我们可以通过图 2.4 分析友谊悖论在这一服装风格流行变化中的作用，该图根据学生在开学第一天看到的朋友的风格，显示他们如何错误地感知了整个群体的偏好。虽然三分之二的人偏好格子衣服，但由于最受欢迎的学生在大家的朋友关系中被过度代表，最终使三分之二的学生以为选择纯色衣服的人是大多数。

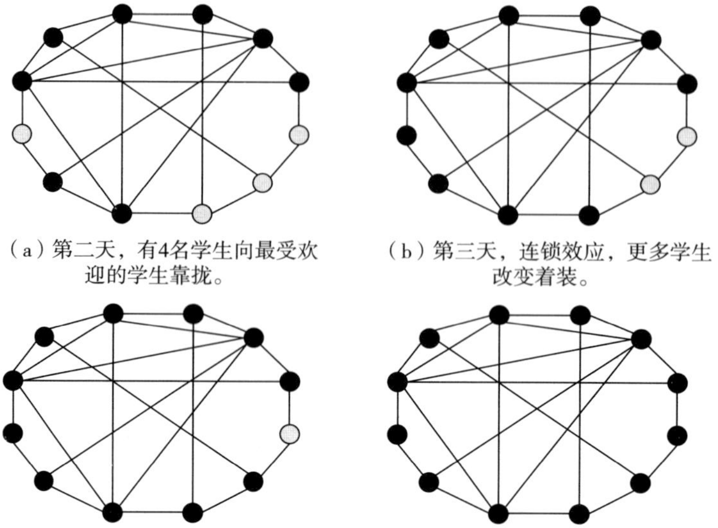

（a）第二天，有4名学生向最受欢迎的学生靠拢。

（b）第三天，连锁效应，更多学生改变着装。

（c）第四天，连锁效应继续。

（d）第五天，最后一名学生也改变了。

图 2.3　学生观察周围的情况，以迎合大多数朋友的选择。最受欢迎的 4 名学生彼此都是朋友（形成小派系），都保留纯色服装。在全体学生的感知中，这批学生被重复计算了，引发了连续改变着装的进程。

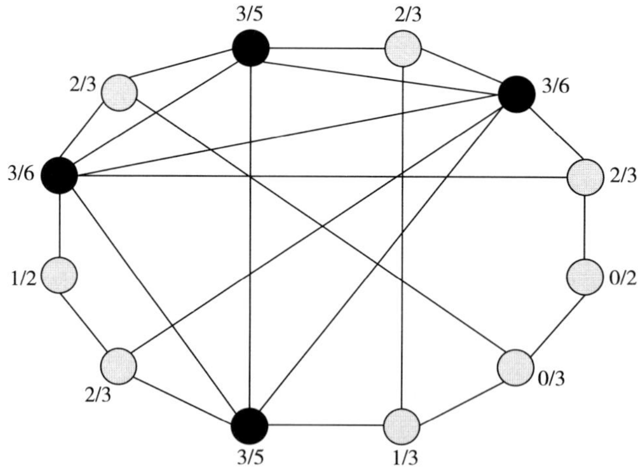

图 2.4　友谊悖论发挥作用。每名学生边上的分数代表他们对于纯色/格子衣服流行度的感知，来自每个人看到的朋友的选择。大多数人都错误地以为纯色衣服是主流选择，只有右下方的少数几个一开始感觉格子衣服占主导。而这些学生很快也会看到大多数朋友换上了纯色衣服。

这个例子的构造中有两方面的特点或许会让你留意。其一是最受欢迎的学生有着同样的偏好，都喜欢纯色衣服，因而促使整个群体快速向这批学生喜欢的风格统一。这个现象很重要，最受欢迎的学生为什么彼此相似是有原因的，下文很快将展开讨论。其二是这批受欢迎的学生组成了一个小圈子，彼此都是朋友，从而强化了他们的行为，维持了他们对纯色衣服的选择，并最终让群体中的其他人接受。上述两个条件让我们的案例变得更简洁明了，但即使没有这些，最受欢迎的人依然具有超出比例的影响力。事实上，时尚设计师早就看清了让名人穿上他们的各种新款设计走上奥斯卡奖红毯的重要性。

人气度与友谊悖论的作用在同辈间的影响或许是最纯粹的，比如学生对于彼此的感知。有大量研究发现，学生容易高估他们中间吸烟、喝酒、滥用药物的人的比例以及频率，而且往往高出相当多。例如，有项覆盖100所美国大学的大型研究发现，学生对11种不同物品的消费量有系统性高估，包括香烟、酒类和大麻等。[9]具体而言，有项对酒类消费的深入研究对比了学生自己报告的饮酒行为——上次参加聚会或交际时喝了多少——与他们对该学校的一般学生上次参加聚会或交际时喝了多少的感知。在该研究包含的130所大学的72 000多名学生的信息之中，居于中位数的学生报告说自己喝了4杯酒——这真令人吃惊，尤其是四分之一的学生说喝了5杯或者更多。然而更令人惊讶的是，尽管上面的数字已经够高，仍有超过70%的学生在估计自己学校的一般学生的饮酒量时高估了1杯甚至更多。[10]

要解释这种错误感知，我们并不需要去深入探究学生的心理，友谊悖论就能给出轻松解释。当学生参加欢聚或社交场合时，他们的交往更多会集中在那些经常参与交际的人身上，因此他们对酒类消费的感知会过分反映参加了很多聚会的人。这形成了另一种模式的友谊悖论：学生在聚会中见到的人通常比一般的学生参加的聚会更多。学生的感知不但受自己在聚会和其他社交场合的经历的影响，还取决于他们知道的自己的亲密朋友的情况。友谊悖论在这里同样会产生作用。如果人气较高的学生抽烟喝酒比较多，同样会扭曲学生的估计。而事实上确实有项研究估算出，中学生的朋友人数每增加一个，他抽烟的概率就会提高5个百分点。[11]在饮酒上面也有类似的结论，中学生的朋友增加5个，他喝过酒的概率会提高30个百分点。[12]

参与社交最活跃的学生更容易抽烟喝酒，有几方面的因素推动。原因之一是对青少年来说，这些消费是一种社交活动。花更多时间跟其他人交往的人，因此有更多喝酒的理由。也存在一种反向效应：有较高饮酒倾向的学生喜欢找合适的机会去尝试以及与其他人分享。[13]最主要的一个因素是，父母监督较少的学生有更多时间跟其他学生出去混，也有更多机会尝试酒精、香烟和毒品。最后是社交行为本身具有的反馈性质，看到同伴喝酒会激励自己喝酒，由此让同伴的饮酒量增加，然后继续在反馈回路中形成循环。[14]

所以，考虑到学生对伙伴的行为的估计至少有部分（即使不是大部分）是根据自身的观察，友谊悖论的影响，再加上大多数社交活跃的学生经常有极端行为这一现实，自然会让学生系统性地高估伙伴的行为模式。更普遍地看，由于许多行为会受到大家感知的习俗的影响，最终的行为将受到参与社交活动最多的人的超出比例的推动，就此形成的习俗也比不依赖人际网络时的感知更为极端。

友谊悖论会被社交媒体放大，那里产生的影响幅度可能非常惊人。例如，有项关于推特的研究发现，[15]超过98%的用户的关注者少于他们关注的对象，通常来说，一位用户的“朋友”（friends）的关注者人数是他的10倍以上。那些人气更高的用户更为活跃，尽管其数量较少，但却在内容传播上扮演着关键角色。鉴于社交媒体的应用增加，尤其是在青少年中，人群的感知被极少数最受欢迎的用户扭曲的可能性变得非常大，特别是考虑到人气最高的社交媒体用户可能有相当特立独行的行为时，就像我们看到的学生的人气度与较早和较多地抽烟喝酒之间存在关联那样。参与聚会本身是一种社交行为，如果有喝酒吸毒等照片或故事分享出来，可以进一步放大社交媒体的影响。相反，埋头读书那样的行为往往是独自完成的，有关的信息也更少用于分享。因此青少年高估自己伙伴消费的药物和酒精，而低估他们用于学习的时间，是很自然的结果。

无论我们是否有所意识，与友谊悖论相伴的偏向性远远超出“友谊”的范围。友谊偏差只是“选择性偏差”（selection bias）的情形之一，其含义是，我们的观察往往来自有偏向性的样本，取决于这些样本如何选取。我们会过多地乘坐最满员的航班，在最火爆的餐厅吃饭，在最拥挤的路段和时段开车，在人流最大的时候去公园和景点，参加最喧嚣的音乐会，看最热门的电影，等等。这些经历扭曲了我们自己的感知以及我们对社会习俗的认识，而且其效应经常没有被我们意识到。正如肖恩·弗里德里克（2012）在一项有关我们过高估计别人的付费意愿的研究中所述：“比起那些躲在办公室里、不愿花 4 美元买咖啡的人来说，在星巴克排队的顾客要显眼得多。”[16]

对比

你只要反复拷问数据，大自然总会坦白。

——罗纳德·科斯，《经济学家该如何选择？》[17]

我希望被视为在所有方面都表现最好的人，而不只是得分。

——迈克尔·乔丹，2003 年 NBA

（美国职业篮球联赛）全明星赛

谁是历史上最伟大的篮球运动员，维尔特·张伯伦还是迈克尔·乔丹？你或许会考虑勒布朗·詹姆斯。作为在芝加哥长大的人，我有自己的答案。但列入比较的对象其实是在比赛中有着截然不同的风格与作用的伟大运动员。

有太多不同的统计数字可用来总结他们的职业生涯。例如，乔丹和张伯伦在几个方面有着惊人的相似：整个职业生涯的常规赛平均得分都是30.1分；常规赛总得分都超过3万分，乔丹为32 292分，张伯伦为31 419分；都多次获得最有价值球员奖项，乔丹为5次，张伯伦为4次。可是也有些指标他们差异较大：乔丹带队夺得过6次NBA总冠军，张伯伦仅有2次；张伯伦的场均篮板数则达到惊人的22.9个，远超过乔丹的6.2个。

在其他某些维度上，别的球员则更胜一筹。斯蒂芬·库里的三分球总命中数远远超过前人。卡里姆·贾巴尔维持顶尖水平的时间跨度无与伦比，他打了20个赛季，总得分超过4万分，参加了19次全明星赛，之前还以史无前例的方式征服过大学篮球赛场。詹姆斯的全面统治力则从他作为高中二年级学生登上《体育画报》杂志封面就广为人知。但如果真要衡量运动员的全方位贡献，我们得考虑“三双”的指标——得到至少10分、10个篮板、10次助攻，三项统计数据都达到两位数。这必须让人回忆起奥斯卡·罗伯特森，他曾经在整个赛季实现了场均三双——该成就只是在最近才被拉塞尔·威斯特布鲁克赶上——而且完成三双的比赛次数令其他所有人望尘莫及，哪怕是“魔术师”约翰逊。

这里的要点不在于真要展开一场有关篮球技艺的“熊队还是牛队”的争论，[18]而是想强调如下几点：统计数字是用简洁的方式反映有用的信息；不同的统计数字概括了不同的内容；即使有大量的统计指标也可能难以反映它们所描述事物的所有细微之处。

如果对事物的测量总是能归结为一个单纯的统计指标，我们的生活就会变得简单很多。可是让我们的人生如此有趣的部分原因正在于，对于许多最重要的事情来说，实现这种单一维度的排名经常是不可能的：各种排名最终会变得充满争议又令人着迷。人们该如何比较海顿、施特劳斯和斯特拉文斯基的音乐创新呢？该如何比较埃莉诺·罗斯福、哈里特·斯托与哈里特·塔布曼在人权领域的贡献？梅西和马拉多纳谁才是更出色的足球运动员？我们能够对毕加索和达·芬奇的艺术评判高低吗？还是说把毕加索与亨利·马蒂斯的作品做比较要容易些，不仅因为他们是同时代的画家，而且是竞争对手？许多人或许会说，这种比较是无法实现且毫无意义的。然而，它能迫使我们去认真思考对于上述人物所做贡献的不同反映维度，以及为什么他们的贡献具有革命意义。[19]当我们看到不同的篮球统计数据时，眼前会浮现不同的球员，每一位都有自己的绝活。类似的是，当我们观察反映人们网络位置特征的不同统计数据时，也会有不同的人浮现，成为最“中心”的人物。有些人在某些指标下居于非常中心的位置，在其他指标下则不然。而哪些网络统计指标最适用则取决于不同场合，好比你要给自己的篮球队引入一位顶级得分者还是一位顶级防守者，也得根据情况而定。

我们已经看到，测量中心程度的一个指标——中心度——能帮助解释为什么网络里中心度最高的人有超出比例的影响力。这是第一种“网络效应”。作为最基本和最浅显的反映网络中心位置的指标，中心度类似于篮球比赛中的场均得分。然而，如果继续这个类比，不同的人可能有不同的长处体现在网络中的位置上，因此根据我们提问题的方式，到底谁是最核心的人可能会有所变化。正如张伯伦是统治级别的篮板好手，乔丹能带队夺冠，而库里以全新的方式突破了防守一样，如果只根据中心度来比较人际网络中的不同节点（人），可能完全错过权势和影响力的某些最关键的方面。接下来让我们看看一些其他的概念。

关键是你认识谁——大海捞针

建立关系网是废话，交朋友才是正事儿。

——史蒂夫·温武德（Steve Winwood），英国音乐人

如果不是谢尔盖·布林在1995年偶然受命带拉里·佩奇参观斯坦福大学校园——当时佩奇正在考虑到斯坦福读博士——谷歌公司或许就不会存在。布林一家是在20世纪70年代后期从俄罗斯移民到美国，对数学和编程长期着迷的他已经在斯坦福学习计算机。佩奇同样对计算机着迷，并一同回忆起了“爱读图书杂志，在家里把东西拆掉、搞清楚如何运转”的童年。尽管这两人的强烈个性时有冲突，但布林与佩奇的共同爱好和智慧却让他们结为挚友。对我们而言最重要的是，他们都对万维网的构造有着日益浓厚的好奇心。

到1996年，布林和佩奇共同着手为网络设计搜索引擎。刚开始他们在佩奇的宿舍放置一部用他们所能找到的部件拼凑出来的计算机，布林的房间则作为开发创意和程序的办公室。在他们作为学生联合撰写的一篇论文中，布林和佩奇描述了互联网将在20世纪90年代后期如何快速扩张，搜索引擎将因此如何难以胜任。最早的搜索引擎之一，1994年的“万维网虫”仅索引了超过10万个网页。到1997年，另一个搜索引擎AltaVista号称每天收到数千万条查询，而互联网已经有数亿个网页需要搜索和索引。需要索引的网页的巨大数量使我们不可能找到用户真正想要的内容。借用布林和佩奇的话：“到1997年11月时，排名前四的商业化搜索引擎中只有一个能够找到它自己——具体意思是指在该搜索引擎查询它自己的名字时，能在前十个结果中显示自身的搜索页面。”

那么，我们如何能在这样的汪洋大海中找到正确的那根针呢？当

用户输入某些关键词时，确实有某些明显的方法去识别他或许想看到的网页，但问题是有太多的网页包含同样的关键词。某些网页频繁出现关键词，并不能保证它们就是大多数用户寻找的内容。追踪过去的信息流向并深入考察不同网页的内容，或许能提供帮助。在这方面做过许多不同尝试，但似乎没有方法充分奏效。这很容易让人以为，互联网只是变得太大了，为之提供任何合理的索引和导航都注定是不可能完成的任务。

布林和佩奇的突破源自他们对万维网的网络构造的兴趣：包含如此丰富的有用信息，因为其构造并非源自意外。网页与它们视为重要的其他网页相连。那么布林和佩奇是如何看待和利用这一信号的呢？他们的关键发现是，找到搜索者可能最感兴趣的网页的一个有效办法，是分析其他网页上面的链接指向哪个网页。如果其他重要网页指向某个网页，就表明这也是个重要网页。判断某个网页的地位并不是简单计算有多少网页跟它有链接，而是看它是否与某些链接最广泛的网页相连。在许多场合下，拥有“人脉广泛”的朋友比仅仅拥有人数众多的朋友更为重要。

这种定义是循环式的：某个网页很“重要”，是因为它在其他的“重要”网页上有链接，而这些网页的重要性，又是来自被别的“重要”网页链接。尽管有这种循环特性，但结果却表明它是漂亮的解决方案，在网络环境下尤其适用。

假设我们希望散布一条可能会口口相传的消息，从图 2.5 显示的人际网络中，我们将看到为什么对人气度的直接测量指标并不够用。很明显能看出，南希和沃伦尽管都各有 2 位朋友，他们的位置却存在很大差异。差异之处在于，他们的朋友的交际度不一样，以及与之相关的，他们中谁在网络中所处的位置更为有利。沃伦的朋友每人只有 2 个朋友，而南希的朋友则分别有 7 个和 6 个朋友。于是，尽管沃伦和南希在他们自己的“度”（朋友人数）上得分相同，但南希的朋友却有着比沃伦的朋友更高的度。

我们可以暂停一下：不是只计算朋友的数量，而是计算每个朋友能带来的更多的朋友的数量，跟踪朋友的朋友——我们称其为“二度朋友”（second-degree friends）。从直接的朋友扩大到计算朋友的朋友将是个很好的开始，由此看来南希在传播消息方面比沃伦处于更好的位置。但迭代为什么要止步于此？为什么不接着考虑“三度朋友”？虽然南希的朋友艾拉没有给她带来多少三度朋友，但迈尔斯却带来了更多的联系。从南希开始经过三步后，我们已经联系到了网络中除沃伦之外的所有人。从沃伦开始经过三步后，我们只能联系到 5 个其他人，而南希却是 16 个人。这使得南希在散布消息方面是个比沃伦好得多的候选人，尽管他们本身有着相同的度数。

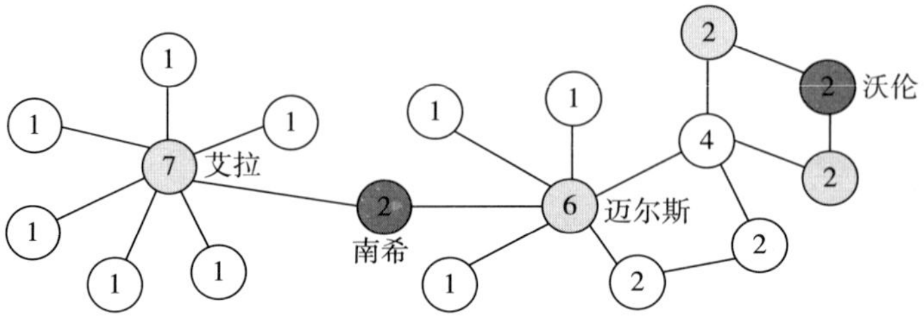

图 2.5　南希和沃伦在网络中的度都是 2。但他们各自的朋友的人际联系却大为不同，从而导致他们在网络中的整体位置也相差悬殊。

在一个大型网络中我们该如何理解这点，是否可以永远持续下去？对此有不同的处理办法，此处只介绍最核心的理念。我们首先可以计算第一度朋友数，如图 2.5 所示，南希和沃伦各自的分值为 2，因为他们各有 2 个朋友。接下来加入二度朋友的数量，但这些人的重要性是否应该同第一度朋友相同呢？例如，假如从南希开始散布消息，这条消息从南希传到迈尔斯那里的概率，理应高于传到迈尔斯的某个朋友的概率——因为消息必须首先从南希传给迈尔斯，然后还必须从迈尔斯传给其他人。消息传递两步的概率可能会比只传递一步的概率低得多，例如只有后者的一半。由此看来，我们可以把朋友的朋友的分值设置为朋友的分值的一半。南希有 11 个二度朋友，由此得到的朋友的朋友的分值将为 11/2。沃伦只有一个二度朋友，得分为 1/2。把一度和二度朋友合计，南希的得分为 7.5，沃伦的得分仅为 2.5。我们再看三度朋友，南希有 3 个，沃伦有 2 个。对这些朋友的分值再次缩小一半，每个为 1/4，于是南希的得分将增加 3/4，总分为 8.25，沃伦将增加 2/4，总分为 3。以此种方式迭代，我们就能够量化南希在网络中的影响力比沃伦大多少。

南希和沃伦之间的对比还能为另一个问题提供解决方案。我们可以把每个人的中心度定义为他的朋友的中心度总和的一定比例——类似于刚才所做的计算。按照这一定义，南希将从艾拉和迈尔斯的得分中获得一定比例，而艾拉和迈尔斯的得分又来自他们朋友的得分的一定比例，以此类推。迭代机制也相似，艾拉和迈尔斯的得分来自各自的朋友，这些人算是南希的二度朋友，他们的得分又来自各自的朋友，可以算是南希的三度朋友，并继续下去。[20]

幸运的是，这种类型的方程组——每个人的中心度都是其朋友中心度总和的一定比例——是非常自然且易于处理的数学问题。从 18 世纪到 20 世纪，有若干大名鼎鼎的数学家为这一领域做出了贡献，其中包括：欧拉、拉格朗日、柯西、傅立叶、拉普拉斯、魏尔斯特拉斯、施瓦茨、庞加莱、冯·米赛斯和希尔伯特等。希尔伯特将此类问题的求解命名为“特征向量”（eigenvectors），成为现在的通用术语。特征向量出现在各种研究领域的应用中，从量子力学（薛定谔的方程），到构成面部识别技术基石的“特征脸”（eigenfaces）的定义，并不出人意料。通过求解上述案例中的特征向量，我们会发现南希的分值约为沃伦的 3 倍，如图 2.6 所示。[21]

布林和佩奇的创新之处是利用他们所谓的“网页分级”（PageRank）来给网页排名，这与以上的论述和特征向量的计算有

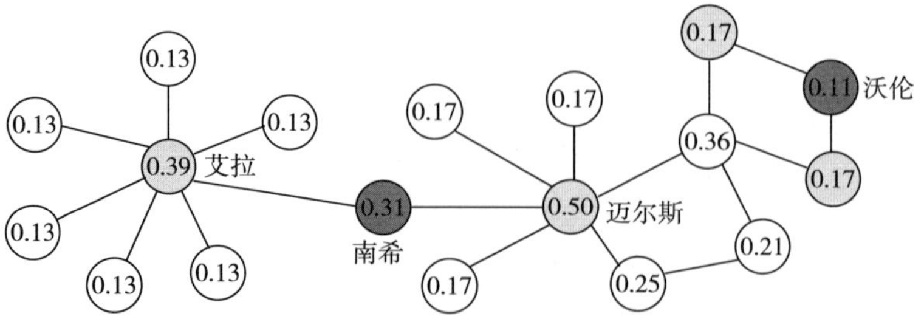

图 2.6　每个节点（人）的特征向量中心度。南希得到的分值约为沃伦的 3 倍，尽管他们有相同的连接数。迈尔斯的此项得分最高，但中心度最高的则是艾拉。

关。尽管布林和佩奇要解决的问题并不是通过网络来传播谣言，但却同样是基于另一个有密切联系的迭代问题——随机游走问题（random surfer problem）。某位用户从某个网页起步，跟随该网页的链接随机进入另一个网页，点击每个链接的概率都相等。该用户持续这一操作，以此模式在互联网上随机游走。[22]积累一定时间后，如果我们要计算该用户登录每个页面的相对时间比例，就是属于特征向量计算。在此情形下，每一步计算使用的权重都与每个页面包含的链接的数量成比例。

布林和佩奇面临两个挑战。概念上的挑战是寻找最相关的网页，解决办法是不用人气度来排名，而是用迭代方法、以特征向量来计算网页的链接水平。更为现实的挑战则是如何在规模极为庞大的互联网上应用，这需要漫游网络、建立网页索引、储存每个网页的内容和链接的数据，然后对网络位置做上述的迭代计算。在小小的社群中计算南希和沃伦的分值是一回事，将其套用到亿万个网页上则完全是另一回事，尤其是网页的内容与链接还经常处于变化中。

布林和佩奇开发出了基于此类计算，并特别适用于庞大网络的一种算法，称其为“BackRub”，开始在斯坦福大学的服务器上运行。BackRub 的名字来自寻找反向链接（backlinks），即把人们带到某个网页的链接。该软件很快超出了布林和佩奇在斯坦福服务器上的学生账户的权限，到 1997 年，他们把这一搜索引擎移走，更名为"Google"——这是 googol 一词的变体，其含义是 1 后面加 100 个零的庞大数字，意指他们的算法试图征服的互联网的天量规模。对早期在互联网上苦于搜索的所有人来说，谷歌引擎找到有效网页的能力令人难以置信。当时还有众多搜索引擎对手，人们往往会尝试多个引擎，却仍经常无法找到自己真正需要的网页。到 1998 年，《个人计算机》杂志（*PC Magazine*）报道说谷歌"有着给出极其有效的搜索结果的神奇本领"，并将其加入最顶尖的 100 家网站的行列。[23]之后的故事则成为世人熟知的历史。[24]

小额信贷的扩散

谷歌的历史表明，基于特征向量中心度的算法超越了其他对手，但搜索引擎算法相当复杂，谷歌的成功或许还要归因于算法中的其他独特之处。我们可以从更有说服力的证据来分析一个人的朋友的位置的重要性。BackRub 算法通过从他处到达某个网页的便利程度分析其地位，而在许多情况下，我们感兴趣的是某个人在触及其他人方面有多大的影响力。

带着这一疑问，我于 2006 年访问了麻省理工学院，与我的朋友、在那里担任教授的阿比吉特·班纳吉讨论：在行动中测试影响力的差异会多有意思。幸运的是，班纳吉那次恰好是我应该找的人（其实经常如此）。从他那里得知，麻省理工学院另一位教授埃斯特·迪弗洛（Esther Duflo）正通过她姐姐安妮联系印度南方的一家 BSS（Baratha Swamukti Samsthe）银行，该银行计划通过口碑的方式推广新的小额贷款计划——从这个研究项目的启动中我们都能看到人际网络发挥的作用。该口碑推广计划最终给我们提供了观察网络结构在信息传播中如何发挥作用的绝好机会，并让我们可以测试何种中心度测量指标最能反映一个人的信息传播能力。我与班纳吉、迪弗洛以及当时的麻省理工学院研究生阿伦·钱德拉塞卡（Arun Chandrasekhar）——他的家庭正好来自要调查的地区卡纳塔卡邦——于是启动了这项后来为期很长的研究项目。

小额贷款革命的先行者是穆罕默德·尤努斯。他于 20 世纪 70 年代在孟加拉国创立格莱珉银行，从 20 世纪 80 年代开始广泛发放数额极小的贷款。尤努斯与格莱珉银行的创新在 2006 年得到了诺贝尔和平奖的认可。该创新很简单，却充满机智。全世界的许多贷款都要求以住房或汽车作为抵押品，或者是给有就业记录的人提供预付工资，或者是通过信用卡给有信用记录的人提供贷款，还有强悍的收款机构负责追究违约客户。尤努斯的小额贷款则是面向极端贫困的人群，他们工作不稳定，几乎没有抵押品，所生活的环境的收款成本可能极高。那么，他对此的创新是什么？

尤努斯的创新是，贷款是基于连带责任——如果某个人未偿还贷款，更多的人也将为此负责。一个人的贷款违约，他的亲朋也会受到牵连。这种小额贷款目前已有多种变体，其中一个典型模式正是我们的项目跟踪的 BSS 银行采纳的，并能反映上述理念。BSS 银行的贷款只发放给 18～58 岁的女性，每个家庭只能发放一笔。妇女被分成五人一组的群体，对贷款承担连带责任：某个女性的贷款违约，整个小组都将被视为拖欠还款。违约将使借款人未来无法获得贷款，或者至少使违约者的借款变得更加困难。在某些时候，这一机制的作用范围更广，连带责任跨越到其他小组，出现太多的违约会使整个村子无法从贷款人那里获得资源。让人们对还款承担连带责任，会给他们带来名誉和社会压力，从而尽量不因为拖欠而让村里的同胞受害。同时还意味着组员有动力提供互相帮助，在某人无法还款时施以援手。

另外，偿还一笔贷款通常让借款人可以获得后续的、规模更大的贷款。根据当前的还款——本质上可以让人们逐步积累信用记录——做出在未来发放更多贷款的承诺，也是对还款的一项重大激励。参与者往往还会接受一些基本的财务培训，鼓励她们留下储蓄，教她们追踪收入、做计划以及简单记录支出项目等。这些培训看似初级，对村民来说却可能很有效果。[25]在访问一个村庄时，有一位接受财务状况调查的当地女性生动地向我讲述她如何增加了获得的贷款规模，保持着家庭现金收支的会计记录，还建立了由穆斯林和印度教徒共同参加的多族群小组，以及把几笔贷款合并起来购买了一辆二手卡车，启动了一项生意。

虽然有些还款迟滞现象，但在我们开展研究的数年中，BSS 银行在这些村庄发放的贷款基本上没有出现违约。[26]

小额贷款的另一个重要特征是，贷款对象限定为女性会给家庭内部的关系产生影响。虽然有部分资金（但不多）最后被这些村里的男性家庭成员掌控，但贷款只能通过家庭中女性才能得到的事实，毕竟让妇女在这些钱该如何投资或花费方面有了发言权。[27]

BSS 银行推广的小额贷款揭示了网络中心度的重要性，以及中心度与特征向量中心度之间的差异。

我们研究的 BSS 银行面临一个问题：如何将提供小额贷款的消息散布给计划进入的卡纳塔卡邦的 75 个村庄的潜在借款人。那些村里不安宁的种姓制度政治气氛，加上腐败，使银行并不希望依靠村级政府来散布消息。尽管某些村民能通过移动电话联系到，但他们已饱受垃圾信息之苦，因此也不能利用手机做推广。其他宣传手段还包括邮寄宣传单，甚至用汽车装载扩音器播报，但这些也已被过度使用了，而且主要是跟政治竞选挂钩。因此，不论好坏，银行决定采用的办法是找到某些处于“中心”位置的个人，让她们口头传播关于银行与提供小额贷款的消息。

问题在于，银行对当地的朋友关系网一无所知。它如何能找到最中心的村民呢？这能起作用吗？银行估计，最有利于传播消息的村民应该是教师、店主和自助团体的带头人。[28]我们姑且把这些人称为“初始种子”。银行当然希望这些种子处在中心的位置，它们考虑的是中心度，对特征向量中心度则毫无概念。

对我们的研究有用的地方在于，某些村里的初始种子有着较高的度，而另一些村里的则较低。例如，某些村里的教师有很多人际往来，其他村里的教师则较为孤僻。更重要的是，还有些村子里的初始种子有较高的特征向量中心度，但中心度较低，其他一些村子的情况则相反。在某些村里，这种信息传播方式很奏效，而在其他颇为类似的村里则相当失败：某些村里符合条件的家庭参与信贷的比率接近一半，某些村里则不到十分之一。于是，我们能从中看出哪种关于中心度的测量指标能最好地预见信息从初始种子开始的传播结果。究竟是初始种子的哪种网络中心度测量指标能解释信息传播在不同村庄之间表现出的 6 倍以上的差异？

2007 年——在 BSS 银行进入这些村庄之前——我们对当地的成年村民开展了调查，并描绘出了他们的人际网络图像。这些小村子特别适合做网络分析，因为大多数交往都是在本村里，并且是面对面进行。[29]

根据我们之前讨论的人气高的人在决定其他人的感知和流行趋势方面所起的重要作用，乍看上去，度数较高的人应该是传播小额贷款消息的优质种子。但结果并不总是这样——初始种子的度与小额贷款在村里的传播速度之间并没有关联关系。[30]

我们对人气度的重要性的分析没有意义吗？显然不是。就像篮球运动员的案例一样，人气可能是重要的，不过它只是更广阔的图景的一个方面。人气较高的人在塑造人们对社会习俗与时尚的感知上很有用，并能直接影响众人。然而我们的研究却表明，开展小额贷款的村子的主要问题是让消息普遍传递给整个村里的人，而不是简单地影响大家的感知。到 2008 年时，即使对生活在偏远村庄的人们来说，没听说过小额贷款的人也很少，正如发达国家的大多数人知道信用卡及其对自己有用一样。此时需要做的不是创造一种流行趋势，或影响村民对于有多少其他村民获取了贷款的印象，而是要让尽可能多的村民知道，银行正在提供这样的贷款。[31]

事实上，有关小额贷款的消息的散布不只是初始种子能传递给多少朋友，还包括他们能影响多少二度朋友、三度朋友，等等。[32]初始种子的直接朋友通常只占整个群体中一小部分。虽然初始种子的度数似乎完全没起作用，但初始种子的特征向量中心度较高的村子相比之下却有着明显更高的参与率。把初始种子的特征向量中心度最低的村子同最高的村子进行对比，平均而言，后者的小额贷款参与率是前者的三倍。在村子里广泛散布消息，要求其传播范围远远超出初始种子的直接朋友，到达他们的朋友的朋友的朋友的……

传播中心度

这还不是小额贷款故事的结局。

对任何话题的兴趣最终都会随时间衰减。大多数新闻报道获得的主要关注是来自最初的几小时或几天，很快会被后来的报道取代，不但是在媒体上，也反映在人们的交谈与进一步传播上面。这意味着，特征向量中心度可能过度测算了网络中的位置对散布消息的作用。一方面，只看中心度忽视了消息传播不止一个环节的事实。另一方面，特征向量计算方法把传播理解为在网络中无限循环的无休止的过程。现实其实是介于这两种极端情形之间的。

考虑到这点后，我们在小额贷款案例的研究中定义了一种新的中心度测量指标来反映实际传播过程。人们散布消息，但在一定数量的迭代后将不再就某个话题继续交流。例如某个话题可能会被议论两三天，然后大家就失去了兴趣。我们对小额贷款消息传播的估计是，通常会经过大致三次迭代的传播，不怎么会超出“朋友的朋友的朋友”的范围。

还有，某些话题会激励人们去和所有认识的人谈论，其他话题就不行。在小额贷款的案例中，我们估计在每次迭代中，一个家庭的人向某个朋友谈及的频率大约为1/5。这好比在计算南希和沃伦的分值时，采用1/5的权重，而非1/2，另外只传递到朋友的朋友的朋友的范围，而不是无限迭代下去。[33]于是南希的得分依然会高于沃伦，但超出幅度会缩小。

传播中心度（Diffusion centrality）介于中心度与特征向量中心度这两种极端情形之间。如果让迭代次数以及从一个节点到另一个节点的信息传播概率足够大，那么传播中心度就接近于特征向量中心度。如果只做一次迭代，或者信息传播概率很小，传播中心度将与中心度成比例。在中间情形下，它反映着一个人在网络中的影响范围有限，并与传播内容是否热门和持久有关。

在小额贷款信息的传播上，结果表明传播中心度是比特征向量中心度还精确得多的预测指标。对于解释小额贷款信息在村子之间的传播，初始种子的传播中心度的解释力是他们特征向量中心度的好几倍。[34]

这一故事的最终寓意是：可以用不同方式测量中心度，在不同情景下，某些测量指标的预测表现会比其他指标更为出色。

至此，我们已经看到了用三种不同的思考方法测算一个人在网络中的位置。中心度反映直接影响力，特征向量中心度反映一个人的朋友的势力，传播中心度反映一个人在给定时间和兴趣程度下传播或接收信息的范围。正如上文中篮球运动的例子，这些仍只是描述网络中位置重要性的很多方法中的几种。尽管我们不需要把其他方法都罗列出来，但仍有一种中心度测量指标与之前介绍的几种存在关键的区别。美第奇家族的崛起这一迷人的历史事件，能够让我们从权力的视角揭示最有趣的中心度测量指标之一。

美第奇家族的崛起：人际网络的早期案例

美第奇家族创造了我，同时也毁灭了我。

——达·芬奇

政治问题在科西莫的房子里解决。由他选的人出任职务……他才是决定战争与和平的人……他是无冕之王。

——教皇庇护二世

公元1434年对佛罗伦萨是个关键的年份，自此形成的庇护环境孕育了早期的文艺复兴。佛罗伦萨从多个富有的政治望族——如阿尔比齐和斯特罗齐——的不同派系统治的寡头政体，转变为由一个家族——美第奇家族——执掌的社会。这段时间前后，美第奇家族委托艺术家多纳泰罗完成了独特而充满创意的著名的真人大小的大卫铜像，以纪念这位战胜强大怪物的英雄，或许并非出于偶然。是什么让该家族的族长科西莫·美第奇集中并巩固了权势？

美第奇家族尽管出身精英，但15世纪30年代之前在政治和金钱上都并不出类拔萃。例如，斯特罗齐家族的财富更多，在地方议会中掌控着更多席位，然而美第奇的崛起让他们黯然失色。

1434年以前，美第奇家族同其他寡头——包括斯特罗齐和阿尔比齐家族在内的其他有财富和权势的银行业家族——展开了角逐。斗争在1433年白热化，科西莫与美第奇家族的其他成员被逐出佛罗伦萨，斯特罗齐和阿尔比齐这两个家族在其中扮演了关键角色。家族之间的对立不只是因为对当前权力的争斗，以及同竞争城市卢卡的战争失利带来的经济负担，还有更深的根源。美第奇家族，尤其是萨尔韦斯特罗·美第奇（科西莫的堂兄）是14世纪70—80年代反抗势力强大的行会的“梳毛工与酒馆老板起义”的主要支持者。这场被称为“人民党”（Ciompi，其大致含义是：“朋友，我们来喝一杯”）的起义是为了反对重税以及抗议贵族阻止低阶层民众加入行会和掌握政治经济权力。起义虽然最终失败，但却带来了持久的变革，美第奇家族对起义的支持也让他们在之后几十年获得了声誉。随着美第奇家族的银行帝国持续扩张，他们同其他寡头家族的竞争在1433年进入高潮。当时，其他寡头家族占据了执政团（Signoria）的多数位置，这是统治佛罗伦萨的有轮值特色的核心政治实体，包含9位名为执政官（Priori）的公会成员。1433年9月，阿尔比齐家族的密切盟友伯纳多·瓜达尼（Bernardo Guadagni）成为司法长官——由执政官轮流担任的一个职位。里纳尔多·阿尔比齐联合斯特罗齐家族及其他害怕美第奇的寡头家族，说服了伯纳多与执政团将科西莫·美第奇及其部分家族成员逐出佛罗伦萨。这一决定是在阿尔比齐家族的军队监视下，由执政团在同部分聚集起来的市民匆忙协商后做出的。

美第奇家族的流亡没有持续多久。反对美第奇家族的寡头们严重低估了科西莫的势力。他和盟友设法将大量资本撤出了佛罗伦萨，由于同卢卡的战争失利已经造成的沉重打击，导致了严重的金融危机。此外，通过美第奇家族与其他家族的许多盟友，科西莫还影响了新的执政团人选，很快令局势彻底改观。科西莫于1434年秋在盛大游行中重返佛罗伦萨。短短几天后，轮到里纳尔多·阿尔比齐被驱逐了——这次是永远。

科西莫靠什么权势召集众多的盟友，组织报复行动并改组政府？为什么阿尔比齐家族没有能力反制？

首先，无须赘述的是科西莫必须非常有自知之明。能够在那样高度激烈的竞争环境中巩固和支配权力需要极大的远见、极强的手腕和极高的智慧。这种对人生的智慧与宽阔视野表现在：科西莫对哲学的浓厚兴趣，委托学者对柏拉图的著作做了首次全文翻译；对艺术的广泛资助，不只是对多纳泰罗，还包括安杰利科、菲利波·利比、吉贝尔蒂、米开罗佐和布鲁内列斯基等；支持佛罗伦萨设立首家公共图书馆；以及作为大使和在国际政治中扮演的角色等。科西莫是位真正的文艺复兴人士，他的慷慨，与他的商业、社会和政治活动，使大约一个世纪之后的尼科洛·马基雅维利对其崇敬有加。马基雅维利写道："科西莫是最为慎重的人之一，有着严肃而谦卑的风度，又极端开明和仁慈。他从未尝试过反对党派或统治者的任何事情，对所有人都慷慨大度；凭借这种不懈的大度品性，他成为所有层级的公民的同路人。"（Book IV of *History of Florence*）

其次，从我们的视角来看更关键的是，科西莫对佛罗伦萨的社会和经济网络大拼图的深刻理解及其所处的幸运位置至关重要。这个位置使他能建立和掌控一个早期的政治党派，而当时的其他主要家族的反应则显得不知所措。

美第奇家族的网络涉及两组关键的联系：商业与婚姻。商业事务以他们的银行为中心，包含整个大家族成员中的特许经营权。美第奇银行不仅是佛罗伦萨的精英家族的主要资金来源，也为许多非精英家族提供便利，甚至还服务于教皇和遍布当地的众多宗教领袖。除基本的银行和贷款业务外，美第奇家族也参与了各类合伙企业、房地产交易与贸易。在这些经济联系之外，还有同其他精英家族的联姻网络作为补充。

当时精英家族间的婚姻远没有浪漫可言。这种联姻可能安排某个家族三十多岁的儿子迎娶另一个家族十多岁的小女儿。女孩充当某种社会担保品，把新的家庭同自己的血亲捆绑起来，女婿则往往成为与对方家族交往的重要商业联系人和政治帮手。[35]

这类商业与婚姻纽带体现了巩固关系所需的同盟和担保，形成了有利的合作环境。否则，政治联盟与经济合同都会难以执行，竞争可能过于激烈。

从图 2.7 中可以看出，美第奇家族在佛罗伦萨部分关键精英家族间的婚姻和商业网络中处于独特地位。图中的每个节点代表一个家族，两个家族之间的联系代表连接他们的婚姻，或者各种商业伙伴及其他交易关系。

该网络揭示了美第奇家族地位的若干重要特征。最明显的一点是他们的联系比其他任何家族都多，婚姻与商业联系的数量几乎是两个主要竞争对手阿尔比齐家族和斯特罗齐家族各自的两倍。

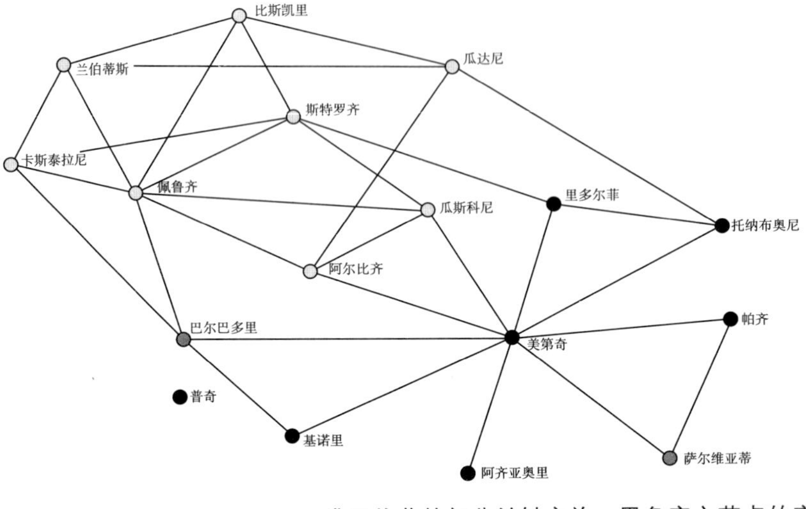

图 2.7　节点代表 15 世纪佛罗伦萨的部分关键家族。黑色实心节点的家族支持美第奇家族，格子底纹节点的家族属于美第奇的对立派，灰色实心节点（萨尔维亚蒂家族与巴尔巴多里家族）与双方均有结盟。家族之间的连线代表存在婚姻或商业联系。

除联系数量之外，美第奇家族还在他们同盟家族中起到关键联系人的作用，而对立的家族中则没有这样独特的联系人。例如，阿齐亚奥里、基诺里、帕齐和托纳布奥尼这几个家族相互之间均没有直接联系，都是通过美第奇家族联系在一起。在该图显示的 15 个家族之外，情形同样如此：根据更为完整的包含 92 个精英家族的数据库，同美第奇家族联姻的家族中有超过半数同最多两个其他家族联姻，而同反对美第奇的家族联姻的家族中，则有超过半数同四个以上的其他家族联姻。[36]

因此，美第奇家族处于他们一派势力的核心，担当着关键联络人的角色。从图上看他们似乎处于一个星形的中心。相比之下，图的另外一侧没有这样的关键家族：各反对家族相互联系更密集，更分散化。为清晰起见，我们把上面的网络拆分成两个部分，如图 2.8 所示。[37]

这一网络位置的意义可以通过一个简单类比看清楚。假设你举办一个小型聚会，大多数来宾只认识你（或许还认识另外一位）。聚会中的谈话因此可能会围绕你展开，你会处在一个独特位置上，知道不同来宾有哪些共同点，什么话题可能让人感兴趣。相反，如果小型聚会上的来宾彼此都是朋友，交流就可能分散得多，并会分解为不同的谈话或群组。用这个类比来思考文艺复兴早期佛罗伦萨的政治活动并不牵强，当时的交流必须面对面展开或者利用书信。美第奇家族不只能协调与他们有联系的家族的政治行动，而且处于独一无二的绝好位置。美第奇家族不需要担心自己的支持者分散开，去讨论他们没有授权的话题。与之相比，他们的主要对手阿尔比齐家族的位置就不够有利。反对美第奇的各个家族没有一个领导家族，也未能在关键时刻采取协调行动。[38]

美第奇家族关键的网络位置还能让我们明白，他们的财富和生意在科西莫指挥下何以能够蒸蒸日上。他们被称为“文艺复兴时代的教父”，这不是偶然。美第奇家族在网络中的位置非但对协调政治行动至关重要，也使他们成为许多商业交易的突出的中间人。要在各种交

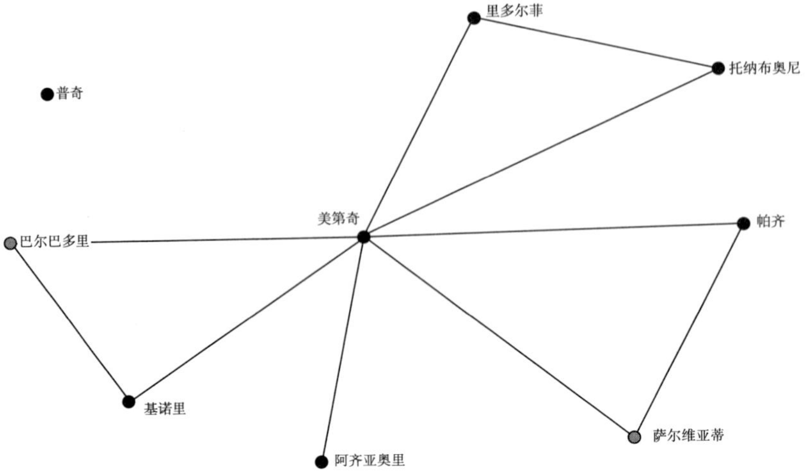

（a）美第奇集团

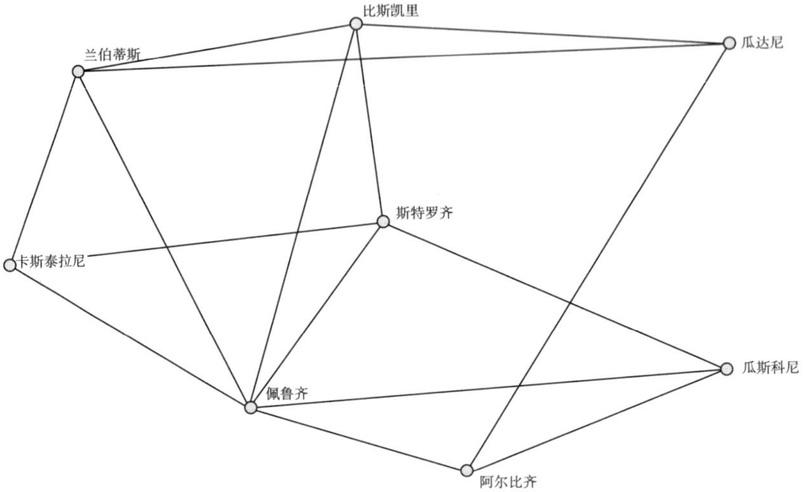

（b）美第奇的对立派

图 2.8　支持美第奇的各家族的网络与反对美第奇的各家族的网络。把美第奇家族从其群组中拿走，会使图（a）中的整个网络解体，而图（b）中则没有哪个家族处于必不可少的位置。

易中确保安全感，家族联系或以前的生意往来能有所帮助，或者是通过与自己有联系的某位中间人来交易。美第奇家族是许多对其他家族之间的关键连接点，关系网中的很多路径要通过他们，其数量远超其他任何家族。例如在这一联姻网络中，有超过一半的成对家族之间的最短连线通过美第奇家族，而通过斯特罗齐家族的只有约十分之一，通过阿尔比齐家族的数量也差不多。从该连接指标来看，得分仅次于美第奇的是瓜达尼家族，他们成为网络中超过四分之一的连线的关键联系人。网络学家将该指标称为“中介中心度”（betweenness centrality），其变形在20世纪70年代由雅克·安东尼斯（Jac Anthonisse）和林顿·弗里曼（Linton Freeman）首次引入。[39]对网络中的每个节点，中介中心度反映了其他各对节点之间的最短连线通过该节点的比例。

中介中心度包含我们刚刚分析的两个观念：如果某个节点的两个朋友彼此没有直接联系，他们之间的最短连线就会通过该节点，即该节点位于他们之间。这使得该节点不但能担任经纪人或中间人，而且可以成为其他节点的行动的协调人。这就能解释美第奇家族一方面是商业中的居间人，另一方面又是政治行动的核心组织者。他们的位置比其他家族好得多，也非常聪明地利用了这一点。

“教父效应”：中心度带来中心度

伟人不是生而伟大，而是越活越伟大。

——维托·柯里昂（《教父》中的黑帮老大）

凡有的，还要加给他，叫他有余；没有的，连他所有的也要夺过来。圣经如是说，至今依然。

——比莉·荷莉黛（Billie Holiday）与小亚瑟·赫尔佐格（Arthur Herzog Jr.）的歌曲《God Bless the Child》

我们不清楚科西莫在多大程度上有意识地设计了美第奇家族的网络位置，以及他是否清楚成为其他家族的关键连接点的重要性。但无论如何，婚姻是人为的安排，而非偶然的事件。此外，众所周知科西莫愿意为因欠债而被禁止参与佛罗伦萨政治活动的家族还钱，由此积极地培育了其他家族的联系和忠诚。这对于选举出支持美第奇家族的执政团、让他从流亡中回归起到了关键作用。

然而，除构建网络的所有精心设计外（本书第 5 章和第 9 章对此还将做更多讨论），网络形成中还存在反馈效应。这些效应能解释为什么某些人的位置最终会远比其他人更接近中心。

中心度能带来更多中心度。如果人们新交到的朋友与他们已经有的朋友数量成比例，则朋友的数量就会像复利那样增长。已经处于更中心位置、朋友数更多的人，其中心度分值的增长将快于位置不够中心的人。

在网络环境下，这一过程被称为“优先连接”（preferential attachment）——新联系的形成与某个节点已经有的联系的数量成比例。艾伯特-拉斯洛·巴拉巴西与雷卡·阿尔伯特研究过优先连接效应，发现这会使网络中节点的联系数量出现高度悬殊。[40]

可是为什么我们在网络环境下会看到优先连接或类似的复利倍增机制？

假如你需要信息，那应该去联系在人际网络中交际广泛的人士。因此，有更多联系的人在交往中更具吸引力。[41]不过复利效应还有另外一方面。中心度的增长不仅来自与处于中心的人联系有多大吸引力，还取决于是否容易联系到处于中心的人。对该课题，我与自己之前的学生、经济学家布莱恩·罗杰斯曾开展过研究。[42]

你是如何结识朋友的？有些是通过你的朋友——由某个朋友引见，或者在朋友组织的聚会上见面。友谊悖论在这里有潜在影响：你最容易结识的是那些已经有最多朋友的人。由此会造成富者愈富的现象，居于更中心位置的人更容易参与会面，也更容易结交新的朋友。

如果是通过老朋友结识新朋友，那么你见到某个人的概率就同他们已经有的朋友的数量相关。假如某人的朋友人数是另一人的两倍，你见到他的概率就是另一人的两倍，因为认识他的任何一位朋友，都会给你一次见到他的机会。于是有更多朋友的人会以更快的速度结交新朋友。有证据表明，此类效应在更为广泛的场景中同样存在，从研究人员如何寻找合作者，到出口商如何开发新的商业合同。[43]如今这已成为互联网社交平台上内置的机制，你之所以得到建立新联系的建议——“你认识某某人吗”，恰恰是因为被推荐者已经是你的朋友的朋友。该算法表明，新的联系是基于现已存在的网络。

我和罗杰斯的研究发现，网络本身在新的联系形成中作用越大，复利效应就越明显，节点之间联系的不平等越突出。当人们通过现有联系去寻找其他人的时候，可以出现巨大的乘数效应。它不但会增加一个人的度，还会影响特征向量中心度和传播中心度等指标，因为同其他联系广泛的节点增加了联系。这在商业环境中尤其重要，处于较好的位置会让人在相互联系中更具吸引力，也更容易被人找到，从而更便于建立关键联系与形成滚雪球现象。

这种效应的程度以及由此导致的网络位置的不平等，在不同场景下有巨大差异。某些网络相当平等，人们的中心度只有少数随机差异，某些网络则有着极度的不平等。某所高中的学生之间朋友数目的差异也许很随机，完全像扔硬币一样。相反，如果我们分析的是有多少链接指向不同的网页，其差异则会非常不均等，而且发现某个网页似乎主要取决于现有链接——通过现有链接越容易找到某网页，该网页就越能获得更多的链接。相比高中生之间的朋友网络，互联网网页的度数之间的差异程度要大得多。[44]

网络中的影响力和权势的分类

我们已经看到，网络结构给财富和政治权力指标以外的影响力提供了关键的解释。此外，网络结构的意义经常超出简单计算每个成员间各自有多少联系。我们的分类法包含了四种人们发挥影响力的基本途径，以及与之相关的测算人们在其网络中的中心度的指标：[45]

◎人气度——“中心度”：某人是否有很多朋友、熟人和关注者？在社交媒体中把消息发送给数百万关注者的能力，让一个人拥有了影响大量民众思考和了解什么的力量。人气度高的人受到超出比例的关注，由此可以扭曲人们对趋势和习俗的看法。

◎联系（你认识谁）——“特征向量中心度”：某人是否与其他交际广泛的人有联系？朋友数量多可以有帮助，但拥有几个位置绝好的朋友同样有用，甚至更加重要。

◎影响范围——“传播中心度”：某人所处的位置在多大程度上利于传播消息或最早得知消息？能否通过网络中有限次数的传播影响很多人？[46]

◎中介桥梁——“中介中心度”：某人是不是高能量的经纪人、关键的中间人，或者处于协调他人的独特位置？其他人之间的相互联络是否必须通过此人开展？某人是不是某个群体与其他群体之间的关键桥梁，离开他就无法连接？

从一定意义上讲，人气度是个局部性的指标，我们只需要数清一个人有多少朋友或熟人。而其他三个概念更具有全局性，包含更大范围的网络的信息。哪一种中心度的概念更适用，人们如何发挥力量，则取决于场合。我们很快将会看到，这些概念在传染、不平等和极端化等现象中起到了关键作用。

第3章

扩散和传染

导读

◎黑死病杀死过亿万人口，但真正令人惊讶的是其蔓延的速度之慢与有条不紊。

◎疾病的传播映射着人类的移动和交际范围。阻止传染的秘诀在于控制“基本再生数”。但由于网络中的外部效应，个人激励并不等于社会最优，根除任何疾病都极其困难，大多数传染病仍会周期性暴发。

◎人类网络中常见的“巨型分支”把绝大多数人绑在一起。无论是流感、时尚或者热门消息，我们均无处可逃。

◎社交网络极为稀疏，但人与人之间的连接路径却非常短。我们今天生活在“六度分隔”的小世界中——短短几次转发，你的信息便可以抵达地球上的任何人。

多少勇敢无畏的男子、如花似玉的美人、活泼可爱的少年……早晨还和亲朋好友一起享用茶点，夜里却和他们的祖先一起在冥界共进晚餐了！

——乔万尼·薄伽丘，《十日谈》（1353）

1347—1352年前后，腺鼠疫（俗称黑死病）缓慢但持续地在欧洲蔓延。

罪魁祸首——鼠疫杆菌——是由跳蚤携带的病原体，在它们吸食感染者的时候摄入。这种杆菌会堵塞跳蚤的消化道，使它们更加渴望营养物，从而贪婪地继续觅食，将杆菌传染给更多宿主。跳蚤很适应寄生在老鼠、人类和其他动物身上，某些抵抗力强的宿主充当细菌携带者，其他一些则在被叮咬和感染后很快死亡。这种疾病非常可怕：开始像流感那样令人衰弱和发烧，但很快转为大范围出血。坏死的组织呈现黑色，从而有了“黑死病”的名称。

当时的卫生条件、对传染病的认识不足，以及人类和许多动物接触密切，共同导致这种疾病对中世纪的勃兴城市带来致命的打击。[①]它使巴黎和佛罗伦萨的人口在两三年内减少了大约一半，汉堡和伦敦等城市的死亡人数更多。现在我们认为，黑死病是从中国沿着丝绸之路传到君士坦丁堡，然后在1347年随着热那亚的商船进入西西里岛，很快消灭了岛上近一半的人口。此后疾病继续蔓延，冲击意大利部分地区，此后是马赛，再扩展到整个法国和西班牙，最终在几年后进入北方的一些国家。总体上，黑死病估计杀死了超过 40% 的欧洲人口，在抵达欧洲前还在中国和印度夺去了约 2 500 万人的生命。

从现代视角来看，真正令人惊讶的是这种疾病蔓延的速度缓慢但又有条不紊。虽然黑死病的传播偶尔会出现远距离跳跃，例如沿着丝绸之路等贸易路线或者通过航船，但它在整个欧洲的推进平均来说每天却只有约两公里，即便以当时的徒步旅行标准看也相当缓慢。[②]尽管黑死病很少在人与人之间直接传染，但却是随着人类活动而蔓延——通过寄生在船舱的老鼠、农场牲畜和人类身上的，以及躲藏在衣服中的跳蚤——因此这种瘟疫的传递是依赖人类网络以及人类周围的各种动物。

黑死病的缓慢传播告诉我们，中世纪时大多数人类的移动和交际范围是多么有限。现代的传染病大不相同，传播极其迅猛，通常在几周甚至几天之内就跨越不同的大陆。2014 年通过在南加州一家美国主题公园的接触而在未接种疫苗的成人和儿童中暴发的麻疹，几天后就出现在数百英里外的学校里。2015 年暴发的埃博拉病，在一周内便由塞拉利昂的医疗工作者带到欧洲和北美的城市。

本章我们将看到，传染和扩散如何受到网络结构的影响。除对于疾病传染的深入探讨外，这方面的认识还将提供一个起点，以理解观念、金融情绪以及就业和工资的不平等性等更为复杂的传播现象——它们将是后续各章的主题。

传染与网络结构

吕克斯：会传染吗？

普斯多鲁斯：你见过不传染的瘟疫吗？

——伯特·谢夫勒夫与拉里·吉尔巴特所著剧本

《春光满古城》中的对白

我们今天的许多网络与中世纪的人际网络当然有巨大差异，但从一种特殊类型的现代网络中，我们仍能学到与黑死病缓慢而顽固的蔓延有关的许多原理。

图 3.1 描述了美国一所高中青少年的浪漫关系（或者说性关系）网络。学生记录的是 18 个月中的交往关系。[③]

在该图描绘的网络中，典型的学生只有一个或两个交往对象，可是该网络依然出现了一个“巨型分支”（giant component）：图的左方的巨大相连部分，包含通过一系列相互关系而连接起来的 288 名学生。

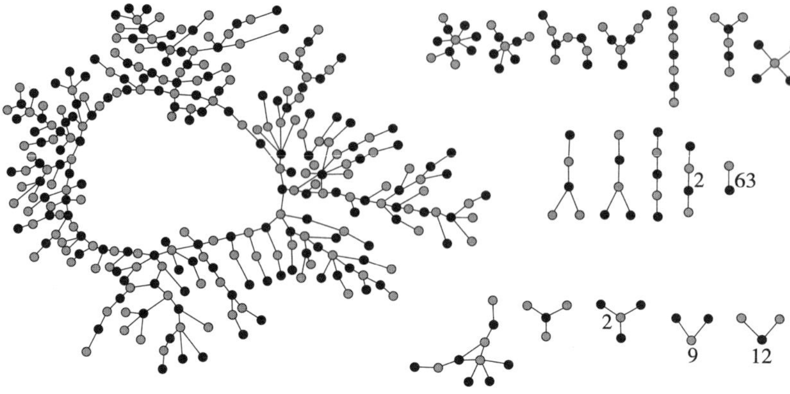

图 3.1　美国中西部一所高中里的人际网络，来自 Add Health 数据库。图中的节点代表各个学生，颜色代表性别。每条连线代表在 18 个月的时间内存在恋爱或者性关系。某些分支旁边的数字代表这类分支出现的次数，例如，有 63 对学生只在他们相互间存在关系。孤立的学生没有显示在图中。有刚好超过一半的学生处于图左方的一个巨大分支中。对本图中的数据首先加以分析和探讨的研究成果是 Peter Bearman，James Moody and Katherine Stovel (2004)。

“分支”是一个网络的各个部分，其中的每个节点都能通过一条联系路径到达彼此。[④]图 3.1 中有刚好超过一半的学生处于巨型分支中，其余分属许多小型分支。[⑤]有超过四分之一的学生报告说没有恋爱关系（大家应该都记得高中的寂寞时光），这些人并未显示在图中。

该图凸显了一个危险：尽管平均而言每个学生只有很少的交往对象，但性传播疾病却可能蔓延到很大一部分群体。图中的每个连接都代表疾病从一个人传染给另一个人的可能性。如果巨型分支中的某个人染病（例如通过与校外的某人交往），疾病就可能在这一分支乃至整个学校中广泛传播。[6]

例如，HPV病毒（人乳头瘤病毒）就是通过性传播，可能导致宫颈癌等几种癌症。HPV病毒的一个危险在于，它通常是无症状的，被感染者没有理由认为自己染病，从而可能继续把病毒传染给其他人。据估计，大约有40%的美国成年人携带HPV病毒，其中许多人并无意识。[7]大多数被感染者对性关系的态度并不随意，他们只是碰巧成了巨型分支的一部分。

从图3.1中，我们能一眼看出为什么疾病的传播可能比较慢，因为每个人的连接数量较少。可是通过巨型分支，最终仍能达到很高的感染率，正如当年的黑死病那样。

从图中还能看到，疾病的传播并不依赖有滥交者或性工作者的存在。连接度较高的人可以放大和加快疾病的传播，但对于有着巨型分支的网络而言他们并非必要条件，只需要每个人有一个以上的连接就足够了。

这样的网络达到的连通性给广泛的传染提供了可能。

相变与基本再生数

“相变”（phase transition）这一术语经常用在热力学中，意思指物质形态的改变。[8]例如当水变成冰或水蒸气时，我们就说发生了相变。

人类网络也在发生相变，从孤立节点和小型分支的聚集，到包含由相当比例的节点构成的巨型分支，并最终形成所有节点都能通过网络路径连接的形态。网络中的联系所占比例的增加，就好比随着温度的提高，把冰变成水，再变成水蒸气。

相变的一个醒目特征是其发生可以非常突然。温度略低于冰点时，你还站在冰上，而提高1度之后，你就掉进了水里。类似的是，网络中联系频率的微小改变可以对其组成结构产生巨大效应。图3.2描绘了这种情况。随着每个人的平均朋友数从0.5人［图(a)］增加到1.5人［图(b)］，我们从一个基本没有连接的网络跨越到一个大多数人能相互连通的网络。联系频率的进一步小幅提高［图(c)和图(d)］使之成为“路径连通”(path-connected)或简称“连通”(connected)的网络：其中的每个人都能通过网络路径实现彼此联系——图(c)处于近似连通状态，还有两个节点未被连上。

网络的相变对疾病控制具有基础性的意义。与疾病及可能传播疾病的网络有关的一个关键数字是疾病的“基本再生数”(basic reproduction number)。其含义是一个典型的感染者会让多少其他人受到新的感染。若基本再生数大于1，则疾病会蔓延，若小于1，则疾病会消亡。

基本再生数的临界值为1，对应图3.2所示的网络出现巨型分支的相变情形。背后的原理极简单却很关键：每个感染者造成的新感染多于1个，传染就会继续扩大，每个新感染会造成更多人被感染，使其不会停止。而低于临界值时，传染过程会走向衰减。用网络的术语讲，如果每个人有1个以上的朋友，则这个分支会向外生长，扩展为一个巨型分支。如果平均朋友数小于1，网络将成为大量互不连接的小型分支与孤立节点的集合。这与物种繁殖（再生）有着明显的相似性：如果一个社会中每个成年人的平均子女数多于1，如此循环，社会将成长壮大。如果每个成年人的平均子女数小于1，社会将走向萎缩。

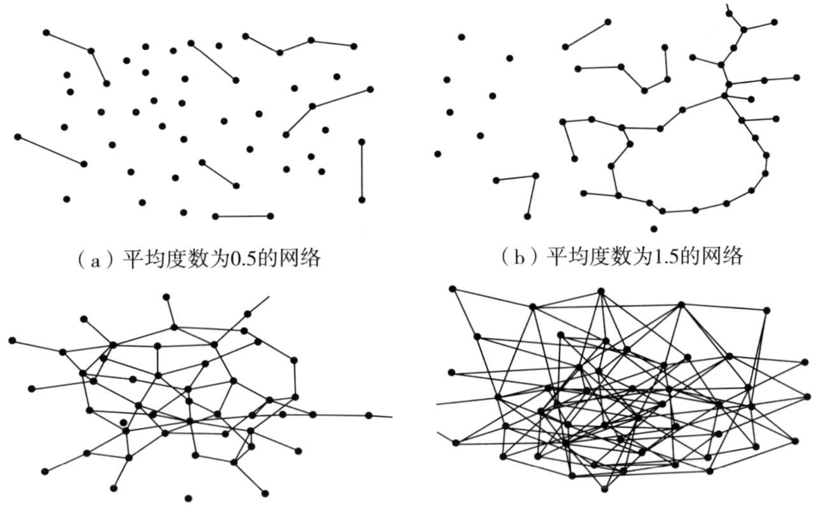

（a）平均度数为0.5的网络　（b）平均度数为1.5的网络

（c）平均度数为2.5的网络　（d）平均度数为5.0的网络

图 3. 2　不同平均度数的网络对比。如图（a）所示，每个节点的连接少于 1 的网络处于零散状态。一旦如图（b）那样，每个节点的平均连接数大于 1，就会连接成一个巨型分支：图（b）右下方通过路径能够彼此相连的很大一群节点。每个节点的平均连接数继续稍有增加，会使几乎所有节点被联系起来，如图（c）所示。最终导致网络实现完全的路径连通，任意两个节点都有路径能连接起来，如图（d）所示。

我们很容易找出某个种群的再生数由于环境的关系，降低到每个成年个体的生存后代数量低于 1，使其走向灭绝或接近灭绝的例子。美洲野牛的数量在 18 世纪可能超过 5 000 万头，到 19 世纪末只剩下约 500 头。它们的再生数在南北战争后急剧减少，因为新建的铁路线带来了更多的猎人，也更容易把兽皮运出去。枪支的改进让猎人可以在很远距离外杀死一头野牛，并且不会惊扰整个兽群，例如 19 世纪 70 年代开发出的“大 50 式”夏普斯步枪拥有四分之一英里（超过 400 米）的可靠射程。大平原印第安人评价说：这种枪是“用在今天，毁了明天”。[9]猎人数量的增加，枪支的改进，每人杀掉更多的野牛，更快地把战利品运出去，让野牛的死亡速度远远超出了繁殖速度。北美野牛的再生数量快速下跌，原有的种群在几十年里几乎被消灭殆尽。

疾病的基本再生数取决于从一个人到另一个人的传播有多容易，以及每个人有多少人际联系。因为不是每个联系都会传染疾病，基本再生数通常低于网络中的平均度数。再生数根据不同的病种和地点存在差异。

埃博拉病的基本再生数（在没有医疗干预时）据估计在几内亚和利比里亚略高于1.5，在塞拉利昂则接近2.5。[10]这一差异源于人口密度的不同，它影响了人们每天平均接触的其他人的数量，塞拉利昂的人口密度比几内亚和利比里亚高出约60%。

相较之下，麻疹的再生数比埃博拉病高得多，因为它不是通过血液和唾液，而是由悬浮颗粒传染。根据当地的人口密度与接触频率，再生数可达到12～18。麻疹对于未接种疫苗的人群而言非常危险。白喉、流行性腮腺炎、小儿麻痹症和风疹等疾病的再生数介于其间，为4～7。[11]

疾病再生数的差异对应着不同的网络环境。艾滋病毒（HIV）要通过亲密接触才能传染。而只需要一次握手，或者在汽车或飞机上坐在咳嗽的人附近，就能让人们染上流感。由此导致在流感传播网络中存在太多的人际连接，而艾滋病传播网络中的连接数较少。然而这并不意味着艾滋病不会传播，它在世界上某些地区和某些人群中的再生数远远高于1，因此在全球的许多社群中依然相当常见。[12]

再生数是免疫政策的核心。疫苗并不需要完全有效，或者接种到每个个体，才能阻止疾病的广泛传播，它只需要把再生数降低到1以下即可。接种疫苗不仅能保证接种者的安全，而且阻断了他们在传播网络中的联系，由此降低了社会中的疾病再生数，有利于保护其他人群。假如开始时的疾病再生数为2，每个感染者平均会传染2个人，那么只需给略超过一半的人口接种疫苗，就会使疾病再生数低于1，从而限制疾病的蔓延。

不幸的是，人们必须给自己接种疫苗的激励，这恰恰也是许多疾病如此难以根除的部分原因。因为存在我们熟知的“外部效应”，人们的激励往往处于次优的水平。

外部效应与疫苗接种

> 一烛燃千烛，一烛寿未减。欢乐与人共，欢乐亦如常。
>
> ——佛陀

> 很容易出现的一幕是，一座位置关键的灯塔带来的好处，必然被大量的船只分享，但因此对它们收费则很不方便。
>
> ——亨利·西季威克（英国哲学家、经济学家），《政治经济学原理》（1883）

哲学家亨利·西季威克于1838年，即维多利亚女王登基后的第二年，生于英国约克郡，死于1900年，比维多利亚女王早一年。他生前因许多成就而得名，而且是最早真正精确阐述了外部效应的人之一。[13]西季威克在揭穿通灵学（psychics）上发挥了关键作用——包括在今天变得更加有名的灵媒欧萨皮亚·帕拉蒂诺（Eusapia Palladino）。西季威克还是纽纳姆学院（Newnham College）——剑桥大学第二所招收女生的学院——的创建者。他撰写过关于道德理论的论文，帮助该学科在维多利亚时代奠定了基础。

但对我们而言，亨利·西季威克的遗产反映在前面的引文中，他揭示了外部效应的概念：一个人的行为会影响其他人的福利状况。[14]西季威克指出，是别人修建和看护的灯塔，让往来的船只获得了好处。

我们都感受过或大或小的外部效应：某个邻居在学习鼓乐，长途飞行中有人踢自己的椅背，身处交通拥堵之中……还有像气候变化的例子中，外部效应甚至可以延伸到尚未出生的人，未来几代人生活的气候环境部分取决于我们今天的碳排放水平。

在熟悉这一概念后，你会注意到外部效应无所不在。这使得人们的交往变得更加有趣，自由市场也不再是解决一切麻烦的灵丹妙药。在许多道德伦理困境以及最为紧迫的社会和经济问题的核心当中，我们都能看到外部效应，从言论自由到枪支管控乃至气候变化等。外部效应是人类网络的一个基本特征，并将在本书中反复现身。[15]

一位在机场咖啡店工作的员工注射流感疫苗，不仅能够帮助他自己保持健康，也会给众多乘客带来好处，防止他们因为这位员工染上流感而受到扩大传染。这位员工对疫苗接种的决策产生的外部效应会影响其他人是否得病，但他在做出决策的时候，或许没有充分考虑对于其他人的所有潜在影响。斯坦福大学（与其他很多组织类似）认识到了这点，希望帮助人们做出正确的决策，因此给学校员工和学生提供了免费的流感疫苗。即使只给社群中的部分人接种疫苗，也会让整个社群受益。各国政府就特别重视给学校的儿童、教师、医务工作者和老年人接种疫苗，此类人群不仅特别容易被感染，也容易传播疾病。

政府深入参与接种疫苗事务并不是偶然现象。当存在外部效应时，自由市场无法把个人激励同社会整体福利协调起来。父母在权衡子女接种疫苗的成本收益时，并不总会考虑到这会给其他人带来的更广泛的后果。在此类市场中，给人们的行为提供补贴或树立监管规范对大家都有利。要求儿童在入学前接种疫苗不仅是为了给这个孩子提供保护，还缘于每个孩子是否接种疫苗会影响其他人受到感染的可能性。少数人未接种疫苗，就可能使某种疾病获得藏身之地，并能更广泛地传播。

根除一种疾病的最大挑战在于，外部效应是在全球范围内发挥影响。中国曾经在2000年宣布消灭了小儿麻痹症，但是到2011年又再次暴发，病源可能来自邻国。同这种疾病的斗争已取得了巨大进步，就在 1988 年时，全球还有超过 100 个国家深受其苦。然而，即使只剩下一个国家继续流行某种疾病，就足以使其保持活性，并可能卷土重来，蔓延至其他地方。让民众对看似已经消失的某种疾病保持警惕是费时费力、难度极大的。只是由于区区两三个国家失职，致使某种疾病继续潜伏，就让全球的孩子们年复一年地接种相应疫苗，这或许是极其令人懊丧的事情。

疫苗接种政策还有负面反馈效应：疫苗接种工作越成功，疾病的威胁越小，民众对保持警惕的激励就越低。当某种疾病泛滥时，人们会高度关注，主动给自己接种——不是因为关心外部效应和他人的健康，而是吓得给自己保命。人类最早的接种就是因为天花的致命暴发：在疫苗接种法正式发展起来的几个世纪之前，中国人就从病人身上刮下少量干掉的痘疤，通过吞食或者用抓痕渗入皮肤来获取免疫力。不过疾病一旦退潮，人们就不再害怕，接种率随之下降。这会使疾病的再生数提高，使其可能再次暴发。

因为许多人对疫苗接种抱有恐惧（本书第 7 章对此将详细讨论），在疾病退潮时回避接种，上述的反馈效应可能导致强烈的周期现象。接种率的微小变化可能导致疾病再生数的剧烈相变，加上传染网络的全球规模，造成要根除任何疾病都非常困难，大多数传染病会随时间呈现周期性暴发。按照世界卫生组织的说法，天花是被正式根除的唯一一种人类疾病。最后一个有记录的病例是发生在 1977 年的索马里，1980 年世界卫生组织宣布该疾病已被消灭。完全消灭天花是不可小看的成就，全球各国花费了几十年的工夫对新发现的任何病例做出快速反应，隔离病人，并迅速给当地的民众接种疫苗。

连通却稀疏的联系

人类网络的好消息和坏消息都在于，许多人能够良好地连通：大多数人处于一个巨型分支之中。尽管这种连通的网络给控制疾病的蔓延造成了挑战，但它对传播有效信息而言却至关重要，例如某个国家的残暴政府、振奋人心的新书或电影，以及高效的新科技等。

有趣的是，社交网络可以有很好的连通，同时联系却往往很稀疏。这似乎互相矛盾，且看下面的解释。

以脸书网站为例。根据皮尤研究中心最近的一项调查，[16]脸书在美国的成人用户平均有338位好友，超过一半的成人用户的好友数超过200位。十多岁的青少年用户的好友人数更多。这远远超出了让网络走向连通的每人一个朋友的临界值，按此标准，脸书上的社交网络应该具有高度的连通性。事实上，在脸书超过7亿的活跃用户中，99.9%都包含在同一个巨型分支里。[17]因此除少数孤立的个人与小团体外，几乎所有的全球脸书用户都可以通过该平台上的朋友路径获得几乎任何其他人的信息。

既然网络中的几乎所有人都处于一个巨型分支里，脸书的社交网络怎么会联系稀疏呢？这里的“稀疏性”（Sparsity）的含义是，按理说你可以在脸书上有7.2亿个好友，但事实上并没有。我们都知道有人在脸书上有几千位好友（别忘了友谊悖论），但没有任何人的好友数能达到理论上最大值的哪怕百分之一。面对几亿个可能的选择，人们平均却只拥有几百位好友，这意味着脸书上的潜在好友成为现实的比例不到一百万分之一。脸书网络的潜在连接里只有极小比例真实存在，因此它是极其稀疏的。但就是这个极小比例的真实连接，已足以把几乎全部用户纳入一个巨型分支。

除了将几乎全部用户包含在一个巨型分支外，尽管脸书网络极其稀疏，用户之间的连接路径却非常短。或许令人震惊的是，任何两位活跃用户之间的平均距离只有4.7个连接。[18]这被称为“小世界”现象（small-world phenomenon），并配有通俗演义：从匈牙利作家福利杰斯·卡林西于1929年撰写的短篇小说，到后来的约翰·格尔的剧本

《六度分隔》(*Six Degrees of Separation*)。小世界现象是若干数学家在20世纪50年代发现的许多随机网络的强势特征之一,[19]并且是邓肯·沃茨(Duncan Watts)于1999年发表的重要著作《小世界》(*Small Worlds*)中的主角。

小世界现象由心理学家斯坦利·米尔格拉姆于20世纪60年代中期通过实验做了精美的描述。米尔格拉姆最开始的研究对象是生活在肯塔基州威奇塔市和内布拉斯加州奥马哈市的一些人,他给这两个地方的居民写信,邀请对方参与一项研究,实验对象就是回信的人。米尔格拉姆要求实验对象设法把一个文件袋送给马萨诸塞州的某个目标人。那些目标人是他挑选出来帮助开展实验的,其中一位是股票经纪人,另一位是某个神学院的学生的妻子。实验对象会得知目标人的姓名、居住的市镇,以及其他一些背景。给他们的指令则是:“如果你不是亲自认识这位目标人,那就不要尝试直接联络他,而是把这个文件袋寄给……某个比你更有可能认识目标人的熟人……这位熟人必须跟你熟到可以直呼其名的程度。”接下来,每个收到邮寄来的文件袋的人都会看到上述指令,然后要把自己的个人信息加入其中,并继续上面的寄送过程。

有个文件袋从堪萨斯州的一家小麦农场寄出,农场主将其寄给他家乡的一位牧师,牧师再寄给他认识的在马萨诸塞州坎布里奇镇的另一位牧师,此人正好认识作为目标的股票经纪人。在此案例中,文件袋从堪萨斯的始发人出发,只用了三步就抵达了半个美国之外的目标人。

从目标人那里收回文件袋后,米尔格拉姆可以分析有多少文件袋抵达了最终目的地,以及每个文件袋经历了多少次传递。结果表明,在内布拉斯加州发出的160个文件袋中,有44个抵达最终目的地,比例为27.5%。文件袋所花费的传递步骤的中位数为5,分布区间为2~10,传递步骤的平均数略高于5。[20]

考虑到在传递过程中收到文件袋的人并不都是该实验的自愿参加人，而只是从某个熟人那里收到邮件，他们继续寄送这些文件袋的可能性应该比较小。因此完成任务的文件袋所占的百分比还是相当不错的。当然，自愿参与也意味着，文件袋抵达目标人的步骤较少或许部分缘于实验中的偏差。如果某个文件袋必须经过更长的传递路径，需要10个人来递送，那跟只需要5个人的情况相比，就必须有两倍的人参与才能最后成功。这会造成需要较少中间人的传递路径更容易取得成功，并反映在最终数据里，而需要更多中间人的传递路径更容易被中途搁浅。后来的实验矫正了这一偏差，发现传递步骤平均为10，是米尔格拉姆的结果的两倍，但依然是个较小的数字。[21]

该实验的结果非比寻常，不仅因为花费的传递步骤之少，还表明尽管人们并没有任何网络地图来指引自己如何递送，但依然有如此多的文件袋被送达最终目的地。联系马萨诸塞州的一位股票经纪人，或者像后来的实验那样，联系北京的一名学生、伦敦的一位水暖工……你正好知道自己与目标人之间在网络中的最短路径的概率可谓微乎其微。因此，许多文件袋通过相当短的路径就能送达这一事实表明，不仅存在这些较短的路径，而且在任意两个人之间很可能都存在许多条较短的路径，此外人们很清楚该如何高效地实现传递。至于人们如何能够在网络空间中顺利导航，我们将在第5章再深入探讨。

社交网络可以非常稀疏，仅实现了不到百万分之一的可能连接，却依然只需要短短几个连接就能让任何人到达数亿用户中的其他任何人，这究竟是如何做到的?[22]我们依然用脸书的社交网络为例，选取一位名为戴安娜的普通用户。由于普通用户有几百位好友，我们取平均数，假设与戴安娜至少有偶尔交流的大约有200位好友。[23]接下来我们计算她的二度朋友的人数，即通过两个连接可以到达的人。假设戴安娜的每个朋友也各有200位好友，且都不在她自己的好友的行列。[24]那么仅走出两个连接路径，我们就能够到达4万名用户（＝200 ×

200）。如果继续下去，我们将在第三步到达 800 万人，在第四步到达 16 亿人，这已经超出了脸书网站的全部人群的规模。还有，大多数用户是在后面几步抵达——说明大多数用户之间的连接距离为 4 或 5。这个简单推导能让我们明白，为什么社交网络中人们的相互距离会如此之短。

我们不断缩小的世界

朝圣者并不知道，但他们正走进墓地。

——查尔斯·曼恩（美国记者、作家）[25]

我们把当今世界的社交网络同中世纪的社会做个对比。假设当时的朋友数不是 200 人，而是 5 人，我们再来做与以上同样的计算。在四个连接步骤后，我们将到达大约 625 人（$5 \times 5 \times 5 \times 5 = 625$），而非 16 亿人。为连接当时地球上的全部人口可能需要 12 步，而非 4～5步。[26]

不过，中世纪的世界依然是大致连通的——即使朋友数只有几个，也远远超出再生数为 1 的临界值。而且中世纪的社会也具有小世界特征。从一个人到另一个人需要 12 步或者更多的连接，这大于现代社会的 4～5 步，但与当时生活的数亿人口相比，仍然是个很小的数字。中世纪时更远的网络距离，确实导致病菌或思想的传播比我们今天更为缓慢和分散。然而那时的世界依然有足够好的连通性，能够实现远距离的传递和感染。这点反映在一长串的疾病中，它们的不断暴发使人类的生存始终处于应战状态。[27]

一旦数十万人开始加入全球旅行，世界就会看到非常快速和致命的传染病。这方面一个令人惊恐的例子是 1918—1919 年的流感季，那季暴发的流感属于尤其恶劣的类型：对年轻人和原本较为健康的人群特别致命，因为流感会造成过度的免疫系统反应，从而导致受感染者的死亡率超过10%。这种疾病后来被称为“西班牙流感”，其实是污蔑了西班牙。西班牙人在报告感染率和死亡率上做得很准确，而其他国家则是为了维持1914—1918年的毁灭性世界大战后的斗志，而压制了流感的相关信息。[28]它们的新闻报道让人以为传染病是来自西班牙，实际上在当时已经广为传播。流感在当年蔓延的关键与战争结束、导致全球范围出现大量军队调动有关。许多士兵居住在拥挤的地方，并参与长途旅行。此外，这次的疾病带有两个使其能通过人群快速和广泛传播的特点。其一是该流感能通过很小的液滴传播，当某个人打喷嚏或咳嗽时，这些液滴会形成空气传播，从一个人传到超过一米之外的其他人，也能残留在物品表面，然后被别的人接触。其二是人们可以在一周以上保持传染性，有时始于症状出现之前，晚于症状消退之后。流感的毒性、疫苗的空缺以及大量人员的全球移动结合起来，造成了历史上最大规模的流感暴发之一以及非常致命的后果。这场流感大约传染了5亿人，约为全球人口的三分之一，比欧洲的全部城市人口多得多，在各国总计夺走了5 000万～1亿人的生命。

这个案例还表明，人类网络的连通性不是固定不变的。当年的大规模军队调动非比寻常，造成了比之前年份更强的小世界现象。除人类迁移的偶然的剧烈变化以外，人与人之间如何交流还存在强烈的季节性特征。例如学校的开学季会造成多种疾病的激增，对该现象的首次记录是在1929年，由研究若干疾病随时间波动的统计学家赫伯特·索珀完成。他注意到格拉斯哥的麻疹暴发模式或许可以用学季来解释。学校开学期间，对各种疾病缺乏免疫力的许多孩子相互接触，造成当地的人际网络的连通性很高。相反在学校放假期间，当地的连通性大幅下降。不过，休学期间的出行距离加长会导致远程的连通性提高。[29]因此，人际互动网络根据季节可能发生多种变化。用于预测疾病传播（尤其是流感等）的现代流行病学模型就考虑到了学季、旅行模式、同医务工作者的往来，以及影响传播网络连通性的其他很多因素。

谈及传染病输入的致命性，莫过于天花、麻疹、斑疹伤寒以及流感对美洲人的影响。据估计，这些疾病最终可能杀死了超过90%的土著人口。[30]美洲本土人群的人口密度与交流程度各不相同，因此疾病的危害用了较长时间传播。

在墨西哥，天花随着一艘来自古巴的西班牙船只于1520年抵达，几年内就摧毁了阿兹特克帝国的大多数人口。不到十年，天花又消灭了南美洲的印加帝国的多数人口。各种传染病此后还将横扫北美洲，杀死东海岸和中西部肥沃地带的居住密度较高的大量人群。而北美洲的某些更边远、人口密度较低的地区，要在一个世纪之后才被传染上，但没有人躲得过去。就在来自英国的清教徒移民抵达前几年，他们将登陆的新英格兰沿岸部分地区的美洲印第安人遭到了疾病的重创，对土地和资源的争夺大为减轻，朝圣者因此得到了好得多的生存机会，而不用面对几年前还密集得多的本土人口。

最后一些被传染病杀死的人是夏威夷的本土人群，直至19世纪，他们才最终被外人造访，然后遭到欧洲人的疾病的反复重击。卡美哈梅哈二世国王与卡玛玛鲁王后前往伦敦去谈判条约的旅程导致了他们及大部分随员的死亡。他们在参观到处是士兵子女的皇家军事庇护学校（Royal Military Asylum）时染上了麻疹。[31]这一病魔最终将在1848年搭乘来自墨西哥的美国海军护卫舰“独立号”（Independence）前往夏威夷的希洛。[32]百日咳与流感也将在同年冬天来到夏威夷，与麻疹一起掀起一系列流行病，最后杀死约四分之一的本土人口。在人口普查中，那年被称为“死亡之年”。当地社会尚未恢复，天花又在1853年随着从旧金山来到火奴鲁鲁的另一艘船只“查尔斯·马洛里号”入侵。人们以为对这艘船已做了有效的隔离检疫，然后才起航，却还是带来了疾病，在数月内造成当地数千人死亡。当库克船长于 1778 年首次来到夏威夷时，有人估计当地的人口超过 30 万。而在 1900 年人口普查中，本土夏威夷人已不足 4 万。

现代医疗已极大提升了我们对传染病以及卫生和免疫重要性的认识，并减轻了多种疾病的日常威胁。尽管距离消灭传染病尚有很长的路，但在世界变得越来越密切相连时，人类仍能成功生存，这已是非凡的成就。工业化社会典型个人交往的其他人的数量比几个世纪前高出若干数量级，尤其是我们通常依赖其他许多人为自己提供食品和卫生服务。此外，现代旅行意味着许多交往是在远距离发生，任何一天，都有数十万人在跨国旅行。因此许多疾病的潜在传染网络与图 3.1所示的高中生关系网相比有三个显著差异：更为密集，几乎所有节点都包含在巨型分支中，节点之间的平均距离更短。这意味着许多传染病在今天的传播可能会比几个世纪以前更迅速、更广泛，而它们曾在当时一再杀死过千百万人。我们只能寄望于科学与新疫苗的发展速度继续快于新病种的出现和人类网络连通性的增长。

中心度与传染：人气度的不利一面

我们在讨论测量中心度和影响力时提到的友谊悖论，对传染和扩散也有影响。在人们的朋友名单中被过分代表不但能给你带来较高的影响力，也伴随着较高的风险暴露。因此，如果你有时对某个朋友的高人气感到嫉妒，其实也有可聊以自慰的地方。人气最高的人可能是首批听到新消息的，但也可能是首批暴露给新的传染病的。

这方面一个声名狼藉的案例是加拿大的航班服务员盖尔坦・杜加斯。美国疾病控制中心的一份研究发现截至 1983 年，在当时已知的 248 名艾滋病毒感染者中，有 40 人曾与杜加斯发生过性接触。很多人认为杜加斯是“零号病人”，纷纷指责他造成了艾滋病在后来的大流行。[33]但根据更多数据从事后来看，我们弄清楚了艾滋病在 20 世纪 60 年代就已经进入美国，很可能是来自海地——那里的病例则来自更早的发源地非洲。所以即使没有这位私生活混乱的航班服务员，艾滋病也会在全球牢牢扎根。但不管怎样，杜加斯促成了最引人注目的一场早期暴发。

与之类似，据估计在塞拉利昂的一次埃博拉病暴发中，有超过一半的病例可能是由 3% 的感染者传播的。同样，即使没有这些联系广泛的人，疾病依然可能暴发。只是这批人更容易暴露给疾病，并会加速传播。[34]

要弄清楚具有较高度数的人为什么对传染病并非必不可少，我们只需看一个网络案例。再回到图 3. 1，我们看到有个庞大的巨型分支，但网络中度数较高的人却非常少：只有一个人的度数为 7，一个人的度数为 6，几个人的度数为 5，绝大多数节点的度数都是 1 或 2。

这点尤其需要强调，因为人们对此有个常见的误解。网络要实现连通、传染或扩散，枢纽和关键连接点并不总是必须的。这类节点更容易被卷入，并可能导致早期的暴发，但在连接最多的节点未加入时，许多传染也会发生。如果删除高中恋爱网络中几个度数最高的节点，我们可能会把几个小分支从巨型分支中拆分出来，但总体图景依然大致完好。在巨型分支中酝酿广泛传染的基本驱动力是网络总体的平均度。在许多人际网络中，是大多数人的度数高于 1 的倾向使疾病传染和信息扩散变得无所不在。

当然，度数较高的人更容易被感染，能够加速传播，在正处于相变阶段的网络中可能造成重大影响。更重要的是，如果有人需要找到影响最大的节点，他应该从最中心的节点开始。度数较高的人受感染的风险较高，这一认识为分析疾病的自然传播提供了新的指导。

例如，斯蒂芬妮·戈弗雷同她在澳大利亚和新西兰的同行研究了壁虱和螨虫在大蜥蜴——生活在新西兰的一种爬行动物——种群里的分布情况。[35]大蜥蜴的原名来自毛利语，意指它们的背脊。这种动物非常有意思，并非真正的蜥蜴，而是喙头目动物（Rhynchocephalia）留下的后裔，而该目中的其他物种早在6 000多万年前的白垩纪末期就与许多恐龙一起灭绝了。大蜥蜴在头顶有第三只“眼睛”，并非用于视觉，而可能是通过吸收紫外线来调节新陈代谢。这种动物的生活非常孤独，大多数时间都在自己领地内进食昆虫，偶尔还有鸟蛋或青蛙，然后晒太阳。至少就某些标准来看，日子过得还算不错。

图3.3　大蜥蜴[36]

尽管生性孤僻，大蜥蜴的领地还是存在重叠，偶尔会彼此接触——当然它们的繁殖也要求有接触。大蜥蜴是一种壁虱的宿主，壁虱身上带有一种对大蜥蜴有害的血液寄生虫。此外大蜥蜴还容易感染一种螨虫。从网络视角看，有趣之处在于壁虱在离开宿主后不能长期存活，它在大蜥蜴之间的传播要求宿主之间有密切接触，对交际网络有着很高的依赖性。相反，螨虫则可以不依赖大蜥蜴而存活，不太依赖宿主的密切接触来传播。

戈弗雷与她的同行跟踪了斯蒂芬斯岛上的许多大蜥蜴，描绘出了它们的运动轨迹和领地。这些领地有着差异悬殊的分布模式，某些大蜥蜴只与另外一只的领地有重叠，其他一些则居于更中心的位置，同十只甚至更多同类的领地有重叠。这个指标反映着它们的中心度：每个个体有机会与多少同类接触。戈弗雷与同行接下来要数清大蜥蜴身上有多少壁虱（你的夏天是怎么度过的?），发现大蜥蜴的中心度与它身上有多少壁虱以及相关的血液寄生虫的数量存在密切而显著的相关关系。由于壁虱需要靠交际网络在大蜥蜴之间传播，有着较高度数的个体自然面临较高的感染风险。有趣的是，研究者没有在能离开大蜥蜴存活的螨虫身上发现类似的相关关系：网络对螨虫的传播并非必要，中心度对感染率不起什么作用。[37]

学者对很多物种开展过此类分析，包括人类在内。[38]尼古拉斯·克里斯塔基斯与詹姆斯·福勒分析过哈佛大学的哪些学生最早感染流感。[39]他们监控了两个群体：一个群体的数百名学生是从样本中随机挑选，另一个样本的数百名学生则是由其他人提名的朋友。从友谊悖论可以知道，比起随机挑选的学生，被别人作为朋友提名的学生应该有更高的度数。事实上，研究者确实发现：被其他人作为朋友提名的学生染上流感的时间比随机群体平均早两个星期。人气度的确有不好的一面。[40]

人类网络的变动与传导性

2009 年，一种高致命性的新型流感——H1N1 病毒——在世界上传播，它是 1918 年给人类造成巨大生命损失的西班牙流感的近亲。

同那个夏天飞往北京的其他所有人一样，我抵达时需要通过一台体温测量仪的检测。中国不是对旅客做筛查的唯一国家，还有几十个国家也对旅客进行检查，并要求填写表格，报告所有的症状。被视为感染的人将被拒绝入境或进行隔离，人类网络针对疾病做出了改变。

在某些情况下，旅行限制和警告会造成极其昂贵的成本。墨西哥在 2009 年最早发现部分 H1N1 型流感病例后，当年春天发布的许多旅行警告提及该国，这导致 2009 年春季后期进出墨西哥的旅行人数下降了约 40%。对于一个把旅游业作为重要产业的国家，如此剧烈而大幅的旅客减少使其深受打击。

事后来看，通过仔细分析旅行网络以及流感病例在全球出现的时间和地点，我们会发现旅行模式的改变对阻止流感传播收效甚微。旅行模式改变让疾病传播推迟了几天。[41]但即使是对旅客筛查最严格的国家也仅仅使流感在其境内的广泛传播推迟了 7 ~ 12 天，并没有阻止不可避免的传染。[42]

环球旅行在今天已极为普遍，即使削减其中很大一部分，并尽可能地拦截感染者，对流感的传播也只有很小的改变。我们可以把这种策略理解为在全球网络中砍掉部分（而非全部）数量众多的远距离连接，它对于真正削减流感的再生数起不了多大作用。当然，这并不是说在流感暴发期间人们不能通过回避旅行来维持健康。如果你愿意在流感季节躲在遥远的山间小屋，你个人感染流感的机会基本可以消灭掉。但阻止较大人群的出行活动在经济上是不切实际的。

隔离检疫有时甚至会造成灾难性结果，尤其是在传染被深入了解之前。早期对于小儿麻痹症暴发的应对能说明这一点。这种疾病至少在古埃及时代就已出现了，历史上的被感染者包括许多著名人物，从罗马皇帝克劳狄一世到沃尔特·司各特爵士（Sir Walter Scott）等，但其暴发是相当随机性的。小儿麻痹症成为更大型的传染病是在 1910 年前后的欧洲，然后在 1916 年夏季的纽约出现了大规模的剧烈暴发。当时对该疾病的认识严重不足：儿童可能在晚上正常入睡，第二天早上醒来时就不能走路了。

这种病非常可怕，很自然带来了恐慌。小儿麻痹症的传递路径是从感染者的排泄物到其他人的口腔，因此靠近儿童的露天排污管是个致命的组合。而当时关于该疾病的各种理论导致人们杀掉了约八万只猫和狗，另外还归罪于蚊子、水银、臭虫和其他许多东西。纽约的首批病例大部分碰巧是意大利人，于是某些意大利居民受到隔离。隔离导致卫生状况恶化，更多的孩子受到感染，由于其他原因发烧的孩子与患上小儿麻痹症的孩子被关在一起，后果极其致命。[43]

这不是说改变网络中的接触模式从来不是有效策略。例如对于基本再生数小得多的埃博拉病，在早期确认疾病暴发并限制人员进出，确实起到了效果。还有个有利之处是，这些疾病往往是暴发在出行率比较低的地区，限制塞拉利昂的某个村子周围的出行，与试图切断北京、伦敦、纽约或墨西哥城的人员进出是完全不同的。多项研究认为，能有效控制大型流感传染的办法只包括接种疫苗、隔离受感染者（确保他们留在家中或诊所，直至不再具有传染性），以及在某些病例中使用抗病毒药物，以缩短感染期，降低传播概率。[44]这些办法都能显著降低流感的再生数，效果颇为突出。

关键之处在于，网络对于在其连接上传递的事物会做出改变和响应。在疾病或金融困境等危险传染物蔓延时，人们的反应是感到害怕，切断联系，孤立自己的节点，龟缩起来。与之相反，在听到某些重大消息以后，人们会积极地相互联系，增加网络的稠密度，加快喜人信息或猥琐流言的传播。充分理解网络的传染特征需要我们认识到网络是动态的实体，并经常会对传染做出反应。本书第 7 章和第 8 章还将回到这方面的概念上，探讨技术普及、教育投资决策以及社会学习等话题。在这些过程中，人们的行为方式将取决于其他人的行为以及网络的状态。

收集思想

在现代社会，我们的很多网络是连通的，而且无论好坏，你和大多数人共同处在巨型分支当中。我们经常染上流感和其他传染病，也参与最新消息和流言蜚语的传播。有些新闻想不知道都几乎不可能。

作为一种消遣方式，有群人给自己设立了一个挑战：保持极少的人际往来，成为最后听说某条新闻的人。这项挑战的正式名称是“在美国最后知道谁夺得了超级碗的人”，其参与者自称“消息躲避人”，因为他们要尽量避免被人告知谁赢得了当年的超级碗。游戏是基于大家的信任，目标是尽可能长时间地不要获知超级碗冠军的归属。[45]然而这条信息的传播过程很难逃避，首先，有三分之一的美国人从一开始就被“谁获得了超级碗”的消息“感染”了，因为他们直接观看了比赛。其次，这是条热门消息，不仅是比赛后几天里热议的话题，还是许多新闻媒体的头条报道。

避免听说热门消息其实是项艰巨的挑战：要求努力改变我们的习惯，避免接触大量的媒体、谈话和人物。挑战的一个有趣之处在于，参赛者要坚持很长时间几乎不可能，有很多非常搞笑的方式令他们被快速“击杀出局”（即获知谁赢得了超级碗）。参赛者通常只能坚持几个小时，或至多几天，偶尔有人能“存活”一星期以上。该挑战的网站上报告的最短时间纪录是8秒，最长纪录则是长达几年的特殊情形。当某位参赛者不可避免地屈服后，他们需要让其他人了解自己出局的原因，其中包含了众多的社会交往方式。报告的部分原因包括：被航班空姐击杀，被教授击杀，被室友击杀，被大学朋友击杀，被老婆的尖叫呼喊击杀（只用了8秒！），被朋友在休息站击杀，被一次闲聊击杀，被进阶生物学课程上的捣蛋击杀，被CNBC（消费者新闻与商业频道）新闻讨论节目击杀，被关于黑人历史月的谈话击杀（不开玩笑）。其他出局方式还包括一长串的电子邮件和短信、广播、社交媒体和其他媒体，以及App（手机应用程序）等。

这些清单明确显示人们有多少不同的交流方式能够传播信息，还有人可能传递与初始的交流目的完全不相干的信息。从而导致人们在了解非常热门的信息时有着很高的度数，使人类网络在此类传播中变得高度通畅，有很大的基础再生数，人与人之间的距离非常短。

基础再生数、相变、巨型分支和外部效应在许多类型的扩散和传染中都发挥着关键作用，远不止疾病和新闻的传播。在传播对象不同于细菌时，可能出现某些有意思的扭曲，比如下文要说的金融传染现象。

第4章

密而不能倒：金融网络

导读

◎美国政府放任雷曼兄弟倒闭，引发2008年全球金融危机，以数万亿美元的代价让我们看清金融网络中传染失控的危害。

◎金融网络有其独特逻辑，相互连接既会加速和扩散传染，也会推动风险的分散与化解。最危险的情形是中间地带，有足够多的连通，却没有足够多的分散。

◎金融网络在没有任何接触时也可能发生“感染”：一旦丧失信心，恐惧和不确定性就会淹没市场，人们会用“凯恩斯选美”的思路去挤兑银行存款。

◎金融网络的外部效应、规模经济和国际化，使自由放任面临巨大风险，必须有政府的监督和维护。监管目标在不断调整、试图逃避，我们迫切需要绘制全球金融网络的完整图景。

世界的相互依赖始终在加强。各国的股市和经济一起涨跌，信心成为繁荣的关键，不安全感像传染病一样蔓延。

——托尼·布莱尔

恐惧与狂欢是决定性力量，而恐惧的力量更是狂欢的许多倍。随着乐观情绪的积累，泡沫非常缓慢地膨胀。然后恐惧出现，泡沫迅速破灭。当我开始凝视这些现象的时候，我感到了某种认识上的冲击。传染是导致事情分崩离析的关键所在。

——艾伦·格林斯潘

经济联系的日益紧密导致拉斯维加斯的房地产价格崩溃可能影响伦敦和香港的金融市场，一家法国银行的投资丑闻可能使全球其他银行的股价下跌。

虽然金融网络涉及各种类型的机构，它们的关系也不同于我们之前讨论的个人之间的关系，但这依然是由人建立和占据的网络，并充满各种外部效应。因此，我们对传染现象的探讨给理解金融困境的蔓延提供了一个绝佳的出发点。

然而，金融网络也有自己的独特逻辑，其原因在于，存在一种抵消效应使金融传染的机制比疾病传染更为微妙。全球化不只带来了更多的相互连接，还有更分散化的投资与更安全的投资组合。[1] 疾病传播网络中的新连接让传播变得更加快速和广泛，而金融网络中的新连接还会推动风险的分散，使其能够被更有效地化解。

这些相反的抵消效应是如何发挥作用的？为什么我们依然会面临世界经济衰退与全球性金融传染呢？

由于本章将讨论的多种原因，许多重要的金融市场的分散化依然严重不足。这给金融传染提供了一个危险的绝佳发力点：网络在这个点上既有实现广泛传染的充分连通性，又不够分散化，不足以阻止某家机构倒闭产生的连锁效应。

要理解金融崩溃如何发生，考察一场具体的全球金融危机是一个极具启发意义的起点。

对一场全球金融危机的解剖

2008 年 9 月 15 日，当时世界上最大的投资银行之一雷曼兄弟申请破产。美国股市当天应声下跌了超过 4 个百分点，但也只能算后来的悲剧的预告片。今天来看，雷曼兄弟的破产主要是由于对次级抵押贷款的风险敞口过大。这些贷款被评为次级，原因是借款人的信用记录以及借款购买的房产价值面临较高的风险。

希拉·拉莫斯就借到了几笔这种抵押贷款。她在阿拉斯加工作过多年，包括几家美容店、一家零售连锁店，还给公用事业公司砌过水泥围墙，然后搬到佛罗里达。对之前那些没意思的工作感到厌倦后，她决定迁到南方，并利用自己的储蓄和出售父母住房所得的款项，买下了一栋 30 万美元的房子，没有任何负债。希拉觉得需要工作和收入来源，于是又买下了当地的一家草坪护理服务企业，由她自己和一个儿子来干活。为购买该企业，她利用住房获得了 9 万美元的抵押贷款。一切都进展顺利。但突发的车祸导致她的生活和生意停摆。由于无法偿还贷款，希拉又借了一笔数额更大的抵押贷款，14 万美元，她用这笔钱偿还了之前的抵押贷款、由于丧失收入而新借入的一些债务，以及医疗和诉讼费用，并希望余款能够暂时支持分期偿还新的贷款，直至她能重新开始工作。可是由于无法重新工作，又受到收债人的反复骚扰，希拉在 2006 年 12 月借了第三笔抵押贷款，数额达到 26.2 万美元。她希望这可以让自己还完之前积累的所有债务，并提供缓冲，帮助她在能够工作之前应付新贷款的还款压力。每一笔抵押贷款都是可变利率贷款，还款额较高，并随时间持续增长。

祸不单行、贷款发放机构的强势推销，以及希拉本人的仓促决策使她卷入了抵押贷款。这些抵押贷款对那些最终持有债权的公司来说也极不合理。希拉后来发现，尽管她告诉贷款经纪人自己暂时无法工作，生意处于歇业状态，她的申请表上依然写的是受雇并有 6 500 美元的月收入。希拉的抵押贷款故事最终以悲剧结尾并不意外，房子被强制拍卖，她只好和自己监护的孙子孙女们搬进帐篷生活。[②]

希拉的抵押贷款经纪公司最终也破产了，或许让人略感解气，但此类贷款造成的破坏远远超出了直接参与者的范围。希拉的故事比较极端，但并不算特殊，因为有太多的人受到吸引，很容易利用自己的房产价值做再贷款，获得快钱。也有太多的首次购房者发现买房出乎意料地轻松，不管是在当时欣欣向荣的拉斯维加斯刚找到工作，还是迁往成长中的新泽西郊区的居民。各种类型的借款人都被贷款发放机构紧追不舍，这些发放机构从每笔抵押贷款中收取费用，再轻松地把贷款出售给他人，自己基本不承担风险。

许多贷款的发放都在申请表上做了极富“创造性”的改动，后来被法院判为违约。然而，即使在美国国家金融服务公司（Countrywide Financial，最大的抵押贷款发行商）这样最臭名昭著的案例中，也很难证明那不是无心之失而是蓄意欺诈或者违反了合同条款。抵押贷款发放机构并非单打独斗。美国发放的大部分次级抵押贷款由两家大型政府扶持企业经手，即房利美和房地美。它们自己持有部分贷款，把其余债权打包出售给其他人，并提供一定的担保。[③]这两家公司后来因为缺乏监督和转售同宣传不符的证券而受到起诉。市场的膨胀还缘于几十年来最低的利率水平，以及住房与城市发展部等美国政府机构鼓励自有住房的政策。到 2008 年，房利美和房地美持有和担保的抵押贷款与抵押贷款支持证券超过 5 万亿美元，接近这一庞大市场的一半。

疯跑的抵押贷款列车终于在 2008 年夏天翻了车，但其轮子脱离铁轨其实已经有一段时间了。借款人看到在较低的先期利率结束后，自己的借款利率提高了。许多人像希拉那样被怂恿借入超过自己经济实力的贷款不久后开始违约。随着抵押房屋被拍卖，住房价格出现下跌，从而导致更多的人持有的抵押贷款超出了自有住房的价值。不可避免的翻车事故越来越明显，警报终于拉响，2008 年 7 月初，人们开始担心房利美和房地美在抵押贷款市场的巨大风险问题。它们要出售抵押贷款支持证券或继续经营，都已经变得举步维艰，因为情况已变得日益清楚，这两家公司给它们出售的很多抵押贷款债权提供的担保，以及它们为支持庞大业务而发行的许多债券其实已毫无价值。由于涉及的金额高达数万亿美元，美国政府不得不干预，以避免市场的彻底崩溃。

我们再回到雷曼兄弟。作为抵押贷款支持证券的最大承销商之一，该公司在 2007 年以前的增长阶段收获了巨大的盈利。可是当同样重仓投资抵押贷款的贝尔斯登的两家对冲基金倒闭时，房地产泡沫爆裂的危险已一目了然。普遍蔓延的担忧情绪导致雷曼兄弟的股价重挫。但雷曼兄弟没有正视现实，而是加倍下注，把更多精力放在账目操纵而非投资组合上。尽管该公司到 2008 年夏天开始解除一些头寸，但为时已晚。

下面我们来看看这些故事中的网络的情况，金融困境如何传播到那些没有直接卷入抵押贷款市场的人。由于美国政府在那一年曾出手相助，把贝尔斯登并入了摩根大通银行，以避免灾难的发生，人们合理地预期雷曼兄弟也会得到某些扶持。然而不走运的是，尽管该公司远远超过“密而不能倒”（too connected to fail）的程度，但依然遭到无视，从而走向了破产。

雷曼兄弟宣布破产几天后，政府不得不对美国国际集团（AIG）提供救助。美国国际集团是信用违约掉期交易的主要做市商，给数亿美元的抵押贷款提供了保险。[4]雷曼兄弟的破产让该市场陷入恐慌，美国国际集团能否给它卖出的所有低价格保险提供保障突然之间变得不确定了——卖保险的时候它假定永远不会有太多的保单需要赔付。

接下来，由于预见雷曼兄弟的大笔抵押贷款投资组合将面临清算，抵押贷款市场出现了新的恐慌，把更多的投资银行和投资者推下了悬崖。此外，许多对冲基金以雷曼兄弟作为经纪人，让它经手数百亿美元的投资，于是，雷曼兄弟利用这些资产作为抵押品和其他投资的杠杆。后来还发现，部分知名的货币市场基金（原本被视为最安全的短期投资）在雷曼兄弟也有过大的风险敞口。例如，首要储备基金（Reserve Primary Fund）持有雷曼兄弟超过7.5亿美元的债权，这些基金跌破了净值，意味着货币市场基金的投资者能赎回的资金少于之前的投入，变成了比单纯持有现金更糟糕的投资。

对货币市场基金丧失信心打击了依赖这些基金提供短期借款的公司，它们与抵押贷款市场及其相关企业并无关系，于是危机继续向外蔓延。与之相似，各家银行用来短期平衡投资组合与存款的银行间借贷市场也完全枯竭。一段时间后，美联储不得不出手填补银行间市场上的资金窟窿。

在一年半时间里，道琼斯工业平均指数下跌了一半以上：从2007年10月超过14 000的高点，下跌到2009年3月的7 000点之下。伦敦的金融时报100指数在同期的跌幅超过40%，英国和爱尔兰的银行接连倒闭。全球主要股市都出现了类似的重挫，例如香港、上海、东京、孟买和法兰克福的主要指数在2007年后期到2009年早期都下跌了一半以上。冰岛的金融问题更加严重，甚至导致了政府破产。

许多人曾有争论，如果救助雷曼兄弟，会给后来的危机带来多大的不同。市场的联系非常密切，许多金融机构直接或间接地暴露在次级贷款的灾难之中。尽管雷曼兄弟倒闭无论如何都会造成某些影响，但它在许多市场引起了恐慌，由此导致的冲击远远超出了金融市场的范围。因而从网络视角来看，与其让事态扩大、之后再来收拾，在较早的时刻就采取措施阻止传染，总是难度更小、成本更低。

美国政府（具体来说是财政部和美联储）没有干预雷曼兄弟的倒闭有三方面的主要原因。

第一，财政部的某些官员希望传递信号，即大型私人公司不能都指望政府救助。财政部之前一再卷入对贝尔斯登、房利美、房地美等机构的救助，包括国会议员在内的许多人都对此表达了“必须适可而止”的态度。然而，正如斯坦福大学金融学教授，知名的金融市场专家以及我的博士论文导师达雷尔·达菲（Darrell Duffie）所述：“房子着火了，消防队抵达现场，忙着浇水灭火，这时候可没工夫关掉水管，教育房主不该在床上抽烟。”

第二，关键人士并没有必要的信息预测放任雷曼兄弟破产带来的后果。美联储当时的会议备忘录显示，他们对后续的形势发展缺乏警惕。当时并没有关于金融体系的详细的网络联系图，今天这方面也仍然很不透明。如果各个政府部门（包括国会）对当时的风险敞口有更清晰的网络分布图作为参考，他们或许（至少应该）会采取大不相同的行动。

第三，对于美联储在法律限制下如何才能最好地干预依然存在疑问。这是尚未探明的领域，而且当时并不清楚美联储到底有权做哪些事情。

未加干预的后果很快显现，并最终广泛传播，导致灾难。从事后看，放任雷曼兄弟破产是巨大的错误，并导致后续的救助行动付出了高昂得多的成本。世界各国政府最终以数万亿美元为代价，阻止了金融传染真正发展为危机，但没有避免陷入长期而痛苦的经济衰退。即使如此，可能出现的完全崩塌没有发生，这还算幸运。如果美国财政部没有干预房利美和房地美，没有救助美国国际集团，如果各国政府没有给本国的银行及各类企业注资，后果又会怎样？

当年的大萧条已经给我们提供了明确的教训，当时多家银行和企业由于在飙升的股市（类似于次级抵押贷款市场）过度扩张走向破产，而政府在数年之后才采取相应行动。接连发生的抛售、恐慌与资本市场冻结导致了投资和商业的大幅萎缩，拖累了工资和消费支出，把世界经济推入了深不见底的旋涡。当时的网络效应已非常明显，仅举一例，华尔街的崩盘导致德国获得的贷款大幅减少，使它难以支付对一战的赔款。随着德国停止还款，恐慌出现，那里的投资者纷纷停止贷款，从而造成了大范围的企业倒闭和创纪录的经济衰退，政治和经济混乱进一步恶化，使纳粹党牢牢地站稳了脚跟。虽然我们不可能知道，如果大萧条的蔓延在早期阶段被阻断二战能否避免，但大萧条中发生了严重的金融传染是毫无疑义的。

那时与当今国际贸易网络的一个显著不同就是，大萧条时代的网络要零碎得多。例如，中国、日本和苏联在 20 世纪 30 年代同西方国家的往来相当有限，其银行体系也几乎完全隔离，因此重创美洲和欧洲的全盘经济崩溃对它们几乎没有什么影响。事实上，苏联那时反而处于工业高速增长时期。

金融传染的特殊之处何在?

> 因此首要的一点是，我要强调自己的坚定信念，即我们唯一必须恐惧的就是恐惧本身。别让这种没有名称、没有根据、没有

合理性的恐惧，废掉我们需要的转守为攻的努力。

——富兰克林·罗斯福，第一任期总统就职演说，

1933年3月4日

我们对网络的基本分析给经济传染现象提供了启发。金融网络的中心度可以帮助我们找出谁“密而不能倒”，并成为风险评估的主要工具。网络的连通性则可以用来初步评估全球网络中的潜在传染风险。

不过，金融市场上还有其他令人着迷的扭曲因素。

第一是金融市场有大量的参与者和不同类型的联系。流感是通过病毒的传播从一个人传染另一个人，财务破产则可以从借款人传递给银行，再传递到保险机构，以及跟这些机构做生意的其他许多人，而后传递到各类市场，最终传递给整个经济中的雇员和股东。这一网络中的联系涉及各种类型的交易与合同，从贷款到合伙关系、保险合同、衍生证券、普通商品和资产的买卖。其中的关键在于某一方欠另一方某种值钱的东西，使得某个人的财富与其他人的财富之间形成依赖关系。该网络的庞大范围使投资人和政府都难以真正评估金融传染背后罕见的灾难性风险。

第二个扭曲是有更多联系并不总会增加金融网络中的“受感染”风险。与只跟一方签合同相比，有很多交易对手可能更安全。投资的一个最基本的原则就是投资组合的分散化会降低风险。如果风险敞口分散在足够多的交易对手身上，那么其中任何一个违约都无关紧要。这让金融传染从根本上有别于其他类型的传染。比起与一位伙伴发生多次性关系，与很多伙伴发生性关系会增加感染性传播疾病的风险。与此相反，企业与更多对手建立更多的业务关系，则可以减轻给特定地区、市场或供应商造成损失的冲击事件对它的威胁。

经济网络因此出现了一个有意思的权衡问题。[5]起初，随着各企业

之间通过贸易、证券、合同和债务连接起来，金融传染的威胁会增大，因为企业出现了相互依赖，网络开始成形，基本再生数突破了1的临界值。假如每家机构有两到三个主要的交易对手，网络会形成一个巨型分支，具有很高的连通性。但是，由于每家机构的交易对手不多，如果一个伙伴未履行义务或不能兑现承诺，就会面临较大风险。然而，随着联系的继续增加，各家机构的风险敞口都变得更分散，也不太容易受任何一家伙伴倒闭的影响，此时系统性风险的水平会下降。虽然网络联系变得更稠密，但是沿着任何连接路径发生连锁崩溃的概率在减小。

发生金融传染的最坏情形是处于中间地带，这里有足够多的联系产生连通网络，把所有企业都直接或间接连接起来。但联系数量又不够多，大部分企业的多数业务都仅限于少数几家伙伴，其中一家破产就可能造成大麻烦。

图4.1展示了这种权衡关系。我们可以把每个节点视为一家拥有部分自有投资的银行，把连接视为该银行与其他银行的投资和合同关系，包括购买其他银行的部分投资（如抵押贷款）或其他银行发行的债券、短期贷款等，这些都会构成对交易对手的债权。图中关系连接线的粗细显示了各家银行与其他银行之间的投资所占的比例。该图抽象掉了所有细节，只显示基本的依赖结构。

图4.1中图（a）显示的是基本不连通的网络，不太容易暴发广泛的传染。但这会造成较大的日常成本，不同金融机构之间的交易很少。缺乏往来意味着各家银行没有分担它们面临的非系统性风险，它们的回报也具有不必要的扰动性和风险性。[6]

我们再看图（b），网络被连通了。这属于尤其危险的情况，因为此时出现了从任何机构向其他所有机构的潜在传染路径，同时每家银行对交易对手都有很大的风险敞口，分散化很不够。

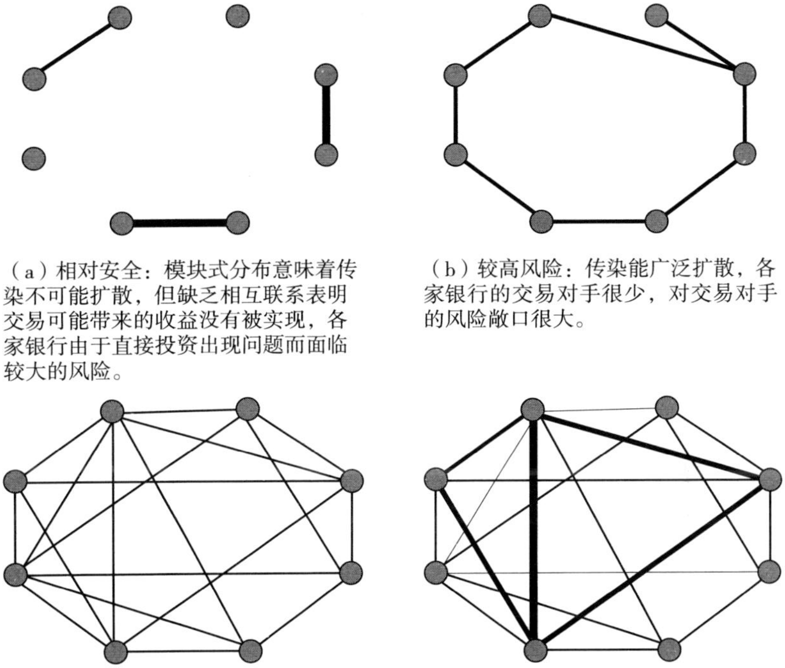

（a）相对安全：模块式分布意味着传染不可能扩散，但缺乏相互联系表明交易可能带来的收益没有被实现，各家银行由于直接投资出现问题而面临较大的风险。

（b）较高风险：传染能广泛扩散，各家银行的交易对手很少，对交易对手的风险敞口很大。

（c）相对安全：传染能扩散，但各家银行对任何交易对手的风险敞口较小。

（d）较高风险：四家银行组成的核心部分对彼此的风险敞口极大，整个网络的联系稠密度较高，如果核心部分出现违约，可能暴发广泛传染。

图 4.1　金融传染概率各不相同的四种金融网络。连线的粗细代表两家银行之间的相互依赖程度。

到图（c）的时候，风险状况有所改善。尽管网络连接更为稠密，各家银行的交易联系却更加分散，因此降低了对任何一家交易对手的风险敞口。如有一家银行无法偿付，导致其交易对手受到传染、发生违约的概率也较小。这里我们可以看到金融传染与疾病传染的第一个真正区别，金融环境从图（b）到图（c）会变得更加安全，而对疾病传染而言，情形正好相反。⑦

最后到图（d），情形再度恶化，四家银行的相互风险敞口增加。如果其中一家丧失清偿能力，这四家银行组成的核心部分就会陷入麻烦，其他银行对这四家银行的累计风险敞口也会成问题。

人们会说我们可以远离图（b）和图（d）中的危险诱发点，然而正如次贷危机的情形所示，市场中不可避免地会出现一些重要的参与者。范围经济和规模经济效应会使领先的金融企业变得十分巨大，以至于大部分其他企业不可能不与它们发生广泛的交易。

金融市场的第三个扭曲在于，即使没有任何接触也可能发生“感染”，甚至在没有任何投资失败时，一家银行依然可能遇到偿付危机。恐惧和不确定性对金融市场的破坏性，不亚于某些糟糕投资造成的倒闭风潮。如果我们第二天醒来时都认为 X 银行将破产，那么这家银行就会破产。事实上，我们只需要担心其他人以为 X 银行会破产，或者担心大家都有这种担心，就足够了！我们可能都知道 X 银行经营良好，投资稳健，但如果我们预计其他人都会从该银行提取存款，就会担心自己落在最后。金融困境可以自我实现，是金融市场中尤其令人烦恼的特征。这种恐惧确实导致过某些银行挤兑事件。[8]

因此，金融市场由此与其他市场有显著不同。如果你打算从附近的杂货店买些苹果，对这家商店可能破产的担忧并不会影响你购买苹果的决定。未来你可以去其他地方买苹果，上述担忧不会打击你的购买欲望。然而如果你打算到某家银行存钱，对这家银行的业务可能突然中断的担忧则会对你有着重大影响。你或许只是听到某个传言，你不需要相信传言，甚至不需要认为其他人会相信传言，你只需要认为该传言可能导致其他人会从这家银行取钱。一旦人们对银行体系普遍丧失了信心，储蓄和投资就会面临真实的危险。在大萧条期间，囤积现金曾是一个严重的问题。

这是金融以及更广泛的投资活动面临的一个永恒难题，我们从罗斯福在大萧条时期的言论中可以看到这一难题的影响。世界股票市场之所以在2007 年末到 2009 年初损失了 50% 以上的市值，几年后又出现反弹，这并不是因为企业的实际价值有巨大损失，然后又奇迹般恢复，而是因为哪些企业可能破产、衰退范围会有多广泛和多严重的不确定性，以及对于这些不确定性的恐惧。市场最终稳住了阵脚并不代表一切都圆满结束，因为经济下行过程中出现了就业、产出和消费的巨大损失，基础投资和经济活动出现了连续数年的紊乱。陷入和摆脱不确定性的过程本身代价高昂，令人疲惫不堪。[9]

这第三个扭曲曾引起约翰·梅纳德·凯恩斯的关注，他在《就业、利息和货币通论》中讨论所谓“凯恩斯选美问题”（Keynesian Beauty Contest）时谈及此类现象。他举例描述说，某家报纸举办比赛，让人们从一百张照片中选出六张“最漂亮”的脸。此时就会发生我们上文介绍的类似扭曲。由于“最漂亮”的定义是被最多人选择的脸，因此正如凯恩斯所言：“这种情况不是根据某人自己的判断选择真正最漂亮的，甚至不是选择普遍认为真正最漂亮的。我们会进入第三层次的思考，费脑地预测人们预期什么会是普遍选择。我相信，还会有人做第四层、第五层乃至更深层次的思考。”

上述扭曲意味着，投资的某些特征与基础资产的价值是脱钩的，这就使股价发生泡沫与恐惧引发抛售成为可能。在从事某些投资的时候，除了理解项目自身的真实价值以外，预测其他人愿意出多少钱、持有多长时间同样重要。[10]由于显赫人物可以对某只股票的价值有超出比例的影响力，每当他们发表一个看法或者传出一个消息，我们又将看到网络与感知的作用，特别是在我们认为其他人也都关心同样的核心人物时。[11]

自由市场与外部效应

金融的本性在于，除非有明显的杠杆作用，否则是不可能很赚钱的……而只要有债务，就会有破产和蔓延。

——艾伦·格林斯潘

亚当·斯密用“看不见的手”描述市场的运转恰如其分。许多市场在保持充分自由和开放、不受干预时运作良好。人们消费的大量食品和服务，从面包到理发，几乎没有外部效应，生产和消费此类物品的个人成本与收益也反映着社会成本与收益。此外，许多市场中的规模经济效应不显著，有大量企业相互竞争，没有足够大的企业具有显著影响。可不幸的是，以上两点都不适用于金融市场。金融市场上有巨大的外部效应和规模经济效应。

金融市场的外部效应表现为一家企业的错误给网络造成的潜在影响。一家企业丧失清偿能力、拖欠还款，会导致其交易对手也丧失清偿能力，带来连锁倒闭与相关成本，这样的损失会非常巨大。马萨诸塞大学安姆斯特分校的经济学家本·布朗奇做过有关破产成本的研究，[12]估计索赔者最后得到的金额仅为企业破产前账面价值的56%。[13]债券的回收率通常在40%~50%，即使是有担保的债务或者在破产清算中处于优先级的债务，回收率也仅为70%。破产企业的债权人会损失很大一部分投资，这样高的损失还可能让他们也陷入财务困境。

此类外部效应表明激励不相容：雷曼兄弟不仅迟至2008年初还持续低估次级抵押贷款的严重风险，并且始终只关心自己的利润，丝毫不考虑它如果破产可能造成的整个灾难。没有人想要破产，但一家企业的投资给社会造成的总体风险可能是公司自身承担的直接风险的很多倍，尤其是在这些市场上普遍存在极高的杠杆率。大量投资是靠借来的钱或各种其他形式的合同安排完成的，这只会加剧问题的严重性。

为了说明这一点，让我们假设你在某家公司工作，该公司遇到了现金流问题，开始拖延发放薪水，最终停发了薪水，于是你开始拖延住房抵押贷款和汽车贷款的还款。假如你因此被认定为还款违约，就会蒙受严重的损害。如果一家企业缺乏清偿能力，导致另外一家企业只能从中收回少量债权（即使能收回也常常要拖延很长时间），另一家企业也会遭受损失。接下来，这家受害的企业也会在偿还债务时遇到困难，并因为诉讼成本和其他损失使困难更趋严重，于是也拖延和停止还款，这样就形成了连锁效应，每一步都积累下更多的成本。

假如网络的分散性非常好，每家企业都有很多交易对手，对每个对手的风险敞口都不是太大，这就不会造成大问题。在此情形下，任何一家企业的破产都会是个小插曲，很容易在为数众多的生意伙伴间化解，不会产生持久影响。然而，规模经济会制造麻烦。

在金融市场上，规模庞大会带来很多优势，因此有些关键企业既属于大而不能倒，又带有密而不能倒的性质。例如，房利美和房地美的规模使它们在次级抵押贷款市场上无处不在，许多大型企业在这两家公司拥有大笔债权。房利美和房地美如果破产，绝不是能轻松化解的小问题。因此当它们无力偿付时，政府除了干预别无选择，那就是将它们接管，并承担巨额损失。如果让这个雪球滚下山坡，其规模将继续膨胀，在最终平静下来之前可能会给整体经济带来数万亿美元的损失。

“越大越好”给金融市场造成压力的证据是，银行的数量不断减少，而最大银行的规模持续增长。1980 年，被美国联邦存款保险公司接受的商业银行超过 14 000 家，到 2006 年只剩下 5 000 多家。银行合并不是由于产业的收缩，相反，根据联邦存款保险公司的报告，这些银行的总资产增长了 8 倍以上，从 1980 年的不足 2 万亿美元到 2014 年的超过 15 万亿美元。[14]

金融服务合并到大型银行不只发生在该产业内的某个局部，而是遍及整个产业。1933 年的《格拉斯－斯蒂格尔法案》要求分离投资银行业务（承销证券发行、给各种证券做市、协助企业并购等业务）与商业银行业务（接收存款和发放贷款）及保险业务（发售保单）。而 1999 年的《格雷姆－里奇－比利雷法案》，又称《金融服务现代化法案》，则取消了这一限制。来自密歇根州的众议员约翰·丁格尔在一场颇有远见的辩论发言中指出：这将导致银行控股公司变得大而不能倒。人们可以在同一家金融机构拥有储蓄账户和投资账户，很便利地获得一站式金融服务。然而，由此形成的巨型金融机构远非理想形态，除了其规模大到不能倒之外，它们还可以与自己储户的交易对赌，因此在财务建议和管理中存在根本性的利益冲突。[15]

更重要的一点是，资本在银行间的分布并不平均，大量资本集中在顶层的少数几家。2016 年，全球最大的十家银行——前四名均来自中国——的总资产接近 26 万亿美元，而中国和美国在当年的 GDP（总产出的价值测算）合计才刚超过 29 万亿美元，全球 GDP 仅略高于 75 万亿美元。1990 年，美国最大的五家银行约占国内银行业总资产的 10%，到 2015 年已接近 45%。次贷危机后这些银行的资产实际上还有大幅增加，因为 2007 年时前五大银行的总资产在全行业的占比才略高于 35%。许多公司要想避免同全球最大的这些银行发生大额交易，几乎是不可能的。

我们可以从图 4.2 中直观地看到，在这种深入合并之前的美国最大型银行组成的网络。该图显示了联邦资金转账系统（Fedwire system，是银行和其他相关金融机构彼此划转资金的一种方式）中的 66 家最大银行。图中显示的是总量层级的情形，忽略了银行间实际交易的大量细节，但它给我们提供了基本信息：谁和谁做了多少交易，如果某个交易对手倒闭，谁的业务可能受到严重冲击。

我们能从中看出几个重要特点。最大的三四家银行规模巨大，彼此有大额往来。25 家主要银行结成了一个紧密连接的核心，各家外围银行（通常为地方银行）分别连接着一两家核心成员。这种特征鲜明的模式被称为“核心 - 外围网络”，出现在很多金融网络中。[16]由此很容易理解，我们为什么需要担心某家最大型的核心银行出事，因为它影响着其他最大型银行与网络核心部分，最终会波及外围。图 4.2 与

图 4.1 的（d）图并无太大不同。

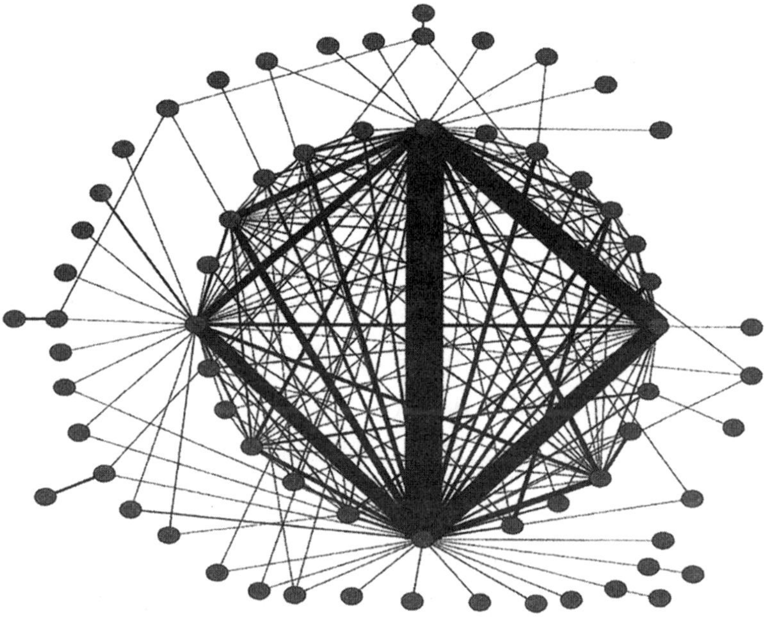

图 4.2　联邦资金转账系统中的 66 家最大银行（占总量的四分之三左右）。图中的数据来自 2004 年，是在次贷危机爆发之前，当时的银行业集中度还远远低于当前。其中 25 家最活跃的银行组成了一个紧密相连的集群。连线的粗细代表两家银行间的交易金额的大小。该图引自 *Physica A：Statistical Mechanics and Its Applications*，Vol. 379，Kimmo Soramäki，Morten Bech，Jeffrey Arnold，Robert Glass，and Walter Beyeler，317 –333。Copyright（2007），获得 Elsevier 授权。

最大型银行的巨大规模及其持续增长背后的原因是什么？金融市场有许多特征导致越大越好的效应。从基本层面上讲，规模大可以节约信息和通信技术的固定成本。在建立和维护数据库与会计系统时，有许多相关成本同录入多少数据无关。两家银行在合并后，只需要支付一次这类成本就够了。从投资和业务来看，掌握更多资金能使投资组合更加分散化，还可以参与小投资者无法企及的大型项目。在地理区域和业务分支方面，大银行也能够更分散化。在全球许多地方设立机构和开展业务，更容易让某家银行获得跨国企业的青睐。同样，把业务扩展到吸收储蓄和证券交易上，能让金融机构获得交易与做市方面的协同优势，尤其是在获取信息方面。最主要的一点，规模能带来品牌和声誉：大而不能倒使大银行成为更具吸引力的交易对象，因为它有着小银行不可比拟的隐性担保。

成为规模更大、业务更分散的金融巨擘，让这些机构能轻松抵御轻微或地区性的经济下滑。由此付出的代价则是，一旦它们犯下难以避免的错误，就会造成巨大灾难，例如在次级抵押贷款市场有太大的风险敞口。[17]这些机构并不会考虑自己的投资及其潜在失败对整个市场的冲击，所以外部效应将极其巨大。

除外部效应以外，由于主要金融机构的庞大规模，造成了让企业只和少数交易对手做生意的压力。订立合同与开展业务需要花费成本，因此，相比于广泛分散的业务，只与一两家伙伴做大生意的吸引力会大得多。我们自己在日常生活中也能看到，保留太多的银行账户既费钱又耗时。由于政府给账户提供了或明或暗的保险，我们并不太担心账户安全，许多企业也是如此。从图 4.2 的外围银行中能看得很清楚，这些银行的大部分交易是同一到三家伙伴开展的。与太多银行维持业务联系需要付出更多成本，而且只同一家交易对手做业务会使账户金额增大，从而获得更好的待遇和关注。所有层级的企业都存在对优先客户的特别政策。另外，相互依赖的增强还能帮助交易双方设计出应对意外事件的合同条款，[18]在动荡时期提供特殊待遇。与同一伙伴的反复交易有助于建立信任，这种信任又会因为未来有价值的业务关系而增强。如果合作伙伴能够带来有长期价值的未来业务，企业更愿意以诚相待。

大型核心银行的决策可能通过多种途径给其他人造成损害。其一是该银行选择有过度风险的投资，从而导致自身丧失清偿能力。其二是该银行的业务过分集中在几家核心伙伴，从而使自己（及间接导致网络的其他成员）受累于一家大型伙伴的破产。这里需要强调两种外部效应的不同之处：第一种外部效应是银行使自己破产的直接风险超出了网络愿意接受的水平，并开启传染；第二种外部效应则是银行使自己的网络定位更容易受到其他机构冲击，再通过它造成大范围的持续传染。

如今的金融网络还非常国际化。图 4. 3 显示的是某个国家的债务被另一个国家的银行持有的情况。该图来自我与经济学家马特・艾利奥特和本・戈卢布（他们以前是我的学生）开展的联合研究。该图重点反映了希腊债务危机中一些欧洲国家的情况，例如，2011 年底时有大约 3 300 亿美元的意大利债务由法国的银行拥有，图中表现为从意大利到法国有个很大的箭头。[19]由此，如果意大利的债务贬值（比如受到意大利的银行的财务状况影响），法国的银行就会面临巨大风险。

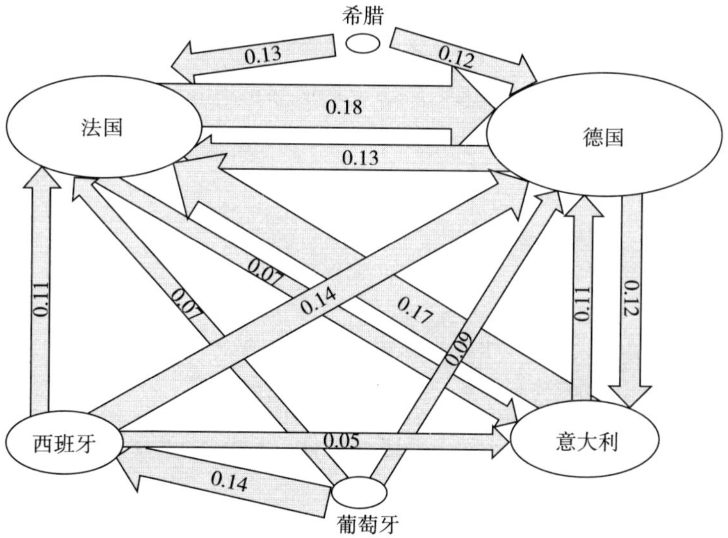

图 4. 3 图中的箭头显示每个国家有多少主权债务（政府发行的债券）被其他国家持有，数据来自 2011 年底。箭头的宽度表示风险敞口的规模（但未包括依赖度小于 5% 的部分）。例如，在 2011 年底，13% 的希腊债务是由法国的银行持有。图和数据均引自 Elliott，Golub and Jackson（2014）。

意大利的银行则持有大量的德国债务，德国的银行又持有大量的希腊债务，以此类推。

虽然希腊是个较小的国家，但暴露出的风险也足以造成大麻烦。几个百分点的回报率变化就能使一家金融机构从盈利转为亏损，而这些资产的持有往往高度集中。因此有充分理由让国际货币基金组织、欧洲中央银行，以及欧洲各国联合发起的一只基金组成的“三驾马车”，对希腊进行救助。为此，它们给希腊提供紧急贷款，并买下数万亿欧元的希腊债券，以避免其价值暴跌并拖累众多银行。

总之，如下若干力量会将金融市场推到出现传染的关键点上：

◎规模经济和范围经济让大银行获得了相对于小银行的众多优势，使很大部分业务集中到少数最大的银行。

◎银行和其他金融机构需要彼此开展业务，形成连通性网络。

◎银行和金融机构与少数交易对手开展较大的交易，相对于让业务广泛分散来说，更能够节约关系成本、获得特惠待遇。于是金融市场上存在若干关键连接，从而使一家企业对另一家企业的风险敞口很大。

◎破产带来的巨大成本可能导致一家企业的倒闭拖累其他企业。

◎企业在选择自己的投资组合与伙伴关系时，并没有考虑对交易对手产生的外部效应与潜在连锁效应。

◎不确定性和恐惧导致投资者撤回资金、停止发放贷款，这可能很快将已经陷入困境和本来财务状况良好的金融企业推入无力清偿的境地。

这些力量（尤其是在共同作用时）表明，金融市场需要监督和维护。

监管

当企业成为投资漩涡中的泡沫时，形势会很严峻。如果某个国家的资本发展成了博彩业的副产品，那很可能不会有好结果。

——约翰·梅纳德·凯恩斯，《就业、利息和货币通论》

我们该如何监管金融市场？对这一问题存在巨大分歧，有人单纯地认为金融市场完全靠自身即能良好运转，他们要么对规模问题、外部效应和网络问题等一无所知，要么因为涉及自身利益而选择视而不见，要么在关于市场的第一堂课之后就没有再学习过经济学，从未听说过外部效应，要么是想借助自己在网络中的位置捞取好处。另一些人响应若干经济学家的说法——从阿尔弗雷德·马歇尔、路德维希·冯·米塞斯到米尔顿·弗里德曼，或者不相信政府，或者有强烈的个人主义哲学信仰，或者相信竞争能够长期解决任何难题——认为尽量减少乃至完全避免政府干预是最好的选择。

政府当然有缺陷，包括某些非常严重的缺陷。然而在世界金融史上，最大的企业已经达到如此规模，各国政府不得不反复出手和救助，政府干预是在所难免的。因此，更好的办法是通过防微杜渐的监管避免灾难发生，而不要等到事后再收拾残局。一个显而易见的着手点是确保这些大型企业不在特定项目或交易对手上有过度的风险敞口，这正是压力测试背后的逻辑之一。此类监管并不轻松，因为企业倾向于对自己的投资和交易策略保密，证券及其衍生品也变得越来越复杂，这使得详细了解风险敞口的任务颇具挑战性。

另外，我们今天面临的是全球性挑战：一家美国的投资银行倒闭、希腊发行的债券违约、泰铢贬值或者中国的住房价格调整都不再是地区事件。[20]我们尚无法详细跟踪全球金融网络，而只能掌握局部的图景。[21]在这方面取得进展需要更为细致和统一的会计标准、不同政府和机构之间的沟通，以及设法在危险的风险敞口出现时给出警示并将其排除，而不是临到灾难爆发前夕才发现问题。同时，所有这些工作还必须考虑到可能带来的成本，包括政府与市场参与者各方的负担。目前的形势有些类似于复杂的脑外科手术：尽管我们对自己处理的复杂系统尚未充分理解，缺乏完整图景，但在某些情形下显然仍需要开展手术。

还要补充的是，在这样的复杂市场中，有很多情形会导致激励错位。正如次级贷款的案例，这些抵押贷款被转售，同时没有受到评级机构、保险机构和其他本应做好尽职调查的机构的认真监督，对贷款发放机构而言，最有利的选择是尽快把贷款发放出去，而不用关心抵押贷款对借款人是否合适以及能否被最终偿还。这只是所谓拿“别人的钱”来玩的一个例子，也就是说，做投资决策的人并不承担投资的全部风险。大多数金融投资有很高的杠杆率，所用的大量资金是从其他伙伴那里借来的，而背后出钱的人并不直接参与日常决策。大投资银行、共同基金、对冲基金的交易员在盈利时获得重奖，而投资失败则损失有限。这扭曲了他们的决策，可能鼓励他们过度承担风险。[22]大而不能倒的机构随时有可能获得救助，这种隐性担保也意味着它们在“玩”别人的钱，即纳税人的钱，以及它们代为管理或借来的任何交易对手的钱。网络结构和破产成本带来了广泛的外部效应，与之相伴的就是利益扭曲，而隐性担保更加剧了利益扭曲。

就这样，各国政府面临的经济体系是基于相互依赖和风险敞口结成的庞大而复杂的网络，始终处于变化之中，难以监控。政府还要面对它们提供了显性或隐性担保的巨型企业，而这些企业的激励与国家的长远繁荣并不一致。显著的规模经济和范围经济效应的存在，以及不能轻易舍弃大企业通过不同地区和业务领域的协同而实现的巨大成本节约，使上述挑战变得更趋复杂。

对哪种机构能够做何种投资决策进行市场监管，也面临自身的困难。即使某个市场受到监管，投资者仍可以把钱转移到没有被监管覆盖的其他机构。例如在大萧条后，法律禁止银行向活期账户支付利息，然而储贷银行与投资银行的账户则不受此监管，可以支付利息。于是储贷银行和其他金融机构便开始提供活期账户和资金转移服务，并支付利息。不出意料，人们随即把资金转向这些支付利息的账户，推动了不受监管的储贷银行与货币市场账户的增长。[23]争夺顾客的竞争驱使储贷银行参与高风险投资，以支持它们给顾客许诺的不断提高的利率，最终导致超过 1 000 家储贷银行（全美仅有 3 000 多家）在 20 世纪 80 年代后期到 90 年代相继倒闭。除了带来的金融困境外，这还促使人们把钱从储贷银行取走，然后加速了投资银行与其他各类基金和企业的增长。后来的这拨新兴参与者则有许多卷入了 2008 年的次贷危机。

所以，金融监管必须瞄准不断调整、试图躲开约束的移动目标。[24]目前没有几个国家的政府对此做好了准备。在这一领域，设计出更好的理论体系来理解合同与风险网络，应该是个重要的起点。

爆米花还是多米诺?

危机的爆发是否具有网络性取决于一个关键的差异：一场金融危机是爆米花式的还是多米诺式的？这是我的合作者和朋友艾迪·拉齐尔（Eddie Lazear）所做的比喻，他于 2006—2009 年，即次贷危机时期担任美国总统经济顾问委员会主席。

网络传染是多米诺式的：一家机构倒闭给其他机构带来麻烦，像多米诺骨牌那样逐一倒下。某些金融危机的特点则像爆米花的爆裂，玉米粒在同样的热油作用下膨胀，最终在相同时间出于相同原因一起爆开，并可能让人误以为爆裂是由它们之间的相互作用引发的。

次贷危机兼具爆米花和多米诺的特征。让许多企业同时受到煎熬的热油显然是房地产市场恶化与抵押贷款违约。[25]虽然很难精确指出哪些企业最终会完全因为自身原因破产，但是不难发现政府的接管和救助行动（特别是对房利美和房地美、美国国际集团等）是必要的，如果这几家机构与美国乃至全球其他企业签署的数万亿美元合同违约，必然会造成灾难性后果。[26]此外，也有许多大银行和其他企业属于排在前列的多米诺骨牌，它们并没有直接卷入抵押贷款违约，却与正在爆裂的企业有大额生意往来，因而面临间接风险。

由美国国会根据法案委托撰写的《金融危机调查报告》明确指出，即将爆发的多米诺效应刺激了政府采取干预行动，包括对美国国际集团的资金支持、对房利美和房地美的接管，以及给各种机构提供救助和补贴。[27]例如，该报告引述了 2008 年 9 月纽联储海莉·博伊斯基（Hayley Boesky）写给纽联储资本市场小组负责人威廉·达德利（William Dudley）的电子邮件（第 346 页）：“对冲基金出现了更多恐慌，目前的焦点是美国国际集团。我听到的情况比雷曼兄弟更糟，每家银行和交易商都对它有风险敞口。”报告继续描述（第 347 页）：“美国国际集团的破产还将因为大规模交易那些稀奇古怪的衍生品给其他公司造成影响，在这些价值 2.7 万亿美元的场外交易的衍生品投资组合中，有 1 万亿美元集中在 12 家大型交易对手身上。”此处描述的交易对手，也正是后来接受政府数十亿美元资金以弥补本应从美国国际集团获得款项的那些银行。[28]该报告的结论是：“如果没有救助，美国国际集团的违约和倒闭可能把交易对手拖下水，引发整个金融体系的连锁损失和崩溃。”[29]以上是对多米诺效应再清晰不过的说明了。

告别没有驾驶仪的飞机

随着全球化的深入，金融网络的连通性越来越好，大多数核心参与者的规模比之前更大。虽然网络的连通性与大多数核心参与者的规模能帮助整个系统轻松应对普通甚至较大的损失，但是关键节点受到意外重大冲击而引发全球范围内衰退的可能性有所增加。

我们的网络视角虽然重要，但没有解决如下争论：如何在规模经济和范围经济、日益紧密相连的全球市场，以及由此带来的众多外部效应和行为扭曲的各种冲突之间找到最佳平衡点。实现自由市场与监管的恰当平衡的确是不小的挑战。

尽管如此，网络视角清晰地显示存在巨大的外部效应。为评估系统性风险，我们必须对风险敞口的金融网络掌握更完整的图像，而每次只调查一家金融机构极易忽略真正的危险。如果有恰当的信息，完全可以测算金融市场的传播中心度等指标。各国的中央银行、其他类型的政府机构和国际机构及其分支，更不用说金融机构自身，本质上都是没有驾驶仪的飞机。它们需要根据极其有限的信息做出快速决策。获得更为广泛和详细的金融网络图像，将为这些私人和公共部门参与者提供应对未来危机的某些装备。

总之，我们对金融网络的理解反复强调如下几点。网络使一个人或一家机构的行动能影响其他许多参与者，这样的外部效应能让我们理解，为什么人们对接种疫苗的激励太弱，而对从事高风险投资的激励过强。此外，人与人结成的伙伴关系也有外部效应，拥有一位不绝对忠诚的性伙伴，或者在外面有较高风险敞口的金融伙伴，都可能会付出代价。最后，人们会对网络中发生的事件做出反应，把旅行计划调整为宅在家里，把现金撤出市场等，这类反应可能伴随着严重的后果。

第5章

同质性：人以群分

导读

◎种姓制度笼罩着印度人的整个人生，跨越种姓界限对双方来说都可能是羞辱。

◎人类有着跟自己类似的人打交道的普遍倾向——“同质性”。从东非大裂谷残存的狩猎采集部落，到大都会的互联网婚恋，莫不如此。

◎托马斯·谢林的“搬家游戏”告诉我们，哪怕是极小的种族偏好，都可能造成事实上的种族隔离这样的重大后果。“斯坦福监狱实验”则说明，人们非常容易接受角色和身份，甚至假想的身份都能导致分裂乃至你死我活的争斗。

◎族群分隔程度最严重的国家，国民之间的信任被削弱，政治格局四分五裂，政府运转低效，经济发展受到严重束缚。

种姓制度

> 隔离（segregation）是强者强加于弱者的行为。分隔（separation）则是同等地位的两者的自愿选择。
>
> ——马尔科姆·X（Malcolm X，美国黑人民权领袖）

印度的种姓制度笼罩着其国民的整个人生，决定他们和什么人结婚，从事何种职业，信仰哪个神祇，以及在日常生活中与谁交往等。种姓制度即使对身在其中的人而言也颇为复杂，它与印度教颇有渊源，但也涉及数以亿计的锡克教徒、耆那教徒、穆斯林和基督教徒等。种姓制度在这个由部落和宗族组成的社会中演化了数千年，历经了统治阶级动荡更迭的各个时期。印度的幅员辽阔和纷繁芜杂使种姓制度随地方习俗和传统而变化。尽管英国派驻的官员在 19 世纪的统治时期试图建立一个规范而简单的种姓层级，但整个体系到今天依然复杂而玄妙。种姓制度难以描述，这里只是试图对其基本架构做个介绍。

种姓制度可以理解为四个主要群体——被称为“瓦尔纳”（varnas），原意为颜色——他们带有层级含义，具体包括：婆罗门（Brahmins，祭司和教师），刹帝利（Kshatriyas，武士和统治者），吠舍（Vaisyas，地主、商人和技工）以及首陀罗（Shudras，劳工和佃农）。四个群体之外还有被逐者（outcasts）和贱民（untouchable），包括今天经常提到的达利人（Dalits，其他劳工）和原住民（Adivasis，各种部落和土著部落）。与之相关的一个理念是“灵魂是永生的，肉体和人格则是暂时的”。人的“因果报应”取决于信仰的对错以及一生的行为。好的报应会使人转世到更高的种姓。最终，当你觉悟到自己的灵魂后就能实现“解脱”：进入神圣的境界，将自己从无限的转世轮回中解放出来。这种理念把人们当前的种姓看作过去的报应，视为理所当然的结果，因此不应该奢望去改变种姓身份，至少在今生今世是如此。

每个种姓群体内部则细分为数以千计的迦提（jatis）或亚种姓，这些群体的划分更精确地结合了出生地、世袭职业、婚姻规则和宗教等特征，并使种姓制度在跨群体的提升或交往方面更加受到限制。[①]理解种姓制度还有个难题在于，尽管种姓同财富和教育等特征存在关联，但也有偶尔的例外，比如贱民成为知名的政治家或商人等，而婆罗门同样有人过着赤贫的生活。

针对种姓制度给人生发展机遇和社会流动性造成的严重束缚，印度政府采取了广泛措施以削弱其影响。某些种姓和亚种姓被归入弱势群体，有资格获得印度宪法及其他各类法规和政策规定的平权待遇。这些群体主要是目前所称的“表列种姓”（Scheduled Castes）或“表列部落”（Scheduled Tribes），包括主要种姓之外的贱民群体与各种原住民群体。由于种姓制度植根于宗教信仰，要放松它对社会的控制面临挑战。例如，名额保留制度为表列种姓和表列部落的成员提供了大学、政界和政府部门里的最低名额。从各自的种姓和宗教信仰出发，大家对该制度爱恨不一。

在这个超过五分之一人口的生活水平低于极低贫困线的国家，许多不属于表列种姓和表列部落的人也处于极度弱势的地位。印度有三分之一以上的人口属于所谓的“其他落后种姓”，他们在某些地区和特定条件下同样有资格享受平权待遇。其他所有人则通常被归入“领先种姓”，或称“普通种姓”。

讲清楚种姓制度的含义很不容易，但其后果则一目了然。每个种姓都只占总人口的一小部分，如果种姓不重要，则大多数人可能会和其他种姓的人结婚。最近一项有关跨种姓婚姻的综合研究却发现，虽然政府对跨种姓婚姻提供了补贴，但只有5%的印度人同其他种姓的人结婚。[②]事实上，研究中有三分之二以上的女性是在结婚当天才头一次见到自己的终身伴侣的。婚姻依然基本上是被安排好的关系，遵守僵化的社群习俗，通常属于涉及大家族的事务，而不只是关系夫妻二人。

种姓的影响当然远远不止婚姻，从图5.1中我们可以看到种姓制度造成的分隔的威力。该图是家庭之间人情往来的网络图，取自本书第2章介绍的我们的小额贷款研究项目涉及的一个村子。这里的节点代表各个家庭，两个节点相连表示他们之间有煤油和大米的借贷往来。在此类村庄，煤油是做饭和取暖的主要燃料，大米则是一种主食。从许多方面看，该网络其实构成了这个村子的“主干网”：分享煤油和大米的各个家庭通常还相互借贷现金、提供建议和给予医疗协助等。

图5.1中的圆形实心节点代表属于表列种姓和表列部落的家庭，方形格子节点代表属于其他落后种姓和普通种姓的家庭。在这样的小村落里，人们与相同种姓群体互助恩惠的可能性竟然比跨越种姓多出15倍，尽管跨种姓的多样化往来可能带来巨大的好处。

图5.1还明确显示，视觉化的网络图景能揭示我们可能不曾注意的某些内容。

该网络表明在这个印度村庄里存在明显的分隔，详见图5.2。表列种姓和表列部落中的某些群体之间极少相互往来，只存在一条连接。这反映了更加深入的分隔，某些亚种姓之间基本无缝连接，其他则完全不是，在不了解当地文化的情况下，要预测这些结果是非常不易的。

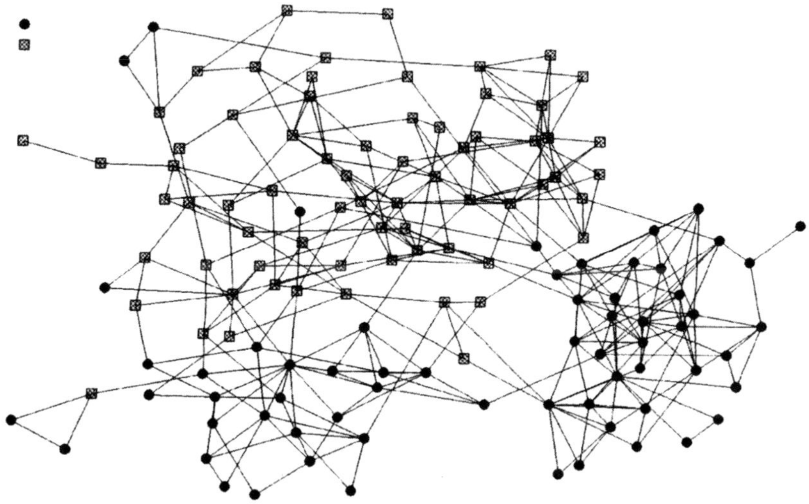

图 5.1　一个印度村庄里的社会分隔。节点代表各个家庭，连线代表两个家庭之间至少借过一次煤油或大米。圆形实心节点代表属于表列种姓和表列部落的家庭，被印度政府视为平权行动的扶助对象。方形格子节点代表其他落后种姓和普通种姓。节点的位置利用了弹簧算法，把相互之间有连接的节点更紧密地聚集到一起（而不是基于各家庭的地理位置、种姓或其他特征）。同一种姓各对家庭之间的连接频率是不同种姓家庭之间的 15 倍。

这些泾渭分明的分隔有广泛的影响。村民会遇到疾病侵袭、作物歉收、就业不稳定等难题，还有各种各样需要现金的时候，比如准备嫁妆。他们既没有保险，也没有多少储蓄，因此依赖于彼此间的帮助。很容易看出，从风险分摊来讲种姓分隔会带来麻烦。遭遇旱灾时，农民都会受到打击，因此无力相互给予帮助。如果他们只同别的农民有来往，则全村的农民都会饿肚子，同时村里的工匠或许有活干不完，却找不到人帮忙。反之也同样。据估计，此类村子里人们送给或借给他人的钱有 80% ~90% 是流向自己的同一种姓，风险远没有在各个种姓之中充分分散。也就是图 5.2 描述的网络情形。[3]

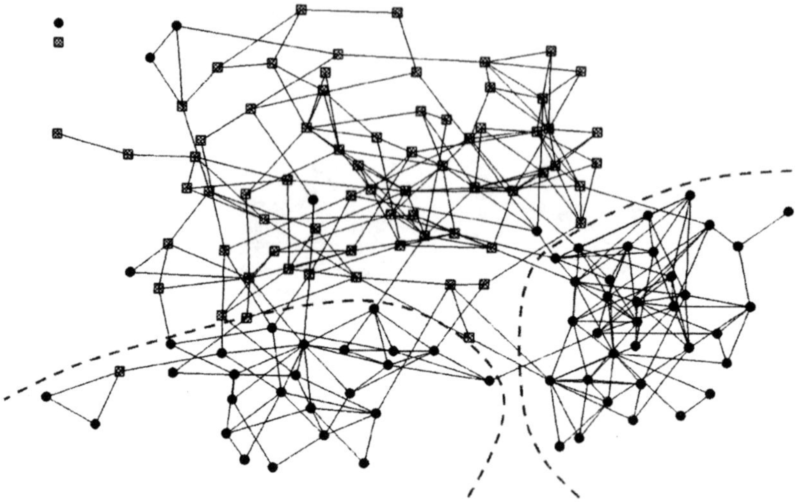

图 5.2　网络中虚线表示更为明显的分隔，这些分隔没有反映在广泛的种姓差异上。

种姓制度如此牢固的一个原因是它给处于特权地位的人提供了巨大优势，从而使其有激励永远维持该制度。不过，这种说法忽略了克服种姓制度的另一个阻挠因素。种姓观念在大量印度国民的身份、文化和宗教认同中根深蒂固，以至于众多身处下层的人（包括那些憧憬改善自己与子女生活的人）也厌烦同自己种姓以外的人通婚和频繁往来。跨越某些种姓边界的接触对双方来说都可能是羞辱。

同质性

有格言说，平等带来愉悦……相似产生友谊。

——苏格拉底，引自柏拉图《斐德罗篇》

群体之间强烈而鲜明的区分并不为印度及其种姓制度所特有，出于多方面的原因，这种现象在世界各地普遍存在。

人们喜欢跟自己类似的人打交道的普遍倾向，在保罗·拉扎斯菲尔德与罗伯特·莫顿的研究中（Paul Lazarsfeld and Robert Merton，1954）被命名为“同质性”（homophily）。这一英文词汇的来源很清楚：“homo”意指相同，“phily”意指爱或喜欢。

图5.3展示了与印度种姓制度相去甚远的另一种同质性案例：美国一所高中的朋友关系如何被种族界限分隔。我们再次看到：同一种族（这里主要是黑人和白人）结成朋友关系的概率相当于跨越种族的15倍以上。[④]

由于研究数据包含学生相互之间从事交流活动的次数，我们还可以测算友谊的密切程度。图5.4中只包括两个学生每周至少一起活动三次的朋友关系，也就是比较密切的友谊。该图展示了我们曾经在第1章见过的网络类型，跨越种族的友谊基本上消失了——在全校255名学生中，只有屈指可数的几对在白人和黑人之间结成的友谊。[⑤]

我们能够在所有类型的重要关系中看到上述的分布模式。例如，经济学家（也是我的朋友与合作者）罗兰·弗莱尔发现，美国仅有不到1%的白人同黑人结婚，尽管黑人在全部人口中的比重超过10%。[⑥]与之类似，虽然白人在全部人口中的比重超过60%，但仅有不到5%的黑人同白人结婚。[⑦]

很少看到不存在同质性现象的社会，而且这种现象表现在许多维度上，包括性别、种族、宗教、年龄、职业、教育水平，甚至遗传标记上。[⑧]你很难找到不带有同质性倾向的特征。人口学家洛伊斯·维尔布鲁格（Lois Verbrugge）在对美国底特律和德国诺伊施塔特的成年人开展调查时发现，68%的女性把另一位女性视作自己最亲密的朋友，男性把另一位同性视作最亲密朋友的比例则为90%。同质性在她调查的所有特征上都表现强烈：受教育年限、职业、宗教、婚姻状况与就业状况，等等。[9]

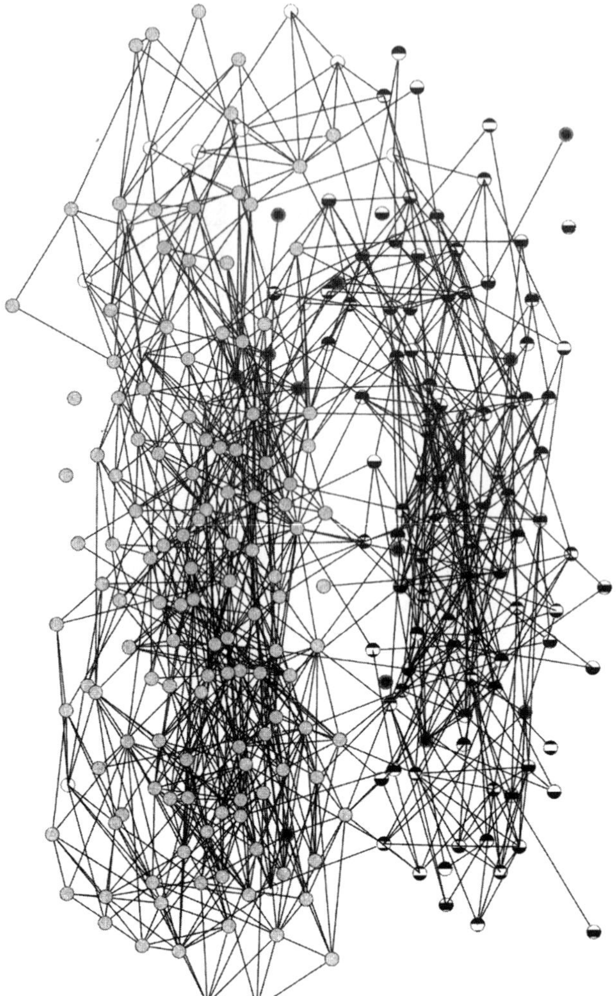

图 5.3　美国一所高中学生自己报告的朋友关系，来自 Add Health 数据库。带粗条纹的节点（学生）自己报告为“黑人”，浅灰色的节点为“白人”，其余的几个节点为“西班牙裔”（带中心黑点的节点）或“其他/未知”（空白节点）。该图的绘制利用了弹簧算法，让朋友的位置更为靠近，非朋友的位置彼此远离。该算法并不考虑节点的种族，因此显示的分隔只是友谊状态的结果。

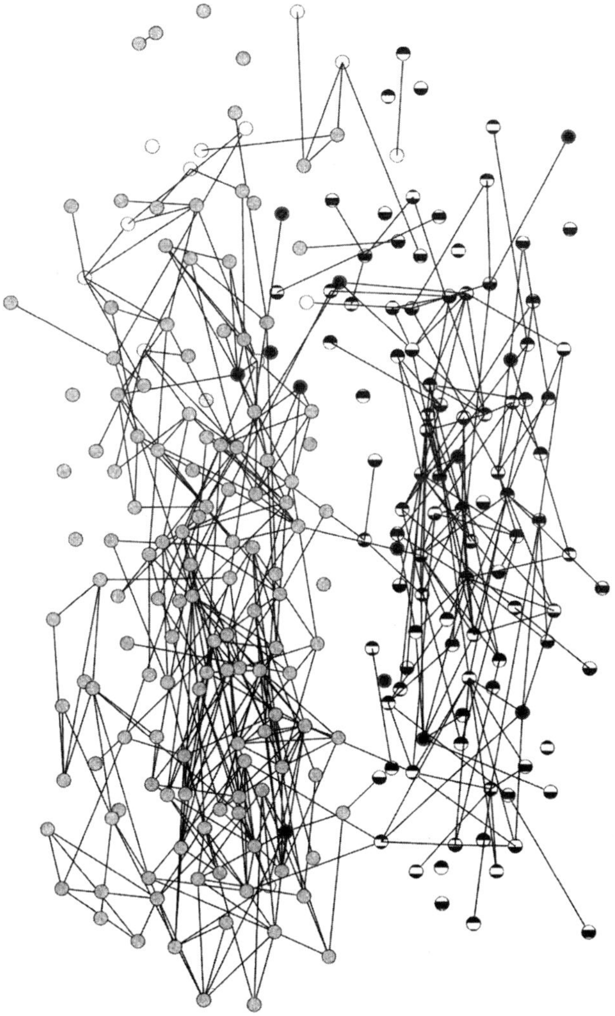

图 5.4　与图 5.3 相同的朋友网络，但只留下了“密切朋友”的连接，即两个学生在一周内至少有三次共同活动（放学后一起闲逛，周末共同度过，通过电话等，数据来自 20 世纪 90 年代中期）。朋友网络的分隔状态在本图中更为突出。

同质性现象出现在整个历史和不同社会类型中。事实上，即使狩猎采集社会也有强烈的同质性。东非大裂谷绵延数千公里，从东北部的厄立特里亚和吉布提通过埃塞俄比亚、肯尼亚、坦桑尼亚，最后到达莫桑比克。[10]大裂谷是由非洲板块的缓慢撕裂造成的，在数百万年中以其肥沃孕育了繁盛的生命，土地的侵蚀和沉积则为化石和人类遗物提供了良好的保护。这片土地给我们保存了露西——300 多万年以前的人类祖先的遗骨。另外还保存了我们已知的最早的人类工具、带有工具使用遗痕的动物骨骼，时间可以追溯到 250 万 ~ 350 万年前。或许更令人称奇的是，大裂谷中至今仍有迁徙式狩猎采集部落生存，从而给我们提供了一窥从数千年前延续至今的生活方式的透镜。其中一个群体是哈扎人（Hadza），他们住在坦桑尼亚大裂谷南端的埃亚西湖周围，靠近塞伦盖蒂草原。尽管有传教士的教化以及农民和牧人的入侵，但依旧有大约 1 000 名哈扎人维持着自己独特的文化。

哈扎人的生活绝不轻松写意。日复一日，他们必须随着可供给的食物资源而迁移。他们的主要食品包括水果、蜂蜜、块茎、绿叶，偶尔还有禽蛋，以及零星的用毒箭猎获的肉类。获取卡路里并不容易。发现蜂蜜需要跟踪靠蜂巢生活的鸟类，往往要攀上危险的大树之巅。狩猎通常在旱季开展，动物那时会被迫聚集到有限的水源附近。埃亚西湖会有季节性和年度的水位变化，有些时候水体丰盈，河马成群，其他时候则变成干燥而龟裂的泥地。

食物获取的不确定性同时意味着，分享对于维持生存必不可少。科伦·艾皮瑟拉及其同事研究了哈扎人的人际网络：[11]谁喜欢和谁住在邻近的帐篷里（他们内部会根据情况组成分分合合的流动群体），以及谁和谁分享食物。虽然这个社会有着自由组合的结构，但在许多维度上依然表现出了显著的同质性，如年龄、身高、体重、体脂率和力量等（即使在控制了其他特征的影响后同样如此）。例如，人与人之间的体重差异每缩小 7.5 公斤，他们相互联系的概率就会提高至原来的 3 倍。

这里的同质性并不令人意外：有许多因素驱使并诱惑在体力和年龄方面相似的人聚到一起。但它表明，同质性的出现与我们具体考察的社会类型无关。实际上在技术高度发达的另一端，当人们可以从海量的人群中选择交往对象时，他们依然表现出强烈的同质性倾向，而且趋势还在增强。[12]

互联网导致了在线约会和配对的爆炸式增长。有 15% 的美国人报告说，他们曾用过在线约会网站。[13]人们对使用约会服务的态度也有了巨大改变。年轻人在看待和利用这一新生事物上的变化尤其惊人，有超过四分之一使用过在线约会网站或者 App。

这类网站提供了有趣的同质性作用的案例。一方面，人们有了比过去多得多的选择，可以接触到自己日常生活中从不会联系到的人，而这些机遇可能降低同质性。另一方面，有关技术又方便了人们的筛选和搜索，这让他们对自己的潜在约会和配偶对象应该具有哪些特征变得更加挑剔。

我们从德国的一家在线约会网站超过 10 万人的行为中看到，筛选效应似乎更为突出。[14]该网站的用户要填写一份详细的调查问卷，并可以用照片和文字增加更多有关自己情况的介绍。然后人们可以浏览各自的介绍，给他们有意向会面的任何人发送信息。收到信息后，用户可以决定是否答复。平均来说，男性会浏览 138 个对象的信息，发出 12 个首次会面的信息，收到 4 个回复；女性会浏览 73 个对象的信息，发出 6 个信息，收到 4 个回复。因此男性发出的邀请回复率为三分之一，女性为三分之二。

我们可以基于人口统计学，通过分析人们给谁发送会面邀请以及答复谁的邀请，来分析他们行为的同质性。例如，当女性发出首次会面信息时，发给拥有类似教育程度的男性的概率比平均水平高出约 35%，发给教育程度较低的男性的概率则比平均水平低 41%。男性在这方面不那么挑剔，发给教育程度相似的女性的概率会高出 15%，发给教育程度较低的女性的概率仅缩小 6%。回复率方面也存在类似偏差，即使控制了年龄、身高和外貌等其他个人特征后这种偏差依然具有统计显著性。[15]

对几乎100万名美国在线约会者的考察显示，同质性现象在种族方面表现得更为强烈，同性恋者和异性恋者的大部分会面邀请是发给自己同种族的人，在控制了教育等其他各种因素的影响后依然如此。[16]

当某个群体的规模比另一个群体大很多时，同质性效应可能被继续放大。正如克里斯·洛克（Chris Rock）曾讲过的笑话："我所有的黑人朋友都有一群白人朋友，而我所有的白人朋友都只有一名黑人朋友。"

事实上，尽管这是句玩笑话，但也符合很简单的算术规律。我们假设某个群体中有9名白人和1名黑人，所有人相互都是朋友关系，那么每名白人将有1名黑人朋友，而每名黑人则有9名白人朋友——这与美国总人口中的相对比例相差并不大。以上的简单算术告诉我们，黑人平均拥有的白人朋友数会多于白人平均拥有的黑人朋友数，对任何少数群体和多数群体都是如此。把同质性现象与上述不可避免的非对称性结合起来，多数群体中的某位成员在少数群体中拥有朋友就会成为非常罕见的事情。

现在请猜一下美国的普通白人拥有多少黑人朋友——这里所说的朋友是指"经常在一起讨论重要事务"的人。答案为零。是的，至少根据一项涵盖2 000多名成年人的调查，三分之二的白人没有任何其他种族的亲密朋友。[17]在这样严重的社群分隔下，我们可以理解为什么某个群体可以基本无视另一个群体的历史、信仰和文化。

即使你从未听说过这个术语或任何相关统计，同质性也不会让你感到陌生。除非整个人生都处于隔绝状态，否则你不可能不遇到它。然而，同质性的严重程度及无所不在仍旧令人吃惊，它造成的泾渭分明的界限强烈地左右着我们探讨的人际网络对行为的影响及其后果。

位置，位置，位置

如果周围没有因纽特人，我们就没法跟他们结婚。

——彼得·布劳（Peter Blau，美国社会学家），

《理论视角的比较》（Contrasting Theoretical Perspectives）

我们更多与跟自己相似的人交往是出于多种原因，某些是由于自己的选择，还有些则在个人控制范围之外。

还能有谁，比曾经历过类似处境的人更适合给你提供建议？对于养育子女时必然面临的大量选择，刚当上父母的人找其他新晋父母讨论可能会获益匪浅。希望通过学习和考试成为医生、律师或精算师的人，在备考时应该跟其他同学或最近参与过考试的人交流。各种职业的人都从同行那里了解最新的事件、技术和机遇。儿童会被同年龄段的其他儿童吸引，他们的发育程度类似，有着共同的兴趣和关注点。

除共同利益外，距离相近对人们的友谊也有着重大影响。学校的学生大部分时间跟同龄学生泡在一起，即使想发展跨越年龄的友谊，那样的机遇也非常有限，另外跟自己很少见到的人交朋友似乎也并无太多帮助。

在商业和其他机构内因为专业和任务而自然形成的分隔，同样限制了人们与有不同训练背景的其他人的接触。企业中的办公岗位布局在很大程度上决定了谁和谁能经常说上话。这些是建筑师在设计时要考虑的因素，从综合住宅区的庭院到企业的办公空间。

人们还喜欢住在有他们熟悉的商业和文化环境的邻里社区。在移民时，人们会主动选择跟自己讲相同语言、庆祝相同节日、信奉相同宗教的地区。大多数移民还高度依赖在目的地国家的亲朋好友来寻找生活与工作的落脚地，以帮助自己熟悉周围的环境。这些关系通常与某个人的故乡来的早期移民有关。当欧洲人向美国移民时，他们甚至

会选择与自己的故乡气候接近的地区，以及当地产业适合发挥自己技能的地区。种小麦的农民奔向中西部大草原，肉店工人去往芝加哥和奥马哈；瑞典人迁往伊利诺伊、艾奥瓦、威斯康星和明尼苏达；挪威人搬到蒙大拿和南、北达科他；德国人涌入伊利诺伊、纽约、威斯康星和宾夕法尼亚；波兰人集中到芝加哥；等等。以至于在很多年里，芝加哥曾是全球第二大波兰人聚居地，仅次于华沙。

社交网络对初期移民的生计至关重要，甚至在一个世纪后仍在他们的遗产里有鲜明的反映。在19世纪后期到20世纪早期的移民潮中形成的、基于种族的紧密社群至今依然发挥着影响。美国各郡中爱尔兰裔或意大利裔的人口密度，在目前仍是该郡与爱尔兰或意大利在脸书网站上好友关系数量的极强预报指数。某个地方的民众的祖先来自某个国家的人数每提高一个百分点，该地区同这个国家在脸书网站上的好友数量就会增加三分之一个百分点。[18]

除了与来源地相同的移民一起生活外，人们还喜欢跟在其他维度上和自己类似的人做邻居。例如，受过高等教育的人聚居在硅谷就是众所周知的秘密。帕罗奥图的居民中有13%拥有博士学位，这还没有包括斯坦福大学的范围（那里有许多教员居住，并不属于帕罗奥图）。附近的山景镇（Mountain View）和库比蒂诺镇（Cupertino）同样有大量高技能人员。拥有类似高比例受过高等教育人口的小镇通常是大学城。有些乡下小镇容纳了学校的全部教员和大量研究生，如加州的戴维斯。还有些郊区小镇，如马萨诸塞州的布鲁克林，那里毗邻麻省理工学院和哈佛大学。硅谷的成功部分源自思想的交流：在当地的任何一家咖啡店里稍不留神就会偷听到。专业知识和经验还随着劳动力在各企业之间自由流动。硅谷的思想、信息和创新交流以及文化氛围，使其成为技术领域的所有创业人士的理想选择。[19]

除信息流以外，还有更强的共生关系推动高技术企业和高技能人员在同一个地方汇聚。例如，一家名为“SearchQuant”的初创企业的发起人克里斯·扎哈里亚斯（Chris Zaharias）在开办自己的企业前，曾就职于 Netscape、Efficient Frontier、Omniture、Yahoo、Triggit 等多家公司。他这样的简历并不罕见。当代的企业成立和消失速度都很快，尤其是在高技术领域。如果这样的公司散布在全球各地，那么它们的员工每过几年可能就需要搬家，对员工与企业来说都将有很高成本。而住在硅谷，你即使在一家不久后会消失的公司工作，也很容易在几英里之内找到某家新公司做下家，甚至能赶在老公司关门前。由于高技术人员和企业都汇聚到硅谷，有着相似背景的人的集聚变成了更强烈的吸引极，任何人想在其他地方从事高技术职业或创立此类产业则会非常困难。

该现象并非硅谷独有，相同的效应让好莱坞长期主宰了电影产业，金融业则高度集中在纽约、伦敦、东京、新加坡和上海等城市。携手工作并有着类似技能的人的聚居倾向成为推动同质性现象的另一种作用力。此外，地理位置还可以通过其他渠道放大同质性效应。

谢林的洞见

托马斯·谢林因为对冲突与合作的博弈理论的基础性贡献而荣获了 2005 年诺贝尔经济学奖。发现族群隔离背后非常简单却微妙的作用力，是他的众多深刻洞见之一。

即使对走马观花的观察者而言，各个城市因为种族和收入而隔离的现象也显而易见。这是一种同质性现象，上文已经介绍过导致其形成的许多因素。

不过谢林却指出，某人对自己邻居的种族偏好哪怕只有很小的偏差，也可能造成极大的影响。谢林设计的模型有很强的稳健性，带来了大量的变体模型与后续研究。[20]

谢林的模型可大致描述如下。人们有着不同的类型，如种族、宗教、种姓或者某些特征的结合。为简化起见，我们的例子把人分为“实心”与“花格”两类，代表各个家庭，居住在棋盘状的网格中。每个家庭最多有 8 个邻居，占据紧邻他们的格子（上下左右，以及 4 个斜对角）。每个家庭对自己邻居的种族构成有一定的偏好，只要有三分之一的邻居与自己的种族相同，就属于他们很满意的状态。

这个偏好的约束是很弱的，人们只是希望不要在邻里中成为太少数的群体。如果偏好较强，每个家庭都希望被与自己同一族裔的人包围，出现种族隔离的结果并不出人意料。而在谢林的模型里，人们只要求一小部分邻居和自己相似就能够满足了。

我们再来看这个例子的后续演变。开始时有 13 个家庭随机分布在图 5.5 描绘的网格中。白色格子代表空置状态。对各个家庭而言，只要有至少三分之一的邻居跟自己一个类型，就会保持现状，否则将考虑搬家。

图 5.5 中有 3 个不满意的家庭，它们在图 5.6 中用“X”标出。例如，靠近底部的花格家庭有四分之三的邻居是实心类型，只有四分之一是花格类型。

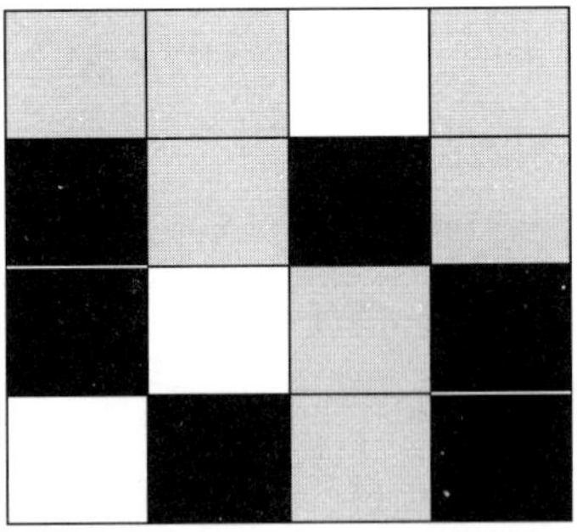

图 5.5　谢林的隔离模型。一开始，该城市的实心家庭和花格家庭呈现随机的交错分布，并有少数空置的位置（白色格子）。只要不是在周围邻里中属于太少数的群体，人们就可以满足。如果周围的邻居中与自己同一类型的家庭不足三分之一，则会考虑搬家。

在谢林的模型中，不满意的家庭会随机搬迁到空置（白色）的格子里。我们将逐一推进这个过程。模型中不涉及任何复杂策略，各个家庭无须预测未来的进程，他们只是在不满意时就搬迁到某个空白处而已。如果愿意，你大可把模型变得更复杂，以使不满意的家庭能找到让他们感到满意的新住址。但即使没有这个补充，模型也能有效运转。人们会不断搬迁，直至所有人都感到满意。而一旦做到这点，他们就会稳定下来，给我们呈现最终的分布模式。

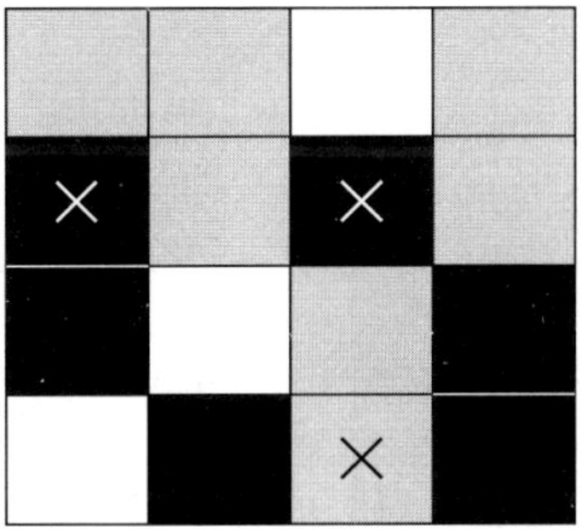

图 5.6 带 X 标记的三个家庭感到不满意，每个家庭的邻居中跟自己属于同一类型的不足三分之一。其他家庭在初期是满意的。

我们来做个尝试。图 5.7 显示的是一系列搬迁，在图（a）中，有一户不满意的家庭搬了家，这户实心家庭向左下方移动，把原来的位置（X）空了出来。选择哪个家庭先移动是随机抽取的。

请注意，随着这户实心家庭在图（a）中的移动，其他家庭的满意状况发生了改变。新搬来的家庭会增加新邻居周围他这类家庭的数量，减少老邻居周围这类家庭的数量，因此其他家庭的满意状况会随之变化。我们可以通过图 5.6 与图 5.7（b）的对比看到这一改变。图 5.6 中最左侧不满意的实心家庭并未搬家，但由于多了一户实心邻居，现在满意了。图 5.6 右侧的另一户实心家庭原本是满意的，但现在由于失去了一户实心邻居而变得不满意。

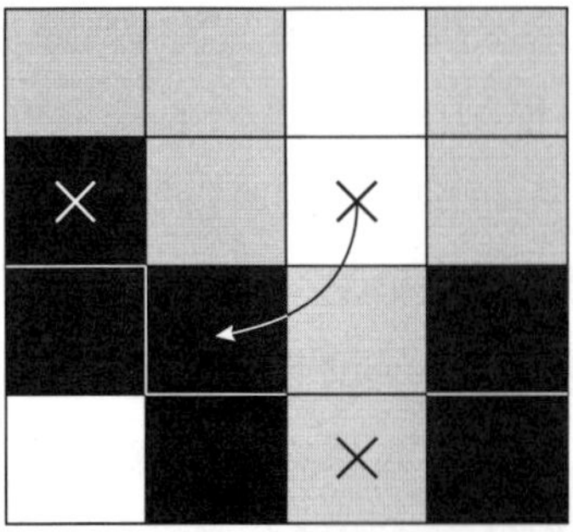

（a）一个不满意的实心家庭向左下方移动

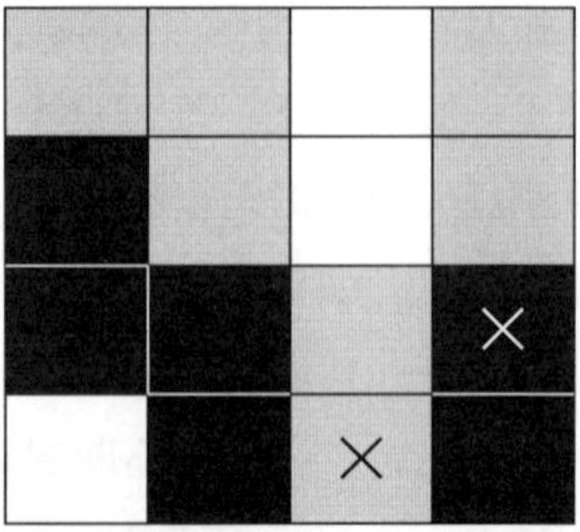

（b）此后还剩下两个不满意的家庭

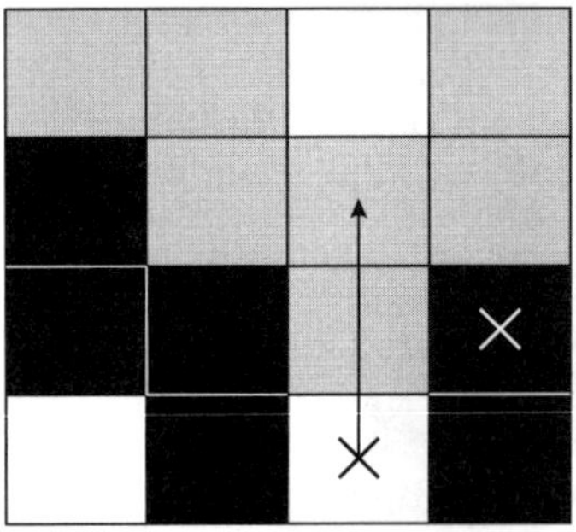

（c）一家不满意的格子家庭向上方移动

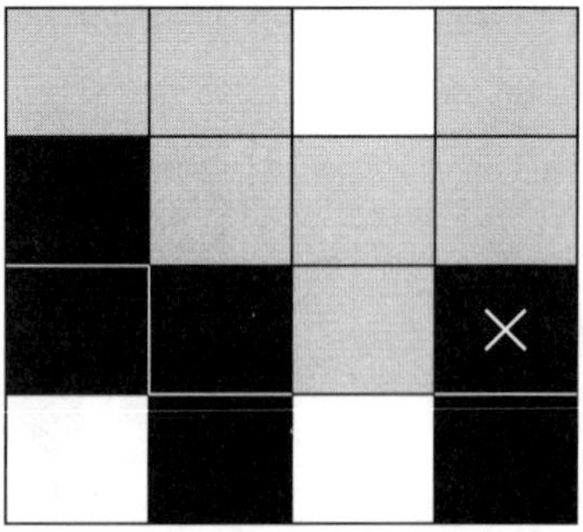

（d）还剩下一家不满意的家庭

图 5.7　不满意的家庭搬家。搬家次序和搬到哪个位置都是随机的。

此类外部效应是谢林模型中的重要内容。当某个类型的家庭搬离后，周围留下的同一类型的家庭会变得不满意，然后跟着搬家。还有可能使他们搬入的社区中其他类型的家庭变得不满意，从而导致迅速的连锁反应。

在全部搬迁结束后，我们得到了图 5.8（b）的格局，尽管其中的所有家庭都能接受混居的邻里环境，只要求一小部分邻居是自己的同类，但实心家庭与花格家庭之间仍出现了界限鲜明的隔离。此模型在不同偏好水平与不同地理模式下都能适用。

我们对谢林模型背后的作用过程应该不会陌生：外部效应与连锁反应。人们搬家的决定会给邻居的满意度造成影响，这种反馈效应带来连锁行动，初期偏好的微小偏差通过相互作用而放大，产生严重的后果。[21]

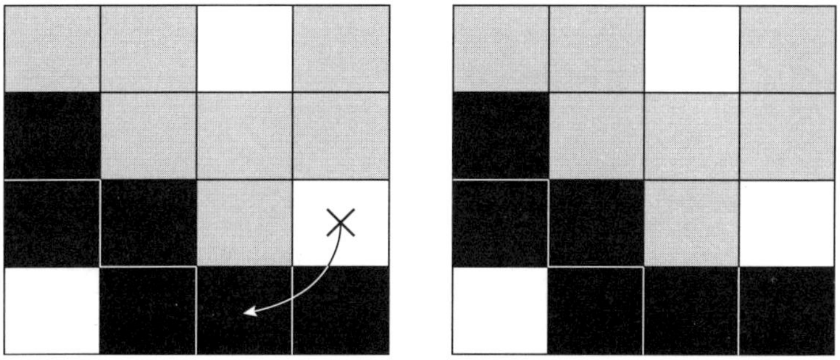

（a）最后一家不满意的实心家庭向左下方搬迁　　（b）所有家庭均达到满意状态

图5.8 尽管每个家庭都能接受成为邻里中的少数群体，只要求不做过分少数的群体，但由此引起的搬迁却导致整个社群进入高度隔离的状态。

有研究通过分析多大百分比的少数族裔人口迁入某个社区会导致许多白人家庭离开，估计出了造成“白人逃离”的临界点。结果发现在5%~20%之间——说明即使是较少数量的少数族裔迁入，也会使白人搬离。[22]这意味着搬走的人实际上有着身处比例较大的多数族群的偏好，比谢林模型案例中假设的情形更加极端。这或许还反映着与“凯恩斯选美”相似的效应：人们可能是由于预期其他同类会离开社区，才选择搬家，从而给谢林的观点又增添了一层推理。

当然，谢林模型这样简化的案例肯定抽象掉了若干现实因素。某些社区的种族高度混居并长期维持，某些社区则更为敏感，少数族裔人口的微小增加也会引发变动。[23]每个人的偏好未必相同，有人喜欢住在高度同质化的社区，邻居的微小变化会引起他们的大动作；另一些人则可以甚至乐于住在非常多元化的社区里。

不过，谢林的模型依然带有重要启发。它清晰地显示，由于人们的居住选址决策存在外部效应及其可能导致的连锁反应，较小的喜好偏差也可以带来很大的影响——这不仅表现于你周围的邻居，也适用于俱乐部和网络等。它能帮助解释我们在不同维度看到的同质性力量。导致同质性效应的因素很多，谢林发现的现象可以使它们都得到放大。

导致同质性的更多理由

最激动人心的吸引存在于素未谋面的双方之间。

——安迪·沃霍尔（Andy Warhol，美国艺术家）

你或许以为上文探讨过的作用力已涵盖了同质性的大多数驱动因素，然而同质性之所以遍布世界，是因为有太多作用力在合力把我们推向自己的同胞。[24]

社群隔离的界限对于我们在日常生活中彼此信任、开展合作非常重要。我们在反复交往中互相帮助、惩罚有害行为，从而共同受益。我们可以信赖邻居帮忙看管孩子和值钱的财产，也会为他们做同样的事情。我们还教育子女要提防陌生人。

随着人类的日益城市化，对这些社群的定义越来越面临挑战。我们围绕自己的职业、种族、宗教以及让自己卷入更频繁和更精确交往的其他共同特征，来建立人际关系网络。我们更直接地依赖同质性和反复交往来标记自己信任的朋友圈，而不再用地理位置界定所处的社群。

同质性由此得到了加强。人们如今可以更好地预测靠近自己的人的行动和反应，[25]他们更能理解特定文化和习俗，以及在不同场景下该如何表现。虽然这能降低焦虑感，帮助人们在日常生活中开展合作，[26]但也会强化不同群体之间的差异，让人们跟自己同类型的人交往变得更容易和更安全。

在中国的某些地方，许多婚姻是由父母安排的。有研究提供证据表明，此类父母安排的婚姻与某些传统习俗有关，并强化了这些传统，如生育较多的子女，至少要生一个儿子，丈夫需要赡养年迈的父母，这还会导致妻子的收入较低等（Huang、Jin and Xu，2017）。该研究认为，父母有激励迫使儿子寻找跟他们偏好更一致的配偶，以生育更多的孙辈，尤其是孙子，并在年迈时得到赡养。

我们对于同质性的完整理解不能忽视不同群体之间的竞争。与其他群体交往的人可能被视为叛徒，或惹上嫌疑。谁能忘记罗密欧与朱丽叶的故事，以及漫长历史上各个社会中的无数仇怨与帮派斗争？相互竞争的群体经常表现出极强的对立，从古代中国的宗族矛盾，到伊斯兰世界什叶派和逊尼派的对立。在地球上几乎找不到既有种族和宗教多样性又不存在对抗的地区。

随着群体之间的敌意与怀疑加剧，同质性倾向也会壮大。2004 年以前，西班牙的本土居民与阿拉伯移民之间的隔离曾趋于缓和。然而 2004 年 3 月 11 日上午之后，情况突然急转直下。十枚炸弹在上班高峰期间的四列火车上爆炸，数百人死亡，数千人受伤。案件调查非常复杂，跟踪了很多错误线索，最终将二十多人定罪。发动这场袭击的核心恐怖组织让本土民众同阿拉伯移民之间的关系紧张起来。有人估计，在之后的两年中，阿拉伯人与西班牙人的隔离程度提高了 5% 以上，考虑到人们并不经常搬家，这个提高幅度非常惊人。[27]此类案例并非西班牙独有，任何单一事件造成的冲击最终都可能大幅扩散，这充分显示了群体认同有多么重大的影响。

人们非常容易接受角色和身份，弄清楚这点能进一步理解各种身份的群体之间的鸿沟——同质性的另一个驱动因素。如今已几乎成为老生常谈的著名的“斯坦福监狱实验”是个吓人的案例，只需要让人们假想拥有某种身份，就能导致不同群体的分裂乃至争斗。有家专门介绍该实验的网站是以如下文字开场的：“8 月份一个安静的星期天早上，加利福尼亚帕罗奥图，警车在城里搜查，大规模抓捕大学生，因为他们违反了刑法第 211 条，有持械抢劫和盗窃行为（一部电脑）。有名嫌犯在其家里被找到并被抓捕，被警察告知合法权利，面向警车伸开四肢接受搜查，然后被戴上手铐——在常见的吃惊而好奇的邻居见证下。接下来，嫌犯被送入警车后座，在警笛轰鸣中被送往警局。”[28]

这场实验是由菲利普·津巴多（Philip Zimbardo）、克雷格·哈尼（Craig Haney）与柯蒂斯·班克斯（Curtis Banks）牵头，于1973年开展的。实验对象是21名健康的大学年龄段男生，他们被人为划分成两组：守卫和囚犯。囚犯实际上并无任何持械抢劫或盗窃犯罪行为，守卫也没有事先设定的执法任务。根据以前坐过牢的人的建议，临时监狱设立在斯坦福大学一所建筑的地下室。前段描述的“逮捕”场景是希望以戏剧性的方式帮助实验对象接受囚犯的角色，然后对他们搜身、脱去衣服，并冲水除虱。这些人将拿到囚服，被送往没有时钟和窗户的小屋。相反，守卫没有得到任何具体指示，如那家网站所述：“他们可以在一定限度内自由采取自认为必要的行动，以维持监狱的法律和秩序，并获得囚犯的尊重。”[29]

后面发生的事情远远超出实验设计者的预测。参与者对自己的身份和角色入戏太深，从而导致实验发生了危险的转折。实验第二天，囚犯开始反抗，大声抗议守卫对他们的待遇。守卫的回应则是用灭火器来喷射他们，把床撤出关押的小屋，并将领头的反抗者单独关押起来。当天，编号为8612的囚犯陷入歇斯底里的咆哮与哭喊状态。守卫认为他在演戏，拒绝释放他，试图以改善待遇为条件诱惑他充当卧底。当此人的情况继续恶化，明显能看出不是假装之后，守卫才把他从实验中解脱出来。实验进行到第五天就不得不终止。某些守卫被人发现“有虐待行为”，其他守卫无法控制他们，囚犯则表现出“病态的畏缩和行动”。

同质性的某些启示

阿尔贝托·阿莱西纳（Alberto Alesina）与叶卡捷琳娜·茹拉夫斯卡娅（Ekaterina Zhuravskaya）研究了各国在种族、语言和宗教等维度上出现的隔离状况，及其与各国在不同标准上获得的成就的关系。[30]他们采用了一个“隔离指数”（segregation index）——同质性指数的一个变体——来比较各类人群在一国不同地区的现实集中度与按照他们在全国人口中的比重均衡分布在各个地区的可能情形。例如，南非有大约80%的人口是非洲黑人，9%是当地所称的有色人种（包含多种混杂的种族来源），9%是白人，其余为亚裔。如果没有种族隔离，国内每个地区应该有类似于此的人口构成。但另一方面，如果某些地区几乎都是黑人，其他地区都是有色人种，或白人或亚裔，则有着严重的隔离。隔离指数为0，代表不同种族的群体完全平均地分布在国内所有地区；隔离指数为1，代表不同种族分布在完全不同的地区。

种族隔离最严重的国家是津巴布韦、危地马拉、阿富汗、乌干达和土耳其，指数评分都在0.36以上。隔离现象最弱的国家则是德国、瑞典、荷兰、柬埔寨和韩国，评分均低于0.01。中国、印度、俄罗斯、以色列和西班牙在0.08~0.24之间，美国和英国则在0.01~0.03之间。这些结果或许会让你吃惊，但测算中采用的指标是相当大的地区，而美国和英国许多城市中的种族隔离则是在邻里之间。因此这种隔离指数反映的是一国不同种族是否分布在完全不同的地区，而不是指在地方或网络层面是否存在同质性。例如，阿拉伯人与犹太人通常居住在以色列境内的不同城市，只有少数例外，因此以色列的隔离指数较高。相反，亚裔、黑人、白人和西班牙裔往往共同居住在美国的许多城市，只是分布于不同社区。所以仅从这一隔离指数来看，以色列的种族隔离程度比美国严重得多。

不管某个国家的族群隔离严重与否出于何种原因，我们先看看这一粗略指标能否有效预测各国的发展状况。从这些国家的名单与隔离水平中，你或许已能猜到一二。种族隔离最严重的国家多属最贫穷之列，政府运转最糟糕。隔离最轻微的则大多是最富裕的国家，有着运转最高效的政府。

借用阿莱西纳和茹拉夫斯卡娅的数据，我绘制了一国的隔离指数与若干基础变量的相关关系示意图。为使图像更为整洁，其中只采纳

与若干基础变量的相关关系示意图。为使图像更为整洁，其中只采纳了达到最低 GDP 值的国家，加纳刚好达到标准，科特迪瓦则差一点。包含全部国家的图像实际上有着更倾斜的相关关系，但标识太多，不便于查看。[31]

图 5.9 展示了一个经济体整体生产率（人均 GDP）与该经济体种族隔离状况的相关关系。基本趋势是隔离状况越严重，生产率越低。隔离最弱的各经济体的平均 GDP 是隔离最严重各经济体平均水平的 6 倍以上。图中的拟合线代表的相关关系为负值，具有高度的统计显著性（在 99.9% 以上水平上）。

图 5.9 显示的关系还有其他方面值得注意。图中的关联结果比较嘈杂，各经济体之间有很大差异。例如，隔离程度较低的各经济体在 GDP 水平上相差悬殊，表明种族隔离低并不保证有很高的 GDP，某些经济体种族隔离并不严重，却依然很穷。不过更重要的一点是，在隔离程度最高的部分（超过 0.25），没有高收入经济体。种族隔离严重似乎与高收入不兼容：没有任何经济体分布在图的右上部（即隔离程度较高同时又有高效的经济发展）。这说明隔离程度低并不能保证经济繁荣，但隔离程度高会制约发展。

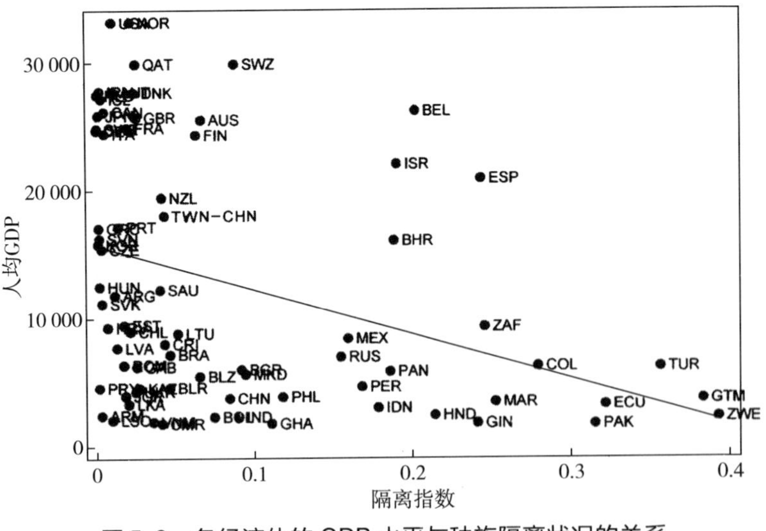

图 5.9　各经济体的 GDP 水平与种族隔离状况的关系

为什么隔离程度高会导致政府和经济运转不佳?[32]阿莱西纳和茹拉夫斯卡娅给出了一个解释：严重的族群隔离会削弱国民之间的信任，产生大量代表特殊利益集团的各种政党，从而导致政治局势更趋分裂，政府更加低效。

我们还将看到同质性的其他各种影响，包括不同群体在信仰、习俗与机遇上的差异。

同质性在我们的日常生活中

在展开后续的论述前，我们可以回顾下驱使人们跟相似特征的人交往的若干力量：定位和交往模式中的偏差，共同的挑战和目标，交流的便利，行为和习俗的可预见性及相互理解，现实或想象的群体间竞争及其带来的偏见和歧视，以及人类需要群体认同的基本社会—心理倾向等。人的行为的连锁反应（如谢林发现的人们的居住选址决策）会放大群体之间的分歧；对不同习俗和行为的反馈则会增强和加深彼此之间的分裂。

同质性对于人类网络是如此基本的特征，对我们来说又如此熟悉，以至于经常对其视而不见。我们不仅在日常生活中对它缺乏关注，在解释自己的文化、习俗和行为时也时常将其遗忘。同质性让我们的生活与周边人的行为变得更容易预测，但也极具分裂性。[33]我们社会结构中的裂痕极其深刻、普遍和顽固，对于理解信念和观点的极端化，以及机遇、就业和福利的长期不平等（之后几章将对此展开讨论）来说，它们发挥着主要而非次等的作用。离开这些基本的网络分隔特征，我们在试图解决此类问题时会被导向无效的政策。

第6章

社会固化与不平等：网络反馈和贫困陷阱

导读

◎不平等问题与人类历史同样悠久，古代社会远非田园牧歌。工业革命后，不平等程度显著加剧，20世纪80年代至今更是再次恶化。

◎不平等的顽固来自社会固化，人生被锁定在出生时的社会环境中。教育并非生而平等，常青藤名校对多数美国中产阶级来说仿佛在另一个星球。孩子与父母的命运纠缠，呈现出“了不起的盖茨比曲线”。

◎固化仿佛社会的癌症，可以缓解症状，却极难拔除病根，因为其源于家庭所处的社会网络。地理、收入、种族和文化等同质性使不同社群彼此隔离，严重限制了信息流动，把人们锁定在固有行为模式里。

◎美国国会开展的“奔向机会”项目，用现代社会科学研究证实了“孟母三迁”的英明：邻里社区至关重要。与谁做邻居、同学、战友、同事……将决定你的学业、工作、薪酬乃至整个人生轨迹。无论是应聘CEO（首席执行官），还是做个搬运工，找谁做推荐人都大不相同。

社会固化

克莱尔·维耶·沃特金斯（Claire Vaye Watkins）在内华达州的帕朗市长大。帕朗（Pahrump）的含义是“水岩”（water rock），坐落在拉斯维加斯到死亡谷的恶水盆地中间。该地区的气候相当恶劣，夏季平均气温超过100华氏度（约37.8℃）。帕朗地处偏远，却有着宝贵的水资源：从自流井涌出的泉水。[①] 这里是南部派尤特族（Southern Paiute）印第安人的故乡，19世纪初有拓荒者前来定居。当地的棉花和苜蓿生产目前已让位给其他收入来源，如今引以为豪的是几家赌场与合法的妓院、一家高尔夫球场和一条赛道。帕朗市的中位数收入远低于全美水平，但依然足以列入人们说的“下中产阶级”的行列。

你或许认为，来自下中产阶级社区的成绩最好的学生会有机会上名牌大学。然而正如沃特金斯在《常青藤联盟是另一个星球》（The Ivy League Was Another Planet）一文中所述，完全不是这么回事。[②]她在文中讲述了自己在12年级时到塔霍湖的一趟旅程，她与同样来自帕朗的瑞恩成为一场竞赛的决赛选手，去竞争内华达州“最优秀的100名”高中生。她介绍说：

在飞机上，我和瑞恩遇到一个来自拉斯维加斯的看上去也像是参赛选手的男孩，于是我们问他上的哪所高中。他说了一个我们不知道的校名，然后补充说，“那是所磁石学校（magnet school）”。瑞恩问磁石学校是什么意思，并在剩余时间里疑惑地打听那个男孩详细的受教育史：他去国外的时间，他放学后参加的机器人俱乐部，他的导师，他的大学预科课程等。

我们那时才意识到，所有的教育并非生而平等。对来自距离大城市只有一小时的帕朗市的我和瑞恩而言，这个拉斯维加斯男孩是我们永远无法访问的另一个星球的公民。但我们那时并不知道，还有其他很多遥远的星球是我们甚至无法看见的，同时这些星球也看不见我们。

克莱尔虽然住在距离大都市区仅一小时路程的地方，却对大学及如何申请上大学非常缺乏了解。她的孤独感和知识匮乏能帮助解释为什么社会固化和不平等不是暂时性的现象。克莱尔的故事首先要解答的问题是：既然受过和没受过良好教育的人们的工资差距在不断扩大，为什么依然没有更多人提高自己的教育呢？

固化的产生是指人们被束缚在他们出生时的社会环境中：他们所植根的人际网络不能提供取得成功所需的信息和机遇。

除道德上的缺陷外，社会固化的问题还在于它缺乏效率：把社会中某些效率最高的人局限在没有效率的角色中，会降低整体生产率水平。有多少“毕加索”把人生浪费在煤矿里？那个本来可以找到某种癌症疗法的人被生在贫民窟里，结果会怎样？因此，社会固化对一个国家的增长率会有巨大影响。

同质性在我们讲述的社会固化问题中扮演着关键角色。同质性影响着父母掌握的信息以及他们养育子女的方式。即使排除父母的影响，儿童生活的社区对于他们在未来的教育机会和收入机会也是很强的解释因素，影响着他们对社会的期待以及社会对他们的期待。在斯坦福大学学习计算机科学的年轻黑人女性阿罗娜·金（Alona King）对此深有体会：“我讨厌在盖茨计算机科学大楼的大厅里走动……我总是遇到，每当他们在技术专业的地盘看到一位陌生的少数族裔时都会说：‘喂，你迷路了吗?’。”[③]

为了更多了解人类网络对社会固化和不平等的全部影响，我们将介绍关于这两个问题的某些背景情况及其紧密联系。我们还将讨论变化中的劳动力市场：拥有或没有大学学位的人们的工资差距在扩大。最后一个背景是教育的固化：低学历的父母及其社会网络所培育的子女从出生后在认知交流和教育上就处于弱势，接受高等教育的机会要少得多。

在了解这些背景之后，我们将探讨人类网络从几个渠道产生的作用。首先，正如克莱尔的故事所示，同质性不但影响着有关教育的信息流和基础知识，还涉及如何获取的方法。父母如何养育子女，儿童从周边的人那里学习什么，都反映着这种效应。其次，接受教育和进入正规就业的激励高度依赖于一个人的伙伴和社群的行为。再次，成为劳动力之后的工资和机遇高度依赖于一个人有多少伙伴处于就业状态，因为交际网络是工作机会的主要来源。上述网络效应结合起来，特别是加上它们之间的相互作用，就足以导致社会固化与不平等的持续和扩大。这些力量比父母给子女的财富效应更强大，后者只能为近期趋势提供一小部分解释。

固化，不平等，“了不起的盖茨比曲线”

于是我们逆水行舟，奋力向前，却不断被浪潮推往过去。

——斯科特·菲兹杰拉德，《了不起的盖茨比》

显然，一个孩子在未来的成就与幸福取决于其父母和社群奠定的起点。衡量社会地位的代际粘性的标准做法，是在收入、财富和学历等要素上对儿童和他们的父母进行比较。孩子与父母的命运在多大程度上彼此相关呢？图 6.1 显示了子女的最终收入与父母的关联度，该指标名为“代际收入弹性”。

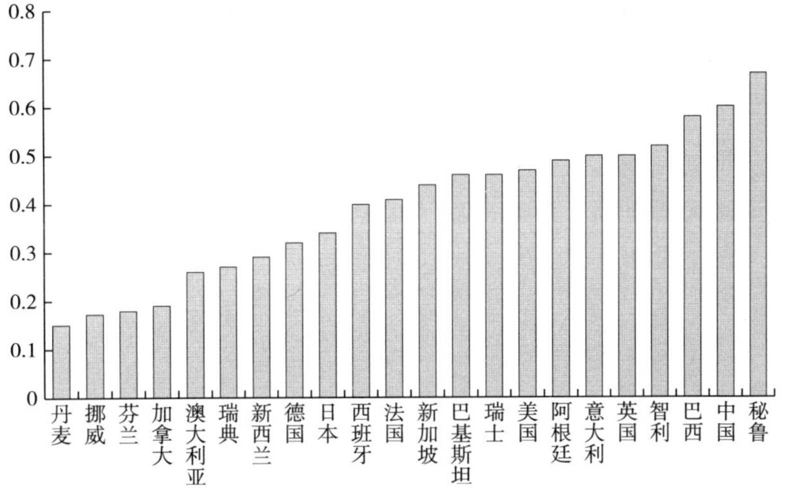

图 6.1　社会固化：代际收入弹性。这是子女收入与父母收入相关关系的标准化后的指标，0 代表子女和父母的收入基本脱钩，1 代表父母的相对收入地位完全反映在子女的相对收入地位中。数据来自 Miles Corak（2016）。

代际收入弹性可以理解为对如下问题的回答。假设你父母家的年收入比我父母家高出 10%，当我们成年后，你的收入会比我高出多少？如果答案为 10%，则你家相对于我家的全部优势都跨代保留了下来。由于你的收入超出我的部分与你父母超过我父母的部分之比为 1，社会完全固化：我们的相对地位跟我们的父母完全相同。如果你的收入只比我高出 1%，则你家相对于我家的优势仅有十分之一保留了下来。如果我们的收入相同，社会就有完全的流动性，因为我们的相对地位跟我们的父母完全无关，此时对应的代际收入弹性为零。可见，该弹性是对固化程度的测量指标。美国的上述弹性（固化程度）略低

于二分之一，而图表上最高的秘鲁约为三分之二。[④,⑤]

美国在该图中的位置或许会令某些人吃惊，固化程度几乎是加拿大的两倍。英国则与美国类似。

比起有些令人吃惊的社会固化程度，美国的不平等程度之高则不证自明。当你穿过任何一座美国大城市时，你都很难不目睹极其贫困与非常富有的不同社区并存。但“美国梦”却是如此深深植根于美国人的灵魂和身份之中，还有美利坚作为“机遇之地”的观念。人们将因为自己的勤劳、技能和才干而得到回报，而不是血统。考虑到“不可剥夺的追求幸福的权利”是《独立宣言》的核心，我们理应期望，美国在社会流动性（打破固化）方面至少能和其他国家做得一样好。

我们都听说过不可思议的靠奋斗取得成功的故事。我的祖父没有上完高中，在一家运输公司工作，而我的父亲则读完了大学和研究生，成为核物理学家。历史上，机遇之地可谓名副其实。在19世纪到20世纪早期的移民大潮中，美国向大西部拓展，经历了不断的经济繁荣（偶尔也有波折）。就业与增长的机遇如雨后春笋，尤其是对许多逃离母国的贫困移民而言。人们搬到加州，一夜暴富。教育虽然有其价值，在当时对于过上体面生活却不是那么重要。那是增长以及实现美国梦的黄金时期。在二战过去不久的另一段时期，制造业和经济繁荣发展，中产阶级大量增加，沿着经济阶梯攀爬也同样可以企及。

可是当我在大约15年前开始研究社会固化时，情况有了惊人的变化。首次看到美国的父母与子女在教育方面的关联性，我怀疑数据肯定有什么差错。通过某些挖掘，我意识到所有的数据都在讲述同样的故事：无论是以收入、教育、财富乃至寿命衡量，在父母与子女的关联性方面，如今的美国都处于非常高的水平。这些指标的高度关联性绝非好事——意味着较高程度的社会固化。

如果你原本认为美国在经济流动性方面做得不错，那并不奇怪。

许多人对社会流动性的感知都不符合现实。例如在图 6.1 中，德国的固化程度评分为 0.32，美国则为 0.47，几乎是前者的 1.5 倍。然而如果你去询问别人是否赞同如下陈述，“如果努力工作，我的生活将得到改善”，结果会发现，约有 84% 的美国人表示赞同，而德国仅有 62%。[⑥]

不平等与社会固化的关系由艾伦·克鲁格（Alan Krueger）在 2012 年 1 月的一次著名演讲中做了透彻的阐述，当时他正担任总统经济顾问委员会主席。克鲁格展示了“了不起的盖茨比曲线”（Great Gatsby Curve）：迈尔斯·克拉克（Miles Corak）在 2011 年发现的不平等与社会固化之间的惊人关联性。为了给这条曲线找个好名称，克鲁格表示要给提出最佳名称的年轻职员奖励一瓶葡萄酒。结果奖品被贾德·克莱默（Judd Cramer）拿走，他的建议源自小说中盖茨比在跨越社会阶层时的困难。[⑦]不平等与社会固化之间的紧密关系如图 6.2 所示。

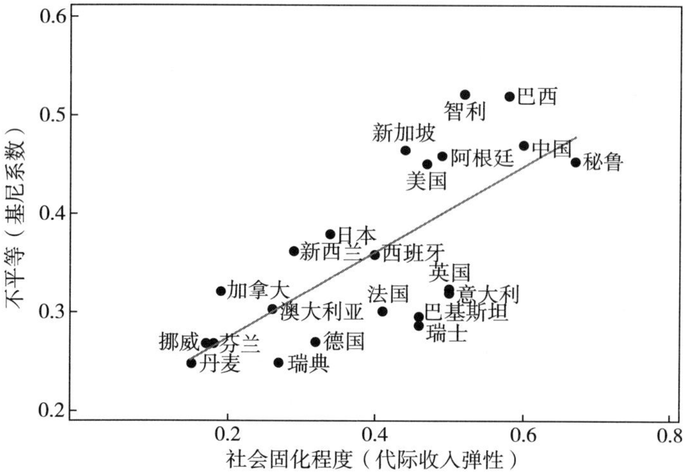

图 6.2　了不起的盖茨比曲线。展示世界各国的不平等程度（由每个国家的基尼系数代表，图中的纵轴，0 代表没有不平等，1 代表极端不平等）与社会固化程度（由每个国家的代际收入弹性代表，图中的横轴）。有关社会固化的数据来自 Corak（2016）；基尼系数的数据来自 *CIA World Factbook*。

值得提示的是，社会固化与不平等在某些方面可能存在机制性的联系。如果我们拿一个较为单一的小国同一个较为混杂的大国进行比较，在其他所有条件相同时，小国的不平等与社会固化程度应该更低。例如，我们只分析工程师的子女，由于这些孩子大部分最终都会完成高等教育，获得较高收入，不平等程度自然会比较小。这批父母与子女的代际收入弹性也会较低，因为父母的收入差距本来就小，对于子女的境况好坏也几乎没有什么影响力。如果我们只分析矿工的子女，结果同样如此：由于大多数孩子长大后会成为劳工阶级，他们中间的不平等也较小；由于父母的特征相似，也几乎不存在代际收入关联性。社会固化与不平等有很大部分是来自经济体中不同成分间的比较，因此当某个国家的组成变得更为多样化时，我们理应看到社会固化与不平等程度的上升。

尽管如此，了不起的盖茨比曲线所反映的内涵还是远远超过机制性的规模效应。例如，丹麦的国家规模很小只是它的社会固化与不平等程度较低的部分原因，却并非全部解释。丹麦低技能工人的收入比美国类似岗位的工人高出约 50%，而且享受的福利还好很多。所以，丹麦的不平等程度低于美国，部分原因在于丹麦低技能工人的处境要远远好于美国类似水平的人。在大多数人可以选择从事较低技能工作岗位还是较高技能工作岗位的社会，有种力量推高了低技能岗位的工资水平，因为你必须用较高工资来吸引人们干这些工作，而没有大量闲置的缺乏其他机遇的低技能劳动者。在社会固化方面，我们看到丹麦的父母与子女在教育程度上的关联性不足 10%，美国则接近 50%，但两个国家的总人口中上大学的总比例是相近的——所以，它们在了不起的盖茨比曲线上处于不同位置，不仅是由于丹麦国民的单一性。[8]

加拿大有大约四分之一的人口是各种少数族裔，移民人数众多，从生产的产品与服务类型看经济构成也非常多样化。不过，加拿大却是全世界社会流动性最高的国家之一，不平等程度也同北欧国家相差不大。了不起的盖茨比曲线的有趣之处是，为什么加拿大这样的国家在两个测量指标上都处于较低水平，而美国和中国要高得多。

为强调不平等受到社会固化的影响，我把克鲁格最早发表的了不起的盖茨比曲线做了旋转。在图6.2中，固化程度反映在横轴，不平等程度是在纵轴，由此可以将不平等视为固化程度的函数。这里的逻辑是，有很大部分的不平等是源自社会固化。如果所有孩子降生的社会网络有着相同的发展机遇——有类似的父母、伙伴与社区——那么不平等只会来自他们的固有天赋和性格、选择以及运气方面微小的随机差异。反之，如果孩子降生在不同社会网络——有不同的父母、习俗、信息和机遇——导致的不平等结果就会更悬殊。也就是说，结果的不平等部分缘于机遇和社会流动性方面的差异。

最后，不平等和社会固化还存在深刻的相互纠缠：不平等也会引起固化，存在相互反馈。父母、伙伴与社区的差异造成发展机遇不同，有部分缘于不平等的现状。但最终是由同质性塑造的信息和习俗的牢固网络限制了不同人的机遇和行为，因此社会固化背后的因素是主要作用力，不平等应该被视为结果，而非根本原因。这不同于常说的富有的父母能为子女提供更多资源的解释。

以上视角尤其能帮助我们寻找打破恶性循环、改善不平等与固化现象的有效办法。它不是把焦点放在资本税率这类问题上，而是思考如何改变导致不平等与社会固化的基础性的社会结构。

不平等

> 邦有道，贫且贱焉，耻也；邦无道，富且贵焉，耻也。
>
> ——孔子

如果把不平等只归结为一个评分或指数，那会把事情想得过于简单，这跟之前讨论过的对于中心度和影响力的度量相似。我们应该用财富、收入、支出、消费、就业、幸福、长寿或这些指标的综合来做测量吗？我们该如何解释税收和福利支出？我们的测量是针对家庭还是个人？我们该如何考虑子女的数量？这里涉及太多需要测量的方面，其中许多彼此高度相关，因此好的一面是从某些简单指标中能看出大致差不多的场景。

意大利统计学家、人口学家和社会学家科拉多·基尼于1921年提出了一个简洁却深刻的测量不平等程度的指标，这个指标如今被称为“基尼系数”。讽刺之处在于，基尼本人是法西斯主义者和人种改良论者，也是墨索里尼的早期支持者和信徒。他最终同法西斯主义团体翻脸了，但主要是因为对方胡乱干预他的学术研究。无论如何，如今最广为采用的不平等测量指标都应归功于他。

基尼系数的含义可以简单理解如下。[9]从社会上挑出两个人，更富的那个人的收入比更穷的那个人高出多少？如果我们知道对所有可能的配对来说这个差别的平均水平，那我们就能看到整个社会的平均不平等程度。为了在各国之间做比较，我们用一国平均收入的两倍来做标准化处理。由于我们是在比较两个人之间的收入差距，采用“两倍”可以使基尼系数的值落在0～1之间：在极端不平等的情况下，一个人完全没有收入，另一个人掌握全部收入，他们的收入差距为平均收入的两倍，再除以平均收入的两倍得出标准化结果，则对应这种极端的基尼系数为1；而如果一个社会中所有人的收入相同，则基尼系数为0。[10]

图6.3显示了若干国家的基尼系数水平，从相当平等的社会（0.25）到极为不平等的社会（0.7），并且与测量的历史时点以及具体的收入测量方法有关。[11]

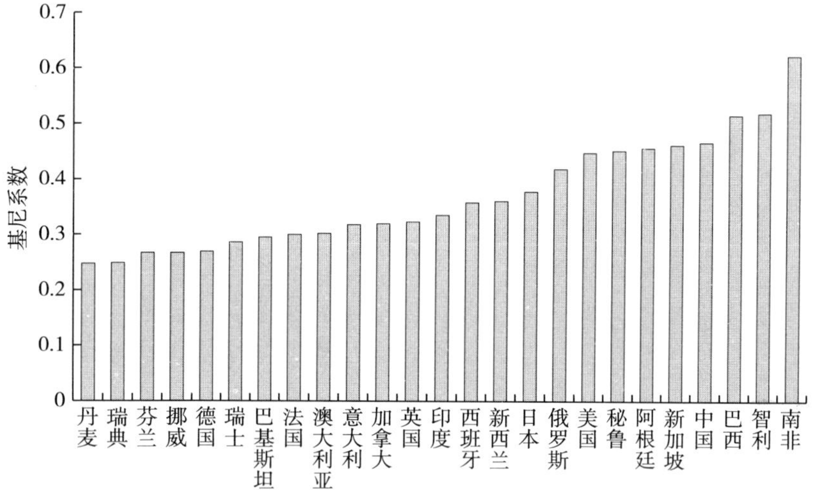

图6.3　部分国家的基尼系数，区间从0（极端平等）到1（极端不平等）。数据来自 *CIA World Faxback*。

从图中的数据看，丹麦是最平等的社会，基尼系数约为0.25。南非位居各国的末位，基尼系数超过0.60，不平等程度是丹麦的两倍以上。

不平等程度在各国差异悬殊，同时也随时间发生变化。通常难以获得能够回溯多个世纪的收入分配数据，但通过某些认真的调查和推算，人们还是拼凑出了一些估计。[12]例如，尽管有人以为历史上的渔猎采集社会可能像田园牧歌那样平等，但实际上却显示出很大的收入差距。

这方面的一个例子是在加拿大的英属哥伦比亚省，位于从山区流淌下来的吉特利溪（Keatley Creek）附近，距温哥华东北二三百公里的地方。数千年来，吉特利溪一直是土著社群的家园，他们依靠捕获从春季到秋季在溪流中大量出现的三文鱼，当地森林中栖息的鹿、狐狸、熊和其他动物，还有采集各种天然植物块茎、野生洋葱、树莓及其他植物为生。尽管这里的野生资源丰富，但人们所处的位置是否靠近最佳地点却有着很大的影响。例如，沿着溪流的某些地点在捕鱼时比其他地方好得多。有的家族控制了通往主要地点的进出道路，并且这种控制会维持多个世代。对当地多间“长屋”（longhouse）的挖掘显示，控制了主要捕鱼和狩猎地点的家族有大量种类更为丰富的食品储备、较大的睡眠空间，并有较大的炉灶用于烹饪和供热，而附近居住的其他家族的储备较少，炉灶也较小。[13]

这种不平等并非个例。人类只要学着囤积物品，对土地行使排他控制权，就开始了积累财富并世代相传的过程。人类学家通过对各种农牧业社会的考察，发现土地与牲畜占有情况的基尼系数分布区间为0.3～0.7，平均水平为0.4～0.5。[14]

不平等状况已持续了数千年，但直到工业革命才真正加剧。工业革命带来了生产率前所未有的增长，由于这一增长，加上对垄断的监管不力，工业化各国中的极少数人积累了难以比拟的高比例财富。随着经济的发展，不平等程度开始达到历史新高。到工业革命中期，英格兰和威尔士的基尼系数据估计达到了0.59，欧洲普遍达到0.57。这与今天南非的极端情形差不多。美国开始时更像农业社会，也更为平等，独立之前1774年的基尼系数约为0.44。不过到南北战争时期，工业蓬勃发展，美国的不平等程度已赶上欧洲，基尼系数在1860年提升至0.51（奴隶的收入情况也计算在内）。到20世纪早期，美国非但在工业产出上超越了多数欧洲国家，不平等程度也同样——只有一战前的德国可以比肩。

后来才加入工业化的国家，如中国、印度和非洲部分国家，在工业革命时代的基尼系数较低。而当它们进入工业化之后，基尼系数也随之剧增。最富裕的群体攫取了大部分新增收入，其他许多民众依然徘徊于贫困线附近。总体收入在增长，最上层群体的收入增长更快。中国基尼系数在过去几十年的快速提高见图6.4。[15]

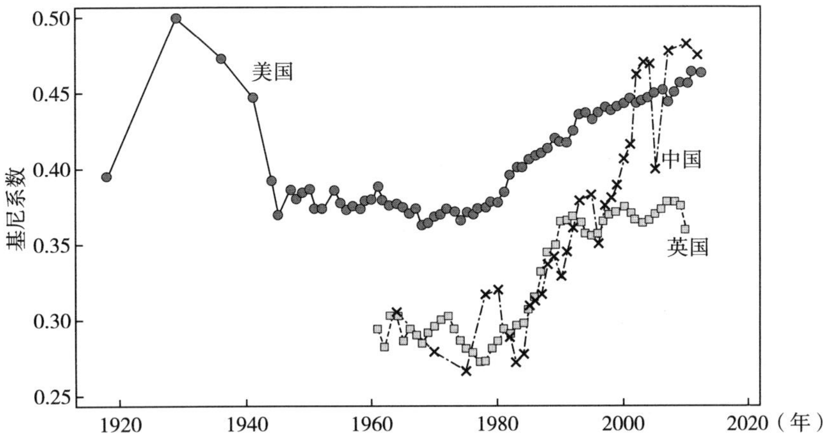

图 6.4　中国、英国和美国的基尼系数。中国和英国的数据来自世界银行的“All the Ginis”数据库，由 Branko Milanovic 建立，2014 年 11 月版。美国的数据来自“Chartbook of Economic Inequality”（Atkinson and Morelli, 2014）。

工业革命时期出现的极端不平等，此后受到了若干因素的暂时抑制。工会发展起来了，各国的反垄断法和政府对垄断的监管也逐渐形成。大萧条和两次世界大战推动形成的大政府增加了税收和再分配力度。还有，制造业技术需要有更多掌握新技能的劳动力，并使就业岗位的数量达到新高。中产阶级由此成形。在二战之后的几十年里，特别是在欧洲和北美，中产阶级的生活水平得到了史无前例的提高。他们不仅有了越来越多可以触及的商品——从电话到汽车、收音机、电视机等——还有更多的成员接受高等教育。[16]基尼系数也降至工业革命以来的最低点，这可以从图 6.4 中看到。

但从大约 20 世纪 80 年代至今，有几个趋势导致全球许多国家（包括很多没有在图 6.2 中展示的国家）的不平等状况重新恶化。其中之一是技术变革方式不再是扩大对劳动力的需求，而是取代和排挤劳动力，这对很多国家的中下层中产阶级造成了极大冲击。随着技术日益走向成熟，它能够在越来越多产品和服务的供给中替代劳动力。

这并不代表让人永远没有工作，而是说会有更少的人去做汽车厂的工人和旅行社代理，而有更多的人去帮忙遛狗。

如果不加以妥善处理，这种转轨可能会越来越痛苦。20 世纪 40 年代，经济学家约瑟夫·熊彼特发明“创造性破坏”一词来描述创新使原有技术和企业变得过时落后的过程。我们今天则是在空前的规模上见证这种破坏。许多创新正在取代劳动力，只有拥有最高技能的人例外。过时的机器能够报废和回收，社会对于淘汰的劳动力又该怎么办呢？

伦敦的出租车司机可以作为例子，过去你要成为有执照的黑色出租车司机，必须通过世界上最困难的知识考试之一，考试的名称就是“知识”。这些人需要花多年时间掌握伦敦的复杂地图，记住数万条大街小巷和地标，并能够凭记忆找出点到点之间的最优路径。如果你曾经在伦敦搭乘过出租车，可能会对此印象深刻。然而这种卓越技能由于卫星导航和地图软件应用的出现过时了，新技术非但能瞬间计算出路线，还能根据实时交通状况做出调整。出租车司机同英国的某些政客由此爆发了争论，后者认为不再有必要开展此类考试。

技术进步减少了所有类型的生产所需的劳动力，从农业到制造业和服务业。如今的大多数旅行预订都是在线完成，某些著名的百货商店也由于在线购物的发展而消失。我们已逼近无人驾驶汽车和卡车的临界线，交通运输业将因此发生深刻变革。近期趋势的影响在中下层中产阶级最为突出，这些人在过去是制造业和服务业的主要劳动力，需要一定的技能和经验，但无须高等教育。

图 6.5 显示的是制造业劳动生产率在过去 40 年的变化，基本上，目前只需要相当于 20 世纪 80 年代后期 40% 的劳动力就能完成同样的工作。这一效应非但规模巨大，而且速度飞快，生产率在 30 年里翻了一番以上，当然也带来了多方面的后果。它导致了产出在数量（如汽车产量）和质量（如今的汽车比 30 年前有先进得多的电子设备）

上的进步，同时也使汽车生产商需要的劳动力人数得以减少。这不只是发生在制造业领域，也不是最近才出现。例如，农业生产的进步使美国从事农业的人口占比从 19 世纪早期的近 70% 降至当前的 2% 左右，而且不是因为人们吃得更少了，相反，食品生产的数量和质量都有极大提升。

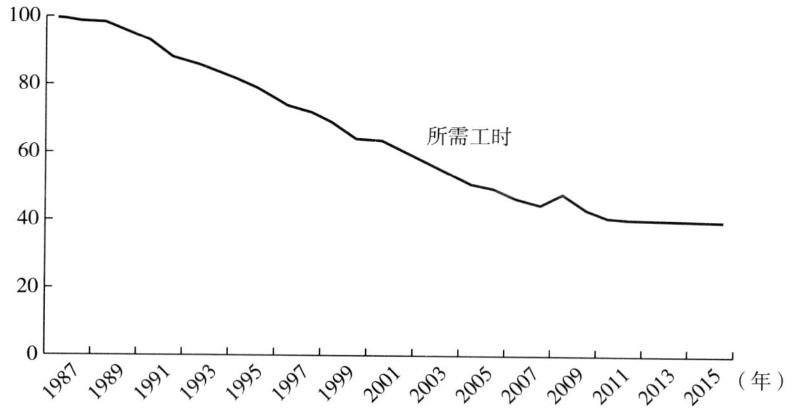

图 6. 5　制造出相同产出所需工时的变化，以制造业生产的相同 GDP（标准化为 1987 年价值）的小时数计算。2016 年只需要不到 40 个小时就能生产出 1987 年 100 小时的产出。数据来自 U. S. Bureau of Labor Statistics。

此外，中国、墨西哥、印度和韩国等国家进出口的爆炸式增长带来了劳动力的国际化。随着制造业和服务业的劳工阶层在亚洲、南美洲和部分非洲国家的涌现，欧洲和北美洲的中产阶级相应萎缩。需要注意的是，这些萎缩大部分是由于技术变化，而非全球化。例如有研究表明，美国在 1999—2011 年制造业岗位的减少仅有 10%~20% 是由于来自中国的进口增加，大多数其实是因为技术变革。[17]

图 6. 6 展示了多种力量的共同作用。农业的剧烈下滑趋势非常明显，制造业也处于类似的趋势当中。制造业的劳动力人数减少是在二战之后才开始的，但表现出了会下降到很低数量的不可避免的趋势。

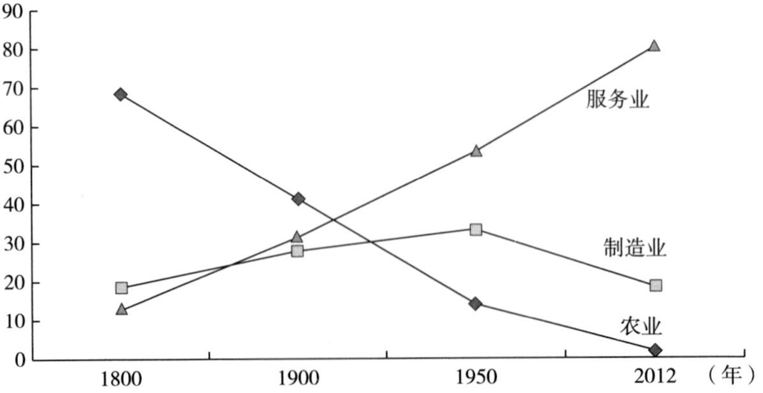

图 6. 6　农业在美国就业中的比重自 19 世纪初以来持续下降，制造业自 20 世纪 50 年代以来开始下降。尽管服务业的就业在持续增加，但部分服务行业也出现了劳动力需求量的减少。数据来自 Piketty（2014），表 2. 4。

上述趋势不仅影响了美洲和欧洲，亚洲同样如此。例如，随着中国和印度的农业现代化，类似情形也在发生。这两个国家的农业人口还远没有下降至 2% 那么低，但正在推进。中国从事农业的劳动力占比从 1990 年的 60% 下降到 2015 年的 28%，印度同一时期则从超过 60% 降至 45% 左右。亚洲的制造业劳动力人数经历了增长，但随着技术的快速进步，也已出现停滞。制造业总产出仍在增加，使用的劳动力数量却稳定下来。

在美国和欧洲，服务业已成为最主要的雇主，如医疗、金融、教育、媒体、宾馆和餐厅、零售、仓储和运输、娱乐业，等等。亚洲国家的服务业同样在快速增长，并已成为中国的主要劳动力雇佣方。印度的服务业正在起飞，例如班加罗尔等城市的计算机编程业务飞速发展，成为全世界的代码供应基地。[18]服务业中的劳动力也面临生产率的提高，上述的伦敦出租车司机仅是一个例子。更普遍地说，我们看到日益复杂的计算机和程序正在取代人类：税务申报、外语教学、金融证券买卖……案例随处可见。

这些力量导致工资差距拉大，而且必然持续下去。20 世纪 50 年代，美国拥有大学学历的雇员的收入通常比高中及以下学历的雇员高出约 50%，如今该差距扩大至约 100%：大学毕业生的收入一直在增加，高中学历的收入却在下降。[19]受教育水平最高的人士看到自己的技能被现代技术放大了：他们可以做出更重大的发现，接触更多人群，完成以前做不到的任务。而中低技能的人却正在被技术取代和排斥，形成鲜明对比。

生产率的爆发式增长并未消灭对低技能员工的需求。主题公园在扩张，健身和旅游产业、其他休闲产业也在发展。人们以前自己做的许多家务，如做饭洗衣等，如今由低技能服务业完成。因此我们看到两个极端的劳动力需求都在增长：需要很高技能的设计与管理等工作，以及只需要很低教育和经验的极简单工作。

这些变化导致，自身收入超过父母收入水平的人所占比重自二战结束以来下降了近一半。图 6. 7 表明，1940 年出生的人里面，有超过 90% 的人的收入超过自己的父母——当时出现了繁荣的经济增长，中产阶级迅速扩大，几乎所有美国人都一代比一代过得更好。而在1980 年出生的人里面，仅有 50% 的人的收入超过自己的父母。如今仅看男性的数据，形势恶化更为明显。1940 年出生的几乎所有男性在 30 岁左右时的收入都超过自己的父亲，而对 1984 年出生的男性来说只有 41%，也就是 59% 的男子的收入不如他们的父亲。总体生产率进步带来的收益的分配高度失衡：上层收入的人超过父母的情况更为普遍，下层收入的人往往变得更糟，包括那些受教育水平与父母相似的人。

劳动力构成结构的变化并不像生产率进步那样快。因此，技术的不断进步导致顶层劳动力短缺，这些人的工资和生产率水平最高，而工资水平和创造价值最低的劳动力则过分富余。25 ~ 29 岁年龄段的人中，拥有本科学历者所占的比例从 1974 年的略高于 20% 提升至 2014 年的略低于 30%，这看似接近 50% 的不小升幅，其实远低于生产率的相对变化。人口结构对教育要求的调整缓慢加剧了工资溢价，使大部分收益过分集中到受过最好教育的群体。

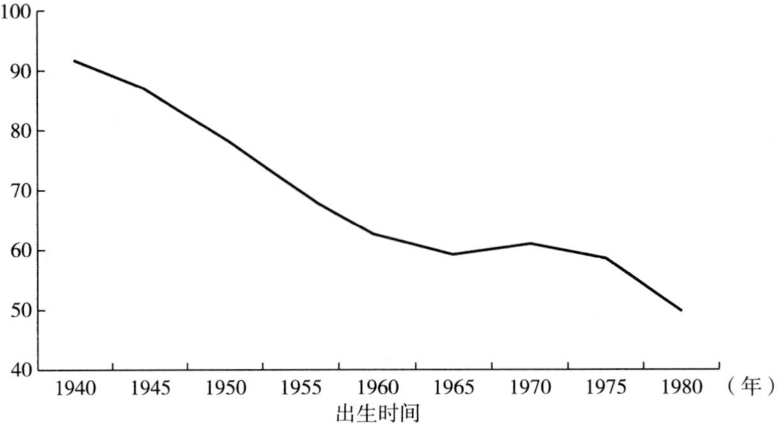

图 6.7　子女与父母 30 岁左右时的税前收入对比（经过通胀调整）。数据来自 Chetty、Grusky、Hell、Hendren、Manduca and Narang（2016a）。

工资差距拉大还意味着，顶层 1% 人群获得的收入比重已达到美国或欧洲一个世纪以来所未见过的极端水平。欧洲顶层 1% 人群的收入约占总收入的十分之一，美国更是达到五分之一左右。[20]

需要注意的是，尽管顶层 1% 人群获得的收入已达到极高水平，但无论是欧洲还是美国，其中大约三分之二仍属于劳动收入，仅有三分之一是资本回报。因此即使在此极端情形下，财富优势与投资回报仍只能给出部分解释。[21]不平等的扩大（尤其是对顶层 1% 人群之外）大部分还是由于劳动收入的变化。顶层 1% 人群的工资水平自 20 世纪 70 年代早期以来增幅超过 2.5 倍，顶层 5% 人群的增幅约为 2 倍，顶层 10% 人群的增幅则超过 4.5 倍。然而对于下层 60% 的人群而言，同期的工资水平仅提高了不足三分之一。不平等拉大主要是由于国民中不同群体的相对工资水平的大幅变动。[22]

看着上大学的人与没上大学的人的收入差距日益扩大，一个显而易见的核心问题呈现在我们面前：为什么没有更多的人接受高等教育呢?

这把我们带回社会固化问题：有强大的社会力量让不同的人在获得现代劳动力市场需要的技能时面临不同程度的困难。

教育

在美国，父母家境较好的儿童取得大学毕业证的概率是贫困家庭儿童的2.5倍以上。[23]种族之间也存在差异。在美国，快30岁的亚裔中拥有大学学历的占比达到惊人的72%，白人为54%，非洲裔为31%，西班牙裔为27%。[24]这些差距的因果关系错综复杂，家庭收入、族裔、父母的教育水平、文化和社区等因素都彼此关联。

除是否上大学以外，孩子上哪些大学同样存在巨大差异。如果你是在美国最有竞争力的某所大学（如常青藤名校、斯坦福大学或麻省理工学院）上生物学、经济学或计算机科学的入门课程，身边同学中来自全美最富裕四分之一家庭的概率比来自最贫困四分之一家庭的概率高出约20倍。[25]来自美国最富裕1%家庭的学生上常青藤名校的概率约为来自最贫困20%家庭的77倍。[26]尽管有大量赞助资金使名牌大学成为来自低收入家庭的学生负担得起的绝好投资，但最终录取的绝大多数仍是来自上层收入群体。

这种情况造成了严重后果。任何找过工作的人都会明白，自己上过哪所大学显然很关键。美国教育部有个积分卡来评价上大学的回报，哈佛大学、麻省理工学院和斯坦福大学的毕业生的中位数薪酬是普通大学毕业生的两倍以上。[27]

教育方面的差距其实早在上大学之前就表现出来了，并且在进入青春期之前已经非常显著。这可以从图6.8中看到。

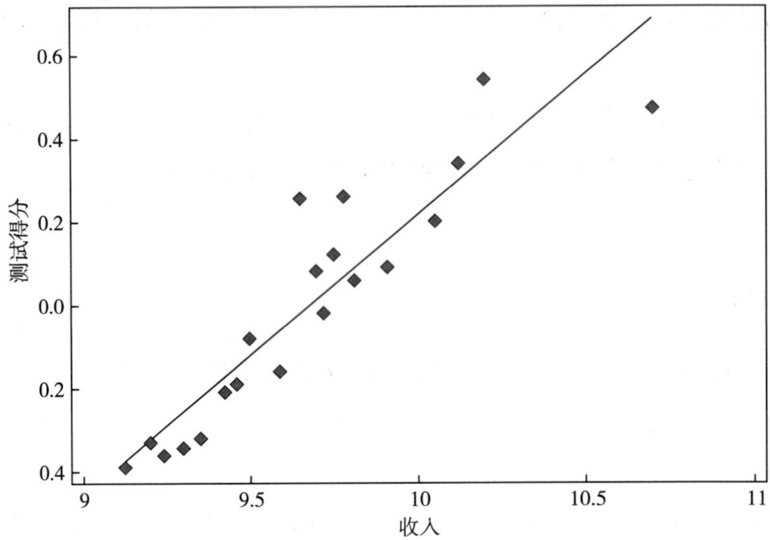

图6.8　来自最贫困社区与最富裕社区的平均成绩的差距有一整个标准差，相当于从成绩排名中的倒数第三到正数第三。测试成绩是纽约市八年级学生（通常为13～14岁）的数学和英语成绩之和，以标准差显示。社区的收入指标是人均收入的对数值（根据包含学校的邮政编码区域的平均水平），有20个观测值按收入水平等距分组。数据来自 Fryer Jr. and Katz（2013）。

差距在孩子出生后马上就有体现。例如在跨入小学时，高收入家庭的儿童比受救济家庭的儿童已经多听了大约3 000万个词汇。对这个数据的估计，贝蒂·哈特和托德·里斯利采用了非常简单的方法。[28]他们计算了父母给孩子讲话的词汇总量，受救济家庭的父母每小时给孩子讲大约600个词汇，而职业阶层的父母每小时超过2 000个，是前者的三倍以上。这当然会有影响，儿童使用的词汇中有86%～98%来自父母的词汇表，他们的讲话风格也会非常接近于自己的看护者。哈特与里斯利还发现，3岁时的语言技能与9～10岁时的语言和阅读技能有显著相关关系。[29]

早期的互动效应会越滚越大。帮助儿童在很小的时候——学龄前——开发智力能带来高杠杆的好处。例如教会耐心和坚持，会帮助他们在一生中学习其他技能，开启更多机遇。教孩子更早学会阅读，他们从小就能摄取更多知识，加速成长进程。提高孩子的表达能力，使他们能够更好地应对周围的世界并学到更多。孩子知道得越多，他们在学校的成绩就会越好，得到的奖励就会越多，这反过来也会鼓励他们为学习投入更多努力。诺贝尔奖得主詹姆斯·赫克曼——经济学家与早期儿童教育专家——有这样的说法："技能可以用互补和动态的方式产生更多技能。为实现最佳的效率和效果，我们应集中关注早期教育。最好的投资是针对从出生到五岁的弱势儿童及其家庭，改善早期教育的质量。"[30]

亲子教育的某些差距缘于时间限制，但也有些是因为父母对陪伴孩子所花时间的价值认识不足。例如，近期对英国的一项研究发现，收入最低的四分之一那部分家庭的父母对下列说法的态度同最高四分之一家庭截然不同："我的孩子是按照他自己的节奏成长，我对此能做的事很少。"[31]较贫困家庭的父母有大约40%赞同该说法，或者不能确定，较富裕家庭的父母则不足20%。由此可以看出，有两倍多的较贫困家庭父母不确定自己能够为促进子女的成长做很多事情。有人或许认为，这些父母的上述看法是为了给自己陪伴孩子的时间较少找借口，但其他调查问题表明原因不止于此。在被问及"我的孩子有能力学会软件编程"时，大约80%的较富裕家庭父母表示赞同，较贫困家庭的父母则仅有50%认可。[32]

信息在教育中起到的作用远不止早期养育的几年。尽管在低收入家庭和社区中成长的孩子面临诸多不利，美国的最贫困人群依然培育出了众多在高中毕业时表现优秀的学生：他们的平均成绩相当高（至少为A－），并且在大学入学考试中（SAT或ACT成绩）的排名不低于90百分位。满足这些条件的好学生有17%来自收入最底层的四分之一家庭，基本上是来自最上层四分之一家庭（34%）的一半。[33]

在儿童教育的各种影响因素积累下，上层收入家庭在培养优秀学生方面相对于下层收入家庭拥有了 2∶1 的优势。这个差距已经很大，但还有一块更大的缺失部分。上文我们谈到过一个数字：上层收入家庭的孩子进入美国名牌大学的机会是下层收入家庭的孩子的 20 倍以上。[34]因此，家庭收入水平对于优秀学生能否进入名牌大学另外还有 10 倍数的影响。

你或许认为，原因是这些名牌大学对低收入家庭的学生来说太昂贵。但这最多是个次要因素。据估计，美国仅有不到 8% 的家庭是因为收入的原因影响大学择校的决定。[35]

不过，人们往往难以获知上大学最终要花多少钱，就像其他大件购物的真实成本一样。在很多国家，你要是走进汽车销售店，直接按照标签价开走汽车，肯定会被当成傻子。除了最热销的新款外，标签价都只代表经销商跟你谈判的起价。随着更多顾客变得更加精明，许多人要求查看经销商购入汽车的发票，这个行业的人甚至开始虚增发票金额，用各种项目把利润包括进来，让顾客难以查明经销商能够接受的真实底价。但无论如何，通过一些调查和谈判比价，你总是可以拿到一个比标签价低不少的结果。

与之相似，大学的报价也是个起价——最多的可能花费。幸运的是，大多数大学并不像汽车销售员那么黏人。大学的报价与大多数学生最终的花费之间的差距比汽车折扣要大得多，讨价还价环节更少。大学里有各种补助、助学金、奖学金及其他项目，可以大幅降低学生的负担，仅有约三分之一的全日制学生是按照学校报价支付学费。2016 年，美国四年制私立大学的平均报价（包括食宿费）为 44 000 美元，但学生的平均付款仅为 26 000 美元。在美国的四年制公立大学，收入最高四分之一家庭的学生平均付款 6 330 美元，而最低四分之一家庭的学生平均为 –2 320 美元。该数字为负，说明这部分学生获得的津贴不仅超出了学杂费，还能帮他们支付食宿费。在四年制私立（非营利）大学，最富裕四分之一家庭的学生平均学杂费支出为

19 720美元，最贫困家庭的学生为4 970 美元。[36]

虽然上大学的花费可能很低，但许多高中生及家人对此如何操作却知之甚少。他们有的被想象中的高价给吓退了，有的完全不知道自己有机会获得丰厚的经费补贴。由于缺乏这些知识，很多低收入家庭的学生甚至没有申请本来可能最适合他们的学校。

克莱尔·沃特金斯的故事或许能给我们更多启发，她提道：

> 跟我家一样，大多数父母没有上过大学，对于大学录取和财务资助的复杂程序要么感到敬畏，要么缺乏了解，有时还抱有敌意。我在申请入学时对自己要做的事情就完全没有概念。有次我听到一位排球教练说要还清她的学生贷款，这让我以为大学就像餐厅一样，吃完饭的时候再付钱。当我发现需要母亲和继父的收入信息与纳税材料时，他们却拒绝提供。我猜他们是因为难为情。[37]

通常的嫌疑人：机构和资本

为什么我们的幸福状况与自己的父母及成长的社群有如此密切的联系？这当然不是个新鲜的话题，但人类网络对此能提供深刻的洞见。我们已经知道，信息是理解教育差异和社会流动性的关键所在。而信息主要来自父母及其子女生活的社群。

借用“资本”的概念能帮助我们了解人们从自己所在的社群获取的信息，当然这里说的资本远远超出其传统概念。传统的资本类型——如“金融资本”是指能够转换为其他资本或劳动的金融资产，“实物资本”是指包括土地在内的物质资源——在下面的论述中并非主角。

一个多世纪前，阿尔弗雷德·马歇尔就已经把传统的资本概念扩展到“人力资本”上面。他指出：“所有资本中最有价值的是投资在人身上的部分，而这部分之中最为宝贵的则是来自母亲的看护及影响。”更现代的“人力资本”概念是指在任何生产或交易中用到的知识和技能——包括艺术、发明、设计、运营、管理和推广等。除天赋之外，大部分人力资本是后天获得的：人们要学习如何去做事情，通过学校教育、观察思考、当学徒，以及试错和积累经验等。

与我们这里的着眼点关系最直接的资本是“社会资本”，也是最新提出的资本概念。[38]它是指一个人通过自己的社交网络或社会声誉能够获得的好处、资源和信息等。[39]

能带来社会资本的社交联系包括朋友关系、职业联系，以及公共和私人组织的会员身份或联络渠道等。它有着最广泛的资本类型与最含糊不清的定义，涉及许多难以测量的东西，例如在网络中的人际关系和位置等。[40]例如，社会资本在美第奇家族崛起的案例中起到过关键作用，不只是因为该家族能发动许多盟友提供帮助，而且因为他们所处的独特地位使其能够协调其他人的行动——最终成为其巨大权力的来源。协调其他人行动的能力带来的权势，对掌权者而言极具功效和价值，因此也是一种资本。[41]社会资本依赖于多种带有宽泛含义的概念，如声誉、地位、友谊和组织等。甚至同质性现象也发挥着影响：一个人可能有值得信赖与广泛的关系网，但依然缺乏关键的资源和知识。尽管对社会资本难以给出一个简洁明了、易于测算的定义，但其重要性却不容回避。

不同类型的资本经常能够彼此转换。拥有丰富的某种资本，也就能获得其他资本。例如，金融资本可以用来购买教育，从而获取人力资本。社会资本能带来知识和机遇，促进人力资本和金融资本的积累。

所有类型的资本都是可继承的，能够从父母传给子女，这一事实对社会固化问题有重大影响。父母能把金钱、资产和房产交给子女，也是子女的终身教师——是孩子的人力资本的第一个来源，也在决定孩子去哪里上学、学习什么和怎样学习时起关键作用。最后，同样不可低估的是，孩子生长的特定家庭和社群构成了他们社会资本的基础。父母自己的社会资本对他们的育儿行动同样有着影响，例如他们如何理解教育的价值，以及明白能做些什么来帮助孩子取得成功等。地理、收入、种族和文化等因素造成的同质性现象意味着，各种社群往往彼此隔离，并相当孤立，从而限制了信息流动，把社群锁定在各自的固有行为模式里。

各个社群高度集群化，使有钱和受过良好教育的人聚在一起，穷人和缺乏教育的人聚在一起。例如在伊利诺伊州的东圣路易斯和密歇根州的本顿港，拥有大学学历的人不到10%。而在新泽西州的上蒙特克莱尔和加利福尼亚州的帕罗奥图，有超过80%的成年人有大学学历。在克莱尔的家乡，内华达州的帕朗镇，25岁以上的成年人中仅13%拥有本科学历。[42]如果每七名成年人中只有不到一人上过大学，那里的很多父母和学生对如何申请大学以及如何支付学费缺乏了解，也就不足为奇了。另外，如果大多数上过大学的人是上的社区大学或者很普通的学校，像克莱尔那样的优等生也就很难结识了解名牌大学各种机遇的人士。

社群因为收入水平而高度割裂，随着收入差距拉大变得更加恶劣。1970年，有大约三分之二的美国人居住的社区，其中位数收入与全美中位数收入的差距在五分之一范围内。到2009年，该比率从三分之二下降至略高于五分之二。因此，大多数美国人目前居住的社区的中位数收入同全国中位数收入有显著差距。[43]

美国国会在1992年授权开展一项实验，对有关社区环境对家庭福利的影响开展研究。该研究的核心部分被称为“奔向机会：公平住房”（Moving to Opportunity for Fair Housing）项目，选取了美国各地（巴尔的摩、波士顿、芝加哥、洛杉矶和纽约）的4 600个公共住房家庭作为样本。这些人被随机分为三组。有的发给代金券来支付房屋租金，条件是在贫困发生率较低的社区使用。因此这个组别的人为了使用代金券，不得不搬到较为富裕的社区。还有些人获得的代金券则可以在任意地方使用，可以留在原来的社区。剩下的组别则没有发给任何代金券，作为观察对比的控制组。

“奔向机会”研究项目在1994年和1998年开展，当时考察的儿童如今已成人，因此我们可以看到他们的生活有哪些改变。实验的影响非常显著。[44]搬家时年龄最小的孩子所受的影响最大。拉贾·切蒂（Raj Chetty）、南森·亨德伦（Nathan Hendren）与拉里·卡茨（Larry Katz）把“奔向机会”项目中各组家庭的信息与后来美国国税局（IRS）的纳税信息结合起来，分析儿童成长的环境如何影响他们的收入与生活。结果发现，对于在13岁以下迁往较富裕社区的儿童来说，他们在二十多岁中段的收入水平相比没有得到代金券的控制组的儿童高出约三分之一。对搬家时年龄为8岁的儿童而言，代金券带来的收益会使其终生收入增加约30万美元。搬家的儿童上大学的可能性提高了约六分之一，所上的大学排名明显更靠前，他们后来居住在贫困社区或成为单亲父母（在生孩子的时候）的概率也更低。

你或许会认为，最幸运的家庭是那些能够任意使用代金券的。但其中许多人只是用代金券来抵扣原来的租金，并没有搬家。他们由此省下的钱有好处，可是并没有像搬家那样给孩子的生活带来巨大影响。收益最大的家庭是被要求在贫困率较低的社区使用代金券的组别，获得代金券却不要求搬家的组别出现的收入效应仅为前者的一半左右，而且后者中的很大部分收益其实是来自他们中间选择了搬家的家庭。最突出的一点是，搬家时年龄较小的儿童受到的影响明显更大。[45]

“奔向机会”研究项目用极为直观的方式证明了许多社会科学家及其他人数十年来的猜想：邻里社区有着至关重要的影响。[46]

工作网络与社会资本

从获得工作机遇的角度考察社会资本，也显示了社会固化现象。由此能帮助解释，为什么即使从同一所大学的同样专业毕业后，来自低收入和高收入家庭的孩子的未来收入潜力仍会有所差别。英国近期开展的一项研究提供了某些量化根据。[47]在不考虑学生上哪所大学时，高收入与低收入家庭出来的大学毕业生的中位数收入有25%的差距。如果是上同样大学和同样专业的学生，该差距将缩小至10%。因此，大约有五分之三（即25%中的15%）的家庭背景收入差距是因为学生所上的大学和所学的专业不同，剩下的五分之二（即25%中的10%）则缘于家庭背景在学生毕业后产生的影响。[48]

理解这一差距的顽固性的关键在于：人际网络和社会资本在决定谁得到何种工作及何种待遇中的重要性。

有位人力资源顾问这样讲："在企业招聘负责人中间，来自互联网求职网站上的随机申请者有时被称为'荷马'（Homers）——借用无精打采、不停吃坚果的漫画人物荷马·辛普森（Homer Simpson）。最令人满意的求职者则被称为'紫松鼠'（purple squirrels），因为很难找到，往往是推荐而来。"[49]看得出，在没有某些关系时要找到任何工作的机会都是很低的。

想找份面包店的工作吗？下面是一位面包师的想法："我们将给走进店来的任何人一份求职表，但雇用他们的可能性极小，因为我们并不了解他们……我们不愿意随便在大街上雇人，因为我有过很多糟糕的经历。对所有族裔都如此，包括美国白人在内……这并不重要。"[50]

你或许只想到一家回收中心干点物品分类的活，找这种工作总不需要什么人际关系吧。但请看看下文再考虑："我们基本上只靠口碑介绍招人。我有两个伙计，其他人几乎都是他们带来的，全都是非熟练工。他们带来自己的朋友、表亲、叔叔，等等。我另外从街上招过大约五个人，但只有两三个干了并不长的时间。我们有一个正式的求职程序，不过那只是为了保存记录。”[51]

如果你曾经因为找工作苦恼过，那并不奇怪。离开神通广大的朋友或家庭，在任何行业立足其实都不容易。对人们如何找工作的第一份详细研究发表于 1951 年，作者是乔治·舒尔茨。[52]在他访谈过的纺织工人中，有超过一半是通过朋友介绍找到工作的。[53]为了证实这不是纺织业特有的现象，舒尔茨还考察了多种职业的人找寻工作的情况，[54]发现对秘书、门卫、叉车司机、电工及其他很多职业而言，50% ~ 70% 的人是通过朋友关系找到工作的。

后来的研究也证实，在从低技能岗位到管理职位的多种职业类型，以及全球各地，都有相当高比例的工作是通过朋友或熟人关系找到的。在与现职员工没有任何关系的情况下获得某家企业的工作机会，更像是意外，而非惯例。[55]

无论你喜欢与否，你的命运同自己的朋友都是紧密交织的。他们如果境遇不错，就能给你提供帮助。他们如果陷入失业，你也会不走运。大约 15 年前，我和托尼·卡尔沃 – 阿尔门格尔便着手研究这一现象：有关工作的信息与人际网络密切相连，这一事实对就业和工资状况以及接受教育和留在劳动力市场的决策有哪些影响？[56]拥有更多职业发展良好的朋友能在多个方面给你提供帮助，会增大其中某人听到职位空缺的消息并将其传播过来的概率，继而增加你找到一个非常适合自己的职位的机会。

要感受这种意外之喜如何从天而降，我们可以设想一个简单的场景。假设你获得的每次工作面试都有 50% 的机会达成很好的匹配，带来工作邀约。出于场景描述的需要，再假设如果某次面试不成功，下次的成功概率依旧为 50% 。如果你只有一次面试，则获得职位的概率为一半。如果有两次面试，则获得职位的概率提高到四分之三——只有当两次面试都不理想（其概率为四分之一）时，你才会两手空空。如果有三次面试，成功概率将为八分之七；若有四次面试，成功概率将为十六分之十五。每增加一次面试的附加效应为前一次的一半，这是收益递减现象，后来增加的面试带来的好处有限，但最开始的几次却有着相当大的影响。

影响不只是获得工作的机遇，还涉及工资水平。我们可以假设，如果你得到了多个工作邀约，你可以选择薪酬最高的那个。再假设你可能获得的职位中有一半对你是大材小用型的，只能提供每小时 15 美元的报酬，另一半则与你的技能很匹配，能提供每小时 20 美元的报酬。这样，如果你最后获得了一个工作邀约，预期工资水平将为两者的平均数，即每小时 17. 50 美元。而如果你获得了两个工作邀约，则有四分之三的机会是其中一个能提供每小时 20 美元的报酬。如果是三个工作邀约，概率还将提升至八分之七，等等。所以你的朋友越多，不仅找到工作的机遇越大，而且得到好工作和高工资的概率也越高。

需要注意的是，一个朋友并不等于一次面试机遇，因为不是你认识的每个人都碰巧有职位空缺的线索。一次面试也不等于 50% 的机会找到工作。而这些条件意味着网络的重要性比上述的简单测算更为突出，得到一份工作可能需要几十个愿意在有机会时给你提供帮助的人际关系，得到高工资的理想职位则可能需要更多。

结论应该并不令人意外——你的人际关系越多，参与的面试越多，你找到工作的概率与预期工资水平就越高。[57]有更多职业发展良好的朋友，你找到好工作的机会就越高，在你对当前职位不满足时换到好工作的机会也会越高。

以上规律有着广泛的影响。例如，朋友的职业发展状况会形成关联关系。我们可以分析两组不同的人群，其中一组的就业率较高，当其中有人失业时，他的许多熟人可能带来面试机遇。另外一组就业率较低，当其中有人失业时，能提供帮助的熟人较少。前一组别的人在失业后会有更大机遇找到新工作，也会有较高的平均工资。而我与托尼的研究确实发现，当存在高就业和低就业两个组别的人群时，前者会获得更大的职业优势，并且差距会拉大。这一动态作用导致了偏离平等的趋势。在职位信息通过人际网络传播时，朋友的就业状况会形成关联：不同组别的朋友在总体上有高就业或低就业的倾向，然后通过反馈作用使各个组别走向更大的极端。[58]

虽然这个逻辑看似合理，最后也得到了证实，但要确认人们的就业状况与自己朋友的就业状况存在关联是源自就业信息的网络传播，却相当不容易。你的就业状况与朋友存在关联，并不足以说明这是因为网络效应。经济学家是吹毛求疵的人，他们想找到铁证。为什么这种相关性不足为证呢？你的朋友并非是从人群中随机抽取的，例如，有可能是勤劳可靠的一类人容易彼此结为朋友，而不够诚信、喜欢偷懒的一类人容易相互结交。是因为这种同质性使得结为朋友的人群在就业与工资方面存在相关性。

如果我们能够测算随机形成的朋友关系对就业的影响，那就能获得人际关系导致朋友之间的就业与工资存在相关性的实际证据。但在哪里能找到这种随机形成的朋友关系？经济史学家罗恩·拉谢弗（Ron Laschever）想出了一个绝妙的主意：他分析了一次征兵令的影响，法令把许多人分成了比较小的群组，在较长时期共同生活，并结成了牢固的友谊。

美国在加入第一次世界大战时，高度依赖征兵令来补充军队。1917 年春，美国陆军仅有不到 30 万人，到 1918 年后期其编制已超过 400 万，其中有近 300 万人是征召入伍。这些士兵被随机分配到百人一组的“连队”，这些步兵在服役的两年之中，所有时间都将在连队度过。[59]他们一起训练，一起调动，一起参加战斗，并且生死与共。由此结成的人际纽带是强烈而持久的。十年之后，他们依然与连队战友有着高度的依赖性。拉谢弗发现，之前的连队战友在1930年的总体就业率每提高10%，某个士兵的就业概率就会提高4%。这样的影响不容小觑，虽然不是一比一，但依然有40%的影响力。此外，该影响只是之前的连队战友带来的，并未考虑某个士兵的家族和其他朋友关系。需要提示的是，这里发现的影响只存在于士兵同自己所属连队之间，从而表明那只是连队战友之间的关系所致，而非军事因素或士兵其他背景的影响。某个士兵的就业状况与同期组建、有着类似人口特征的其他连队的就业率无关。因此，士兵的就业状况明显依赖于他的战友的处境。

军队不是唯一对人们进行随机分组的组织，大学生也用随机方式分配宿舍。大卫·马尔马洛斯与布鲁斯·萨塞尔多特就借用达特茅斯学院对新生的随机分配来观察他们在四年后的就业率存在何种纠缠关系。[60]该研究不仅考察了学生是否获得就业，还涉及其工资水平。在毕业时，学生的就业状况与第一学年以来处于相同宿舍楼的伙伴的就业比例存在关联：把同宿舍伙伴的状况从失业换成就业，会使一名学生的就业概率比平均值高出24%。还有，相对普通学生的水平而言，同宿舍伙伴的收入每增加1美元，会使学生的收入提高26美分。因此同宿舍伙伴的状况对一名学生的就业和工资水平大约会产生幅度为四分之一的影响。

对以上效应的估计值其实是人际网络在就业中的重要性的下限，因为只考察了特定的朋友群体：军队的战友和大学的伙伴。随着年岁增长，我们的熟人名单会变得非常庞大，最终我们会通过不同方式结识数以千计的各种人物。事实表明，哪怕萍水相逢也可能发挥作用。曾在中学历史课上坐你旁边的某人，碰巧在上月和你重逢，听到你在换工作，然后他就安排你和新的雇主会了面。我们的少数人际关系较为密切，我们对这些人非常熟悉，可以在大多数情况下寻求其帮助，并经常同他们交流。其他人际关系则属于多种类型：偶尔联系、可以在需要时寻求帮助的发小；曾有共同经历但往来不太多的同行和泛泛之交；远房亲属；朋友的朋友……其中许多是比较弱的关系：我们认识的某些人，可以打探些消息或帮点小忙，但交流并不频繁，或者经常见到，互动却较为有限的人。

关系紧密与关系疏远的区别，是过去半个世纪以来社会科学研究中最有影响力的一个研究项目的核心内容。[61]马克·格兰诺维特分析了有关工作职位的信息在马萨诸塞州阿姆赫斯特市的一群人中如何通过紧密或疏远的人际关系进行传播。[62]他发现，仅有六分之一的职位信息是通过紧密的关系传过来的，其余是通过一般或疏远的关系，并且有超过四分之一是通过较疏远的关系。

我们已经知道，密切的人际关系可能更具同质性（对比图 5.3 和图 5.4 可知）。[63]我们最密切的朋友往往是跟自己最像的人，跟自己住得近的人，与自己一起学习和工作的人。这意味着他们或许掌握着对我们最有用的信息，因为大家有相似的背景与兴趣。然而，这同时也意味着我们或许已知道了他们掌握的信息。相反，较为疏远的关系往往是在地理上或类型上同自己相距较远的人，这些人提供的信息更少和我们重叠。尽管我们跟他们交往不那么频繁，但这种人际关系非常多，最终也会形成一个极为庞大的信息来源，尤其是通过其他渠道不易获得的信息。

虽然一个紧密的关系依然可能比一个疏远的关系更有用，[64]但偶然结识的人与以前的同事仍可以大有帮助。玛丽·拉兰内与保罗·西布赖特跟踪了欧洲和美国 5 064 家公司的 22 389 位高管人员的薪酬组合同人际关系网的联系。[65]他们测算每位高管人员有多少前同事如今身居要职。如果你曾经与约翰和艾利森共事，如今艾利森已成为某家公司的高管，而约翰赋闲在家，则把艾利森统计为一个有效的人际关系，约翰不算。其中某些人际关系较为紧密，但大部分较为疏远，只是与你在同一家企业在同一时期有过交集而已。这些人际关系只是你人际网络的一部分，并不代表整个网络产生的效应。然而这些关系确实代表与你有着相似职业背景的人，也最容易带来相关的职位信息。该研究针对的网络中的典型（中位数）高管人员有超过60个有效人际关系，其中人脉最广的有数百个甚至更多。研究表明，在其他各种条件相同时，如果把人际关系数量处于中位数的高管与处于75百分位的高管进行对比——即一位有60个有效人际关系，另一位要多出几十个——会发现人际关系更多的高管的薪酬要高出20%。

该研究还表明，人际关系与薪酬的相关性男性明显高于女性：人际关系越广泛则薪酬越高，在男性中表现更为突出。这或许有助于解释，尽管女性的平均受教育水平略高一点，但男性的工资却比女性高出四分之一以上。[66]该现象同关于女性在接受推荐时处于不利地位的其他研究结论一致。如洛里·比曼、尼尔·凯勒尔与杰雷米·马格鲁德在马拉维开展的一项研究就发现，男性通常会推荐其他男性从事某项工作，即使他们知道有些女性也足以胜任；而女性推荐其他女性的倾向性则不足以抵消上述效应。[67]

很容易看出这种倾向可能带来多大的影响。我们设想某个职业的男性从业者多于女性，于是男性和女性员工的前同事都将主要是男性。性别上的同质性也意味着，男性员工更容易彼此保持联系，而女性更多同女性交往。虽然在一段时间后，男性员工与女性员工各自的前同事数量会差不多，但因为其中大多数可能是男性，所以由于同质性的影响，女性与发现工作机会时能够推荐她们的人联系更少。在较高的管理职位中，男性占据更为明显的多数，这种偏向性可能有更大的效应。正如在上文的简化案例计算中，多几个工作机遇就可能导致工作性质和薪酬出现相当大的差异。

为什么雇主对推荐那么着迷呢？如果他们能够从所有申请人中选拔最好的人才，则可以消除人际网络给劳动力市场带来的众多扭曲。在更为广泛的申请人群体中肯定有珠玉之才，为什么只限于去招募现任雇员的朋友熟人？

同质性除了帮助我们在人际网络中导航以外，也会帮助雇主寻找有特定才质的雇员。假设你经营着一家企业，需要雇用某些能在夜里和周末上班的人，或者需要喜欢出差并能讲西班牙语的人，或者需要一位了解某些类型的数据库的程序员。如果你已经有某些正在承担这些职责的雇员，那么同质性现象告诉你他们很可能有某些与自己特征相似的朋友。你的现任雇员的朋友很可能属于可以填补你的职位空缺的人。要找到一位能设计某种类型的软件的程序员，还有谁比已经在使用相关软件的现任程序员更能提供帮助呢？他们不但认识那些能够胜任的人，还非常清楚空缺职位的具体要求。而对于你的招聘广告的随机申请人——前文提到的“荷马”——能够恰当满足职位要求的可能性则小得多。

当你因为信用卡的问题给客服中心打电话时，跟你通话的人可能正在繁忙的轮班当中。你是她在一个月里要应付的大约 5 000 个来电之一。找到和留住能处理这类来电的员工是个挑战。当客服中心找到合适的员工后，让他们推荐自己的朋友是继续寻找新员工的不错方式。事实上有研究发现，同质性现象非常明显，由现任员工推荐的人选在性别、教育、前任和现任工作任职期、之前和现有工资水平上都同这些员工很相似。[68]所以并不奇怪，这些被推荐者获得工作的机会几乎是其他申请者的两倍（11.9% 对 6.7%）。他们不仅更容易得到面试机会，而且在面试后被录用的机会也高出 50% 以上。另外，企业为得到他们在面试和其他招聘成本上平均要节约 400 多美元，对推荐他们的员工给予的奖励则仅为 250 美元。[69]

来自雇员和其他关系人的推荐还包含了应聘者的可信度与其他个人特征。斯坦福大学经济系每年都会招募新的助理教授，我们的一到两个职位会收到四五百个申请。有些申请人缺乏某些基本条件，很容易淘汰，但通常而言我们依然需要从上百名申请人中找出最有可能取得成功的极少数几个。他们是否勤奋并富有创造力？他们能否同其他人友好合作？他们能否胜任教员或导师的岗位？这些问题的答案很难从应聘者的简历乃至论文中找出来。推荐信很关键，但你能相信其中的内容吗？

为测试推荐是否传递了雇主难以从简历中发现的应聘者的潜在业绩信息，阿曼达·帕莱斯与艾米丽·桑茨利用一家在线工作网站做了招聘实验。[70]他们发现被推荐的员工业绩更好，任期更长，而且超出他们的简历所反映的预期：某位应聘者受到推荐，这个事情本身就意味着他的工作业绩很可能超出那些有类似特征却无人推荐的人。[71]

我们再进一步思考就业对于人际网络的严重依赖。如果你生长于加利福尼亚州的斯科迪亚镇（Scotia）——一个由太平洋木业公司开发起来的小镇，假如你后来并没有以某种方式进入木材产业，那会出人意料。如果你生长于纽约市，那么你后来从事了木材产业才会令人惊讶。对于就业的这种区域同质性影响，在中国表现得或许最为突出，那里的人际网络可以沿着家庭、家族和社群的边界牢牢划分。即使在人们搬迁后，同质性效应依旧会延续。例如，数码打印和复印在中国是个较大且重要的产业，给全国乃至全世界印刷各种类型的文件。那么无论在中国哪里，是什么人在经营和维修这些庞大的机器呢？根据有关研究（谭同学，2016，第 57 页），这些从业者中超过 90% 来自湖南省新化县，超过四分之三来自洋溪镇和槎溪镇。该研究指出（第 60 页）：“首先，在雇用其他技工时，通常也是兼任技工的经营者会着重考虑自己的近亲和朋友。因此会优先招募来自同一家族和有联姻关系的人。然后再招募远亲和普通的老乡。”同样的道理适用于招募学徒，以教授某些业务。技工还依靠人际网络获取廉价的配件，听取维修建议等。

反馈与行为模式的持续差异：社会中的拔河现象

人际网络在提供工作机遇上的作用还会给决策带来更普遍的互补性。如果我的许多朋友脱离了劳动力市场，我也会更难找到一份好工作，甚至很难找到任何工作，而更容易去做非法工作。他们的退出还会给我启示：干非法工作或许是自己的最佳决定。这些朋友甚至可能直接迫使我去追随他们。

来自父母、同伴和社区的所有这些力量会导致连锁行为，正如我们在关于扩散与传染的讨论中看到的一样。当我们把这些力量与地理和人口上的同质性结合起来时，会发现有趣的扭曲现象，由此导致的传染行为与之前所见的更纯粹的网络传染大为不同。

传染病可以跨越社会网络中的分明界限，这在封建社会尤其突出。贵族的生活与农民截然不同，在教育、饮食和财富上差异悬殊。然而疾病在蔓延的时候却不知道这些边界。即使是不同阶层之间的有限几次接触，也足以让疾病传播到社会的所有阶层。在 18 世纪的天花暴发中，与大量臣民一起归西的君王家的名单让人触目惊心：西班牙国王路易斯一世（1724 年）、俄国沙皇彼得二世（1730 年）、摩纳哥王妃路易丝·希波莉塔（1731 年）、法国国王路易十五（1774 年）、巴伐利亚选帝侯马克西米利安三世（1777 年）、英国王子艾尔弗雷德（1782 年），等等。[72]

相比之下，某人是否想上大学这类决策主要是受身边众人的影响，结果也更像拔河比赛。只遇到一个上过大学的人，并不足以让你明白那是怎么回事、如何申请以及获得足够的学习动力。我们的许多决策最终是由自己最熟悉的领域以及对自己影响最大的人主导的。这跟疾病传染不同，只需要遇到一个携带天花病毒的人就足以让你感染。

因此，许多疾病能轻松跨越社会界限，受人际交流强化和推动的行为模式则不然。

最突出的一个案例，可以参看我与托尼·卡尔沃-阿尔门格尔研究过的在某些场合颇具代表性的“退出游戏”（drop-out game）。[73]该游戏很简单：某人将决定是留在学校还是退出学校（也可以是决定上大学或者不上大学，犯罪或者不犯罪，等等）。最关键的设定是，当此人的朋友中有一半以上退学时，他也会决定退学。这就是社会拔河比赛：人们最终会被拖向大多数朋友站的一边。另外为加入重要的同质性现象的影响，我们再假设存在两类人：分别由图6.9中的实心圈和空心圈代表。实心圈的人通常与实心圈的人做朋友，空心圈的人则更多结交空心圈的。

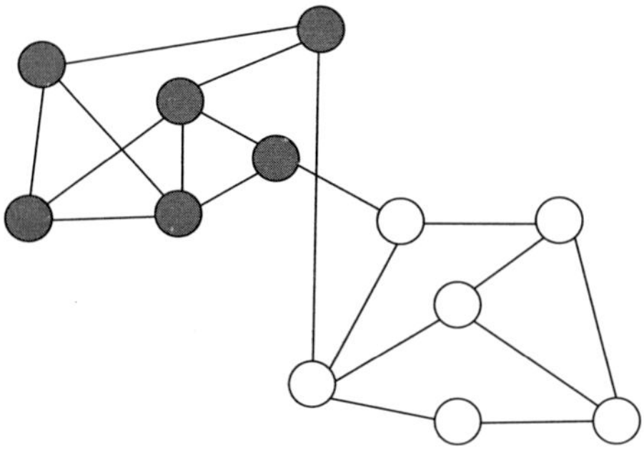

图6.9　同质性与退出选择。有同质性特征的社会，空心圈的人大多数朋友是空心圈，实心圈的人大多数朋友是实心圈。

我们来看，当空心圈的人中间有两个人退出时，会发生怎样的进程。图6.10显示了连锁行为变化会如何传染到所有空心圈的人，然后停下来，不会影响任何实心圈的人。同质性在这里发挥了防火墙的作用，让人类网络中的不同部分呈现截然不同的行为模式。

要分析同质性对于退学行为在空心圈人群中传播的重要性，我们对网络略做调整，增加了跨类型人际关系，使退学现象更早停止下来。如图6.11所示。

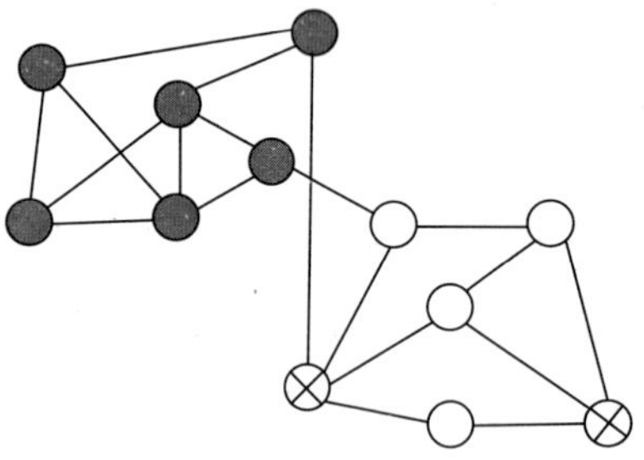

（a）空心圈的人有两个退出。

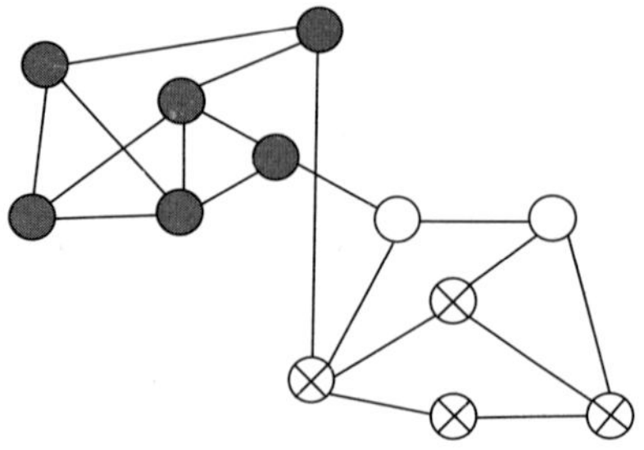

（b）中间的两个空心圈的人的大多数朋友退出，所以他们也随之退出。

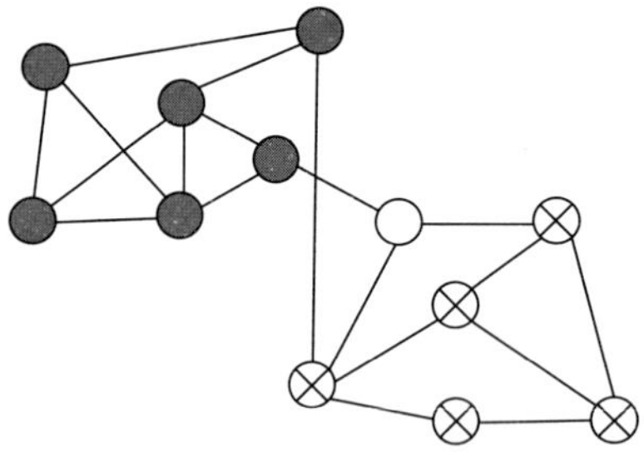

（c）右上角的空心圈的人的大多数朋友退出，她也随之退出。

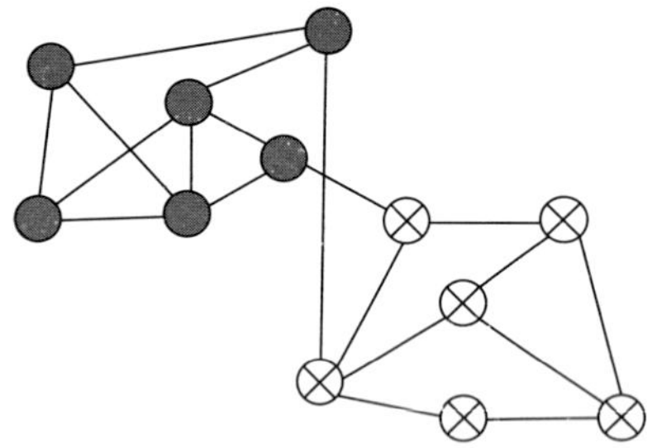

（d）最后一个空心圈的人的大多数朋友退出，他也随之退出。由于同质性的存在，退出过程到此停止。

图6.10　连锁的退出决策。从两个人的退出开始，每个人都选择大多数朋友的选项：如果大多数朋友退出，自己也随之退出；如果大多数朋友留下，自己也选择留下。

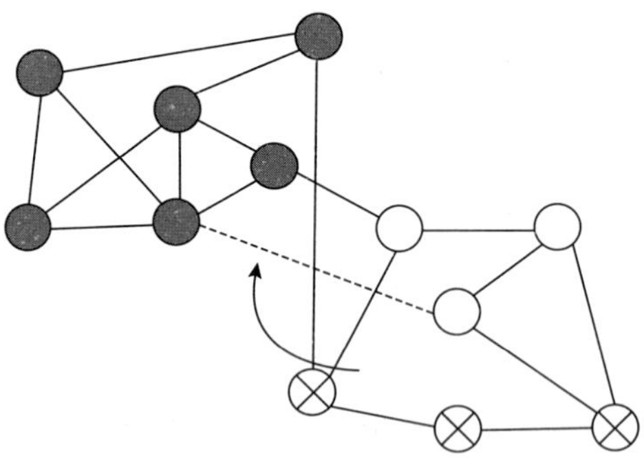

图6.11　同质性与退出选择。减少同质性可以阻止行为模式的传播。两个空心圈之间的一个关键连接被调整为一个空心圈与一个实心圈之间的连接，行为模式的连锁传播因此停止下来。

尽管该案例属于特别设定的类型，还是很容易看出图6.9到图6.11的逻辑如何能推广到更普遍的场景。虽然同质性现象很少能减缓疾病蔓延，但它却可以阻止行为模式的传播。同质性让界限两侧的群体出现了不同的习俗和行为模式，无论是关于选择何种投票、是否遵守某些宗教信条，以及是否接受大学教育等。[74]这些简单的力量，加上我们在同质性中看到的基于种族、收入和种姓界限的强烈分隔现象，足以解释教育选择中出现的很大部分相关特征。[75]另外，同质性不但影响一个学生是否会上大学，还关系许多相关行为，如他们在学习上花费多少时间，在教室里有多专心，在自由时间做些什么，以及未来会选择从事何种职业等。

摆脱：网络分隔、社会固化与不平等现象

不平等与阶层固化就像社会的癌症。我们可以用税收或收入再分配等措施来处理其症状，然而这只能帮助缓解，却无法拔除病根。幸运的是，固化和不平等比许多癌症更容易诊断。但与癌症类似，它们是由多种（往往还相互作用的）因素所致的。弄清楚致病原因有助于我们寻找治疗方案。根深蒂固的同质性现象，以及信息和机遇在人际网络中的流动，是教育投资、社会固化和不平等背后的基本作用力。

那么对网络的思考能给治疗带来何种启示呢？让我们首先来排除那些不起作用的因素。

根除固化和不平等的一个激进做法是，取消私人财产，组织公社，就像以色列在20世纪30年代和40年代建立的基布兹集体农场那样。我的同事拉恩·阿布拉米茨基一直在研究以色列集体农场的演变以及建立这种完全平等社会面临的挑战。[76]虽然这类农场在意识形态上有不同来源，但许多主要创建者和早期成员都是来自东欧的犹太人，有着较强的马克思主义倾向和实现完全平等的理想。这样的组织中没

有私人财产所有权，一切收入都由集体分享，成员在公社食堂吃饭。甚至儿童也是共同抚养，与父母分开居住，以便让女性摆脱过重的照顾孩子的负担。儿童会受到利他主义、团结合作以及集体主义和社会主义的教育。在基布兹农场发展巅峰期，即以色列建国之后的头一个十年，全国有超过5%的人口居住在此类组织中。许多农场处在对捍卫以色列国家安全至关重要的地理位置，它们不仅给组成新定居点的人们提供了急需的安全网，还关系新生国家的安危。例如，大量新成员在适应当地环境时染上了疟疾，是集体组织维持了他们的生计。在20世纪50年代和60年代，基布兹农场属于以色列经济中生产率最高的部分之一。

可是80年代后，基布兹农场在相对人口占比上持续下降。到2000年，全国仅有2.5%的人口居住在此类组织中，同时还经历了人才外流：受教育程度最高的成员的退出速度远高于新加入的速度。新成员大多数是在基布兹农场出生长大的，外来者的教育程度则较低。某些农场的职业素养也在下降。在完全依赖成员意识形态与利他主义精神的平等体制中，缺乏努力参与和工作的内在激励。随着最有工作效率的成员的离开或松懈，某些基布兹农场遇到了财务危机。它们不得已放弃了完全平等主义，某些农场还制定政策，允许成员保留部分收入并拥有私人财产，只有部分收入用于集体分享。许多农场甚至把医疗和教育服务外包。到2004年，仅有15%的基布兹农场是采用完全合作制。

基布兹农场的变化还可以从更大规模的其他共产主义体制上看到，例如苏联和中国向市场经济的转型，它们这样做不仅是因为要唤醒激励，也缘于维持庞大的计划经济遭遇的组织难题。显而易见，在平等、激励与生产效率之间存在权衡取舍。市场经济体制在配置产品和服务以及提供创新和增长激励上的巨大优势，意味着大多数人在解决不平等和固化问题时，必须采用不同于消灭私有财产与建立公社的手段。

因此，我们也必然面对某些难以阻挡的趋势。技术进步将持续取代低技能和中等技能的劳动力，增强高教育和高技能人群的权势和影响力，将其余的工人推向不需要多少专门训练、日益枯燥乏味的岗位。此外，由于市场已经全球化，在未来几十年里全世界将有更多人脱离贫困，获得更好的教育。对任何有心人而言，中国的大学在质量和规模上的突飞猛进都值得钦佩。一国人口结构的巨大变化，例如印度和中国各种技能层次劳动力供给的增加，将具有国际性的广泛影响。认清此类现实，将给我们带来若干结论和启示。

各国政府总是试图用贸易壁垒和移民政策来支撑国内产业的劳动力需求。但由于导致低技能劳动力被替代的主要因素是技术，此类政策很难刺激就业，并可能导致灾难性的间接伤害。本书第 9 章还将对此展开讨论。[77]

因为至少在短期内不可能让所有人都接受高等教育，这将导致劳动力与政治领域的极端化更趋严重。

在这方面，历史只是刚拉开序幕。整个 19 世纪到 20 世纪早期，随着农业劳动力的减少，义务教育相应扩张，要求一定年龄以下（大多数国家是 14 ~ 18 岁）的儿童必须上学。由此带来了文化程度更高的国民和更有适应力的劳动力，更能满足对白领岗位与素质要求较高的蓝领岗位的需求增长。[78]例如，有研究发现（Chen et al，2015），教育普及和相关政策曾在 20 世纪 50 年代极大地提升了中国的社会流动性。然而近期以来，教育收益更多集中到较高的阶层，因此教育计划的广泛性非常重要，需要普及全部人口。当前的技术变革正在把技能回报推向高得多的层次，这意味着各国应该向更高水平的教育投资，以顺应技术的进步。展望未来的星际旅行时代，劳动力或许将重新配置到我们难以想象的用途上，哪些领域需要何种技能和教育是当前无法预见的。

为解决高技能和低技能劳动力的过大收入差距，给较低收入阶层提供某些支持是必需的。这里的好消息是，当今世界相比过去来说空前繁荣，卓越的技术进步带来了足够分享的丰盛产出。芬兰等国家已经在尝试一种激进做法，随机挑选出数千名失业国民，发给他们现金和福利，无须任何条件要求。这些受益者不需要维持失业状态，或者证明自己在找工作，或在哪些项目里做了登记，他们可以无条件得到现金。这一"全民基本收入"的设想已获得更多人推动，类似实验即将在加拿大、印度、肯尼亚与荷兰等国，乃至加利福尼亚州的一家私人企业中开展。[79]这是一项试图解决不断加剧的劳动力两极化问题直截了当却充满争议的政策措施。[80]

不管全民基本收入计划的成败如何，此类政策依然没有解决社会固化现象背后既不公正又损失效率的机会不平等问题。该问题在很大程度上可以通过这种或那种方式回溯到同质性现象。由于父母及子女的信息和机遇受到同质性效应的限制，缺乏大学教育经历、与知识人群联系较少的低收入家庭对教育的投资普遍不足。另外我们已经知道，同质性会带来各种类型的反馈效应。机遇及其相关知识的稀缺会进一步限制社群的资源接触和信息。网络中的反馈还会导致社群的就业与工资水平出现相关性，以及其成员在人力资本投资、职业选择和退出等决策上表现出相关性。

那么，我们该如何克制同质性的有害效应呢？要从根本上改变人们的社交网络可能会是场败仗——你可以提醒大家关注同质性问题，引导网络往良性的方向发展，可是大规模的社会工程改造在历史上留下的多数是灾难；另外你也不可能让每个人都"奔向机会"。但无论如何，通过提供短期迁移来建立更多人际联系依然能产生效果，尤其是因为较弱的人际关系同样具有价值。

更直接的解决办法是抵消同质性产生的作用：给缺乏信息和机遇的地方提供这些资源。信息成本很低，并可以发挥极大效用，这就像预防药物一样，能够节省后期的巨大成本。帮助人们了解某些行动的重要性，并时不时地提供有力的助推，可能带来惊人的成就。[81]比如让父母了解早期教育的意义以及如何帮助孩子学习，就是个容易启动的出发点。信息和行为模式通过人类网络传播，表明反馈能产生效果——信息越多，也就越容易扩散。还有，消除妨碍低收入家庭在职父母花时间关心子女的障碍，如提供平价的幼儿园服务和便利的课后培养项目，同样行之有效。此类措施的影响已经有事实提供佐证：四岁的美国孩子在政府资助的幼儿园上学的比例自 2002 年以来已翻番，高收入与低收入家庭在入学前准备方面的差距也正在相应缩小。[82]

下一层次的信息则涉及高等教育和职业发展的机遇。克莱尔的故事说明，许多高中生缺乏对他们社区之外的世界的基本认识。有研究发现，从多米尼加到马达加斯加，让这些学生了解教育的价值将提升他们的出勤率和成绩。[83]提供某些基本信息，再辅以一定的训练和监督，还能鼓励来自低收入家庭的学生上大学。斯坦福大学学生杰弗里·里尔的父母连高中都没有毕业，他过去以为上外州的大学都会非常昂贵，直至受邀参加一次讨论会之后，他才听说了财务资助的事情。当时由彭博慈善基金会支持的“美国人才计划”让杰弗里同威廉姆斯学院的一名学生取得了联系，后者帮助他完成了论文和申请。正如杰弗里所述：“如果这里能够有更多低收入家庭的学生，那将非常伟大，因为它可以证明我们能做得与其他学生一样好。”[84]只给高中学生提供信息的作用有限，因为仅仅告诉一个十多岁的年轻人为改变未来需要做些什么，并不意味着他们肯定会采取那些必要的行动，特别是当周围没有其他人那样做的时候。[85]在对杰弗里的援助上，那位提供辅导的大学生似乎发挥了关键作用。此类帮助还可以通过网络反馈来放大：如我们的退出游戏所示，人们往往会随大流采取行动（本书第 7 章和第 8 章还将展开这一话题）。与简单地提供某些信息、在这里或那里给个别学生提供帮助相比，集中力量让群体改变行为模式能产生大得多的杠杆作用。随着更多来自低收入社区的学生被吸引加入，可能导致其数量进一步增长。由此带来的流动性提高不仅能建立公平竞争环境，还可以促进生产效率。

总之，鉴于高技能劳动力的收入溢价与不平等造成的成本越来越高，最有前途的国家显然应该有最高的教育水平和最低的社会流动障碍。技术变化将不利于那些有大量只能选择低技能岗位的劳动力的国家，把它们抛在后面。[86]给位居收入分配各个层次的人都提供教育将成为关键所在，无论他们是来自加尔各答的贫民区、蒙古的乡村，或是芝加哥的贫困社区。增加社会流动性不仅能尽到提供公平机遇的道德义务，还可以降低未来在医疗、福利和执法上的成本，并且促进经济效率，这对抑制不平等扩大和维持经济增长至关重要。人类网络带给我们的主要启示之一是，决策、机遇和结果在社会的网络连接中有着多么紧密的结合。它们之间的互补性表明，各种政策的精心协调有巨大好处，不要只是随机地去帮助个体，而是应该充分发挥互补性的作用。与其在两个社区中各自选择帮助一个人，不如给同一社区的两个人提供援助，后者可能有助于越过带动其他人开展行动的临界值（详见本书第 8 章的阐述）。理解社会网络互补性的本质，会给我们带来政策上的根本转变，不同于过去那种只瞄准特定类型的群体，而不考虑其网络地位和辐射影响的方式。

第7章

集体的智慧及愚蠢

导读

◎人与其他物种的真正区别在于：我们能理解抽象概念并以此相互沟通。但这种特有能力是把双刃剑。我们学到的既有事实，也有谎言，既能取得了不起的文明进步，也能因此铸成大错。

◎人类群体可以展现出非凡的集体智慧，民主决策可以充分抵消个体差错。今天的互联网投注市场对于政治竞选和体育比赛的结果往往有惊人的预见性。

◎我们从社交网络中获取信息，相互交流，形成观点，也把自己的信息和观念反馈回网络，循环迭代。但回声、重复计算、同质性会带来系统性偏差。

◎网络结构失衡时，人们对小团体过度关注，因此形成“个别人物法则”。互联网时代信息极大丰饶，但严谨的新闻调查的激励被削弱，假新闻泛滥成灾。

◎现代社会网络以空前的广度和速度相连，但涉及价值判断的学习过程却高度取决于重复和惯性，同质性和选择性关注把不同人群隔离在不同回声仓里，日益两极分化。

人类和其他物种的区别到底是什么？许多生物有着复杂的社会组织，多达千万亿的蚂蚁在全球占据着构造精密的栖息地，[①] 有竞争性母系层级结构的斑点鬣狗则是塞伦盖蒂草原中最令人好奇的物种。人类并不是唯一会使用工具的生物。动物学家珍妮·古道尔观察到黑猩猩利用草叶把美味的白蚁从其巢穴中“钓”出来，由此打破了过去的定义。我们甚至并非唯一懂得教育后代的物种。猫鼬会精心教育幼崽如何对付蝎子，首先让它们玩弄死蝎子，然后应付没有毒刺的活蝎子，最后再用正常的活蝎子加以操练。另外，猫鼬在教育中还有合作，负责培训幼崽的不只是其父母。人类同样不是唯一用声音开展相互交流的物种，大象、鲸鱼、鸟类及其他许多物种身上都存在各种重要的沟通方式。

如果其他物种也有着精巧的社会结构，在养育和训练子女上相互协作，能够相互交流和使用工具，那有什么让人类卓尔不群呢？答案在于我们能够理解抽象概念，并以之与他人沟通。我并非生活在17 世纪的中国，但我相信当时在那里确实发生过农民起义。我永远不能完全证实这件事情发生过，因为所有的证据都来自人工遗物、写作、历史记述和研究。我可以阅读关于这段历史的资料，同研究过那段时期的中国史专家深入交谈，但我绝不会有当时的任何亲身经历。不管怎样，通过能得到的各种信息，我可以了解很多相关内容，因此对当时的基本事实有相当大的把握。同样，普通人要获得去外太空的机会或许尚待时日，但我可以阅读迈克尔·柯林斯关于阿波罗11号的旅行记录，从中获得在外太空的一些观感。

我对如何制造计算机毫无概念，对其中用到的大量微小元件或者所需的各种材料也知之甚少。事实上，让任何人从零开始哪怕制造出其中的一小部分，或许都是不可能做到的。然而，通过人们组成的一系列团队和企业，计算机被源源不断地生产出来。我也可以掌握足够多有关计算机的知识，并将其用于人类网络的研究与本书的写作。

肯·马丁利是阿波罗16号飞船上的一名宇航员，也是曾经飞到月球的24人之一。他的说法是："这是多么庞大的工程，坦白地说我完全不知道是如何做到的。尽管自己身处其中，我依然认为哪怕尝试都是极为鲁莽的。作为宇航员，我显然不明白如何让整个工程运转起来，而只能学会如何把自己分内的事情做好。"

人类通过理解抽象概念使我们相互学习并协调行动的特有能力，其实是一把双刃剑。我们学到的东西既有事实，也有谎言。疫苗会不会导致儿童自闭症？气候变化是不是人类活动的结果？仅靠个人经验，我们无法回答此类问题。我们最多能有一些相关的见闻，所以必然依赖从其他人和最可靠的源头那里得到的各种信息。由此会导致人们对所谓"事实问题"（questions of fact）的态度出现强烈而持续的极端化现象。它使人类能够取得了不起的科学和工程进步，却也让我们容易陷入狐疑、迷信与极端化。[②]

我们将在本章分析人们如何相互学习，以及什么时候会做对事或做错事。我们在诠释从亲朋好友那里接收的信息时可能犯系统性的错误。例如，我们往往把来自不同源头的类似信息作为事实的相互独立的证据，但实际上这些信息可能都来自同一个并不可靠的源头。人类网络中的分隔（尤其是同质性）可能导致不同人群的信念和习俗有长期的差异。通过抽象概念进行交流的能力让我们容易受到欺骗，使错误乃至虚假的信息能够排挤事实和真实信息。当然尽管面临所有这些挑战，在很多情况下我们依然能做对事。我们将看到人类网络如何决定在何时能发挥集体的智慧，在何时表现为共同的愚蠢。

集体的智慧

假设你需要估计一头牛的重量，却没有称重器，你会怎么办？如果你问自己到底为什么要给一头牛称重，结论很可能是你永远也不需要干这种事。但无须多虑，这个例子来自一段有趣的故事，并颇具启示。

通常的标准做法如下，首先你需要找一把卷尺测量这头牛的腔围，跟测量人的胸围有点类似，量出牛的前肢后方的躯体周长。下一步是测量动物的长度，即肩部到臀部（所谓臀角）的距离。大致来说，也就是牛的颈部与前肢的交接点到尾巴的距离。人们会建议你别悄悄地靠近这头牛，确保它保持平静和舒适，尤其是测量腔围的时候。把以上测量数字结合起来，你就可以估算牛的体积——类似于在小学学过的计算圆柱体的体积。为计算重量，你需要把牛的腔围的平方乘以长度（用英寸作单位），再除以300，得到的结果大致就是用磅表示的牛的体重。[3]

如果你没有卷尺，但有很多的朋友，那可以采用另一种办法。邀请每位朋友对牛的重量做个估计，然后采用中位数或平均数作为结果。该办法能得到惊人的准确结论，弗朗西斯·高尔顿于1907年在《自然》杂志上发表的题为《民意》（Vox Populi）的文章提到了这一现象。大约一个世纪之后，詹姆斯·索罗维基又使之引起了广泛的关注。[4]

拉丁文“Vox Populi”的含义是“民众的声音”，该现象则被称为“集体的智慧”。高尔顿爵士当时是去参观普利茅斯举办的年度“西英格兰肉畜和家禽展览”，现场有一头将被屠宰的牛，并为此组织了一场竞赛。缴纳 6 便士的报名费以后，人们便可以参与竞猜这头牛的重量，数字最接近真实结果的人将获胜。大约 800 人加入了竞赛，高尔顿知道其中 787 人的估计数。这头牛最后的称重是 1 198 磅，而大家竞猜的平均数只比之少一磅，为 1 197 磅，中位数为 1 207 磅，只多出 9 磅——误差都不超过实际重量的 1%！[⑤]

参加竞猜的那个群体似乎比你我要更熟悉家畜的情况。事实上，有一半的竞猜落在牛的实际重量的上下 3% 的范围内，超过 90% 的竞猜位于 1 000 ~ 1 300 磅的区间。尽管如此，高尔顿的研究得出的惊人结论依然成立：个体的差错能够在很大程度上被加总抵消。

类似案例能够出现，有如下几个关键因素。首先是存在多样化的观点。有将近 800 人根据各自的经验参与竞猜，他们各不相同的经验给我们提供了可供借鉴的广泛参考。[⑥]

其次，人们的经验和观点不能有任何系统性偏差。例如，假设每个人都用同样的技巧估算牛的重量，像上文说的借助卷尺。这样做会有两个效果，一是减少大家估计的多样性，使观点的差异都来自卷尺测量中的误差。它并不必然是坏事，但会导致系统性偏差。大家都选用的相同估算技巧可能系统性地高估或低估牛的重量。

比如，我们可以假设那头牛正好属于某种特殊品种，相比其他类型，其重量更多集中在身体后部，而胸部附近较轻。这会导致卷尺测量法低估牛的重量，因为腔围测量的部位重量较轻。于是在大家都采用该办法估算牛的重量时，他们会普遍得出低估的结论。这会导致一个有趣的偏差：大多数竞猜结果不是落在1 000 ~ 1 300 磅的区间，而是在 1 130 ~ 1 180 磅。大多数人的个人竞猜或许没有出现更大的偏离，但他们普遍往同一个错误方向移动，从而使平均数并未变得更准确，反而有更大偏离。这种系统性偏差是科学研究中经常遇到的挑战：当人们采用相同技术处理相同数据时，总是容易犯下共同的错误。

最后，各种观点必须加以综合。如果不是选用平均数或中位数，而是从中随机选择一个竞猜数字，或者选择最大值，结果将远远不如选择竞猜分布的中间位置。如果能采用正确的做法，集体观点得到的综合结果将超过任何个体，至少是典型个体的推测。[7]

所有组织的核心任务都是对来自内部和外部多个来源的信息加以处理和综合。具体而言有多种办法，我们下面来分析其中较为重要的一些。

对于从政治竞选到体育比赛等一系列事件的最新看法，我们可以通过预测市场获得某些极为准确的信息。例如，在预测谁将赢得某次选举时，预测市场让人们为此投注，而不只是对他们做民意测验。你可以在预测投注中购买一个份额，当某位候选人获胜时，你将得到 1 美元回报，如果他失败，你将一无所获。假如你认为那位候选人有 60% 的获胜希望，那么投注份额的预期价值对你来说就是 60 美分，即有 60% 的概率赢得 1 美元。如果市场上的投注份额售价低于 60 美分，那么购入对你来说将有利可图。如果份额售价高于 60 美分，则售出是合理选择。于是，投注份额的价格便成为对那位候选人赢得选举的概率有不同看法的人们的一种拔河比赛——会逐渐稳定在买卖双方的力量达到均衡的某个点。[8]这类似于若干体育比赛中的博彩活动。

当然，预测市场为得出准确的价格，也要求上文讨论过的广泛且没有倾向性的参与，或者某些拥有足够精确的认识、充分的信心且资金充裕的人士。相比民意测验或者某些平均意见采集办法，预测市场有几方面优势。其一是这种市场能根据人们的信心大小做出调整。如果某些人对自己的判断极有把握，他们的买卖行为就将相应推动价格的涨跌。其二是预测市场能实时运转，能对新出现的信息做出迅速调整。其三是预测市场让参与者都能看到当前的最佳预测值，从而帮助他们琢磨自己的看法。但最后这个特征有时也能成为劣势，某些人的估计结果本来很接近，但当他们看到自己相对于市场总体来说成为异类时，可能失去坚持己见的信心。

预测市场——如美国艾奥瓦电子市场——在许多场选举中的精确表现，及其超出民意测验结果的优势，使它在若干领域得到了广泛应用。[9]包括谷歌、法国电信、英特尔、惠普、礼来、IBM（国际商业机器公司）和微软在内的许多公司已借用这一方法开展从销售收入到利率水平的各种预测。美国国防部甚至考虑用预测市场协助各类情报和军事人员汇聚信息，以判断地缘政治趋势和恐怖活动的潜在趋势。但由于民众认为对此类事件进行“投注”实在难以接受，该设想被废弃。[10]时任参议院少数党领袖的汤姆·达施勒（Tom Daschle）谈道：“我不敢相信有任何人会真正提议，让我们拿死亡去做交易。”加利福尼亚州参议员芭芭拉·伯克瑟（Barbara Boxer）则认为“这其中有些很病态的内容”，并建议解雇提出该设想的人员。当然这并不意味着世界各国政府会停止预测重大事件，只是说大多数国家依然不能利用市场来预测某些类型的事件。

对可能发生什么事件或者该做些什么的不同观点进行综合的另一种办法，是通过细致的协商。这正是陪审团的运转逻辑，也用在更大规模的协作上，例如著名的“卡斯帕罗夫对战全世界”的故事。1999 年，有史以来最杰出的国际象棋选手之一加里·卡斯帕罗夫在互联网上同数万名爱好者下了一盘棋。广大参与者共同讨论对战策略，对下法进行投票。卡斯帕罗夫执白棋赢得了最终的胜利，但比赛持续了四个月之久，共计 62 步。尽管爱好者组成的集体未能获胜，卡斯帕罗夫却称其为历史上最伟大的对弈。而且非常明显的是，这个集体表现出的水平远远超出了其中绝大多数（如果不是全部）成员单独参赛时应有的水平。另外，卡斯帕罗夫不仅有执白棋的先行之利，而且也能看到对手——全世界的爱好者——在论坛上的讨论。[11]

当然，我们的大部分信息并不是通过某种民意调查、投票、市场或者协商程序进行综合的。

假设你必须做一个决策，例如是否购买一本书，是否给孩子注射疫苗，在即将到来的选举中给谁投票，是否参与某次抗议行动，或者购买哪个型号的手机。你在决策前的信息收集中，谈不上要去掌握数百人的平均估值，或者到预测市场上去做竞标，或者要求为此举行投票。此时，周围的社会结构会发挥决定性作用。你需要做信息汇总，你的人际网络将成为关键：你会从与朋友、家人和同事的交流中，以及自己参考和跟踪的各种媒体那里得到各种信息。

对我们周围的所有信息进行处理可能是件棘手的任务。如果有朋友建议你不要给孩子注射疫苗，因为他们听说这非常危险，你该如何是好？他们的信息来自哪里？如果你从更多的朋友那儿得到同样的说法，算是新增的信息吗？他们是不是从同一个源头听来的信息？接下来另一位朋友告诉你，他看到的新报道说，最新研究表明疫苗是安全的，应该给孩子注射。这个新报道与新研究的可信度又如何呢？你的朋友对这个报道的解读正确吗？

你的观点与信念会如何随时间发生变化？仅仅通过与朋友熟人的交流，你最终能否汇总到全部可以获得的信息？你可能会受到怎样的愚弄？你的信念能以多快的速度适应和改变？你和朋友最终能否达成共识？你是否会得出与同一网络中其他人不同的结论？我和经济学家、自己以前的学生本·戈卢布详细探讨了上述这些问题。

要了解分权化的社会环境中事情如何变好或者变坏，我们还是先回到之前给牛称重的案例上。你自己做了一个估计，但因为对牛的情况知之甚少，你决定跟某些朋友讨论讨论。有些人可能提出更高的估计值，拉高你的印象，有些人可能提出较低的估计值，压低你的印象。在这些讨论后，你心目中关于牛的重量的印象可能会是自己和朋友初始估计的“加权”平均数。加权的意思是说你对某些朋友的意见或许更为看重，这取决于你对他们的观点准确度的判断。例如，其中一位朋友是牧场主，另一位是经济学家，那么牧场主的意见对你的观点可能有着大得多的影响力。

这种类型的协商是非常自然的，并可能是加工信息的最优方式——基本类似于高尔顿发现所有竞猜者得到的平均数非常准确的现象。但对你而言，这个过程并没有结束。你的朋友也在各自开展交流，他们的观点同样在变化。他们的新观点反映着网络中其他人带来的新信息，包括那些不是你的朋友的人。因此跟你的朋友再次交流是有意义的，在第二次与朋友开展讨论后，你将把朋友的朋友掌握的信息汇总进来。

对于给牛称重的话题，你可能很快会感到厌倦，最多经过两三次交流就会终止讨论过程。可是对自己生活中干系更大的问题，如疫苗是否会伤害孩子、为保持健康应该参与多少体育锻炼，你或许会持续跟人们交谈。逐渐地，你的信念将纳入更多的朋友的朋友的朋友的信息。这一过程如图7.1所示。

图7.1中的过程显示，通过人类网络开展学习的过程与扩散和传染有某些相似之处。假如我们每个人都跟几个朋友交谈，这会非常快地向外扩展，仅仅几次迭代之后，你就能间接加工更广泛的网络中的每个人的信息。由于人际网络的小世界特征，只需要几次迭代就能让某人的信息——至少是以稍微“稀释”后的方式——传递给大多数人。

这种学习方式——每个人都反复同自己的朋友交换意见，并采用朋友的平均看法——被称为“德格鲁特学习”，以统计学家莫里斯·德格鲁特命名。[12]德格鲁特模型假设人们不会做任意而复杂的计算，而是采用很简单的方法，例如采用平均数。在用于预测哪怕是简单网络中的人们的实际行动时，至少在某些场景下，同更为复杂而成熟的模型（人们能根据时间调整信息处理方式，并对其他人的观点变化做出反应）相比，该模型的运行结果更接近人类的现实表现。这或许并不令人意外，后面我们将做更多介绍。

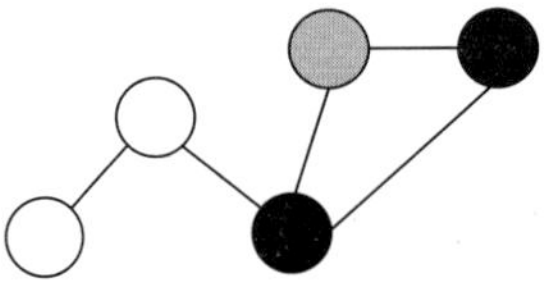

（a）最初的估计，相互间没有任何交谈。圆圈的颜色越浅，表示估计的重量越轻。中间的灰色圆圈是正确的估计。

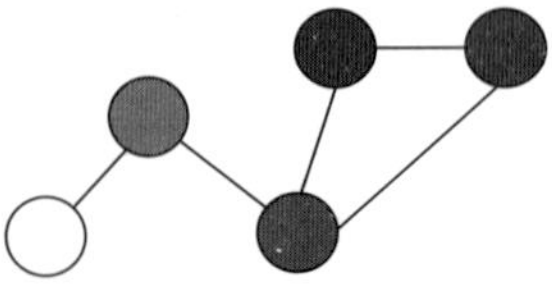

（b）人们在与各自的朋友交谈后，更新了自己的估计。新的估计值是自己的初始估计同所有朋友的平均值。许多人变为一定程度的灰色。只有左下角的人的估计没有变化，因为他和朋友的初始估计值相同。一开始得到正确估计的人的颜色变深了，即估计值偏大了，因为他的两位朋友的初始估计值过高。

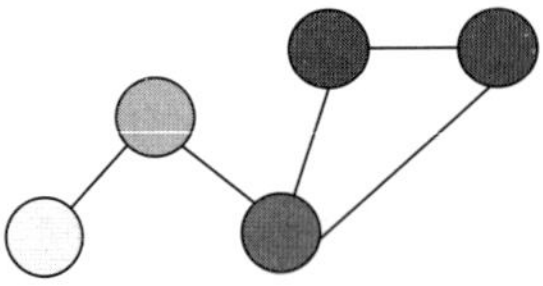

（c）人们再次交谈并更新估计。更多的人向中等程度的灰色靠拢，只有左下角的人是很浅的灰色。

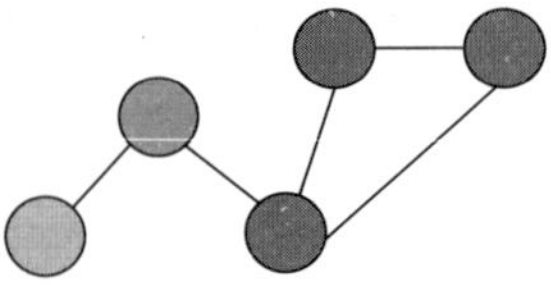

（d）再次迭代，人们的估计值变得更加接近。

图 7.1　网络学习过程。网络中有五个人估计真实结果为 1 200 磅的一头牛的重量。左侧的两个白色节点一开始低估了牛的重量，认为是 1 000 磅。两个黑色节点一开始高估了牛的重量，认为是 1 400 磅。灰色节点代表的人一开始的估计非常准确，恰好为 1 200 磅。颜色越浅，表示估计的重量越轻。人们与自己的朋友反复交流，每次都以自己的估计和朋友的估计的平均值更新估计值。

然而，德格鲁特学习依然比简单的传播更为复杂，因为涉及强度和反复交谈。

人们的中心度决定了他们在左右其他人的最终信念上有多大影响力。友谊悖论将在这里发挥作用。朋友较多的人的观点会受到更多人的平均影响。在图 7.1 的网络中，位居底部的黑色圆圈代表的人以任何中心度指标来看都处于最核心的位置。虽然该案例中所有初始估计数的平均值都正好是 1 200 磅，但由于估计数较大的黑色圆圈的人比估计数较小的白色圆圈的人居于更核心位置，会使最终达成的共识形成过高的估计。

因此，更核心的观点有着更大的影响力。如果回顾之前有关中心度的讨论，你会发现由于人们在不断地反复交谈，真正发挥作用的并不是某个人的中心度，而是他们的特征向量中心度。没错。与某些交际广泛的人成为朋友意味着我的观点在传给他们之后，将通过他们继续向外传播，因此拥有这样的朋友与拥有很多朋友同样关键。事实上，如果社会反复以“取平均数”的方式形成观点，那么每个人的初始看法有多少进入最终的整体观点将正好与他们的特征向量中心度成比例。[13]

如果社会继续沿此进程运动，最终将达成一个共识。我们可以从图 7. 1 中得到这种直观印象，不同节点的阴影颜色最终将趋于一致。阴影颜色最深的人最终将变浅，颜色最浅的人将变深。只要有人的颜色比邻居更浅或更深，他们就会做出调整，最终使整个网络变成相同的阴影颜色。[14]

最终将达成何种共识，则取决于所有节点的初始估计数和中心度。最终形成的共同信念其实可以由一个极其简单的公式给出：把每个人的初始估计数乘以各自的特征向量中心度加总即可。[15]

但这一过程存在某些严重的偏差。第一是存在“回声”的影响：你的观点通过反射回到自己这里。你朋友的观点有部分是基于你过去的看法，因此你从反复交谈中获得的“新”信息中有部分是自己信念的回声。如果你的朋友开始接受你的信念，你可能会变得过度自信。这非常自然：如果得到其他人的赞同，你对某个观点的感觉肯定会更好。即使你非常了解网络的构造，过滤掉自己的回声也极其困难。

第二种更为广泛的偏差是重复计算。如果你跟丽萨和艾米丽都做了交谈，而她们都是阿列克斯的朋友，那么阿列克斯的观点会通过两个不同渠道抵达你。你会重复计算阿列克斯的信息。从多个来源收到同样的信息，相比从原始来源听到这个信息似乎更为可靠，但其实都只是在传播相同的内容而已。[16]图 7.2 显示了重复计算和回声的情形。

由信息重复计算和回声不易过滤造成的偏差很难避免。比如，你希望了解最新的《星球大战》系列电影是否值得去看。你读到一篇评论说，这部影片的摄影极为壮观。你的两个朋友同样这么说。但这是他们自己的看法吗？他们的观点是否因为读过某些评论而受到了影响？他们在观影后的看法是否因为某些交谈而有所变化？在你观看这部片子后，如果有人问起你的感想，由于你的朋友表示过喜欢，或者有评论认为很不错，你自己对它的评价是否也会因此提高？甚至你是否清楚自己对影片的印象中有多少是真正的感受，有多少是被观影前后听到的观点左右？如果你告诉朋友影片里的对话很糟糕，他们对此也认同，你对自身观点的自信程度会有多大幅度的提高？他们是真正认为影片的对话糟糕，还是在重复你的表态而已？

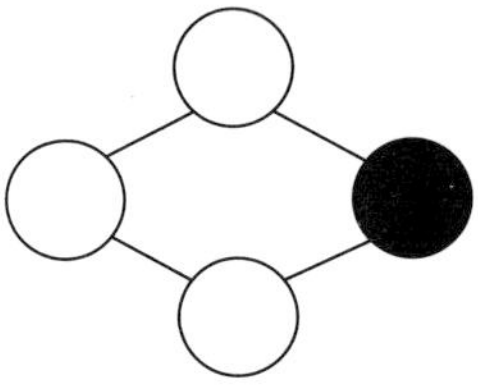

（a）初始估计，在任何交谈发生前。

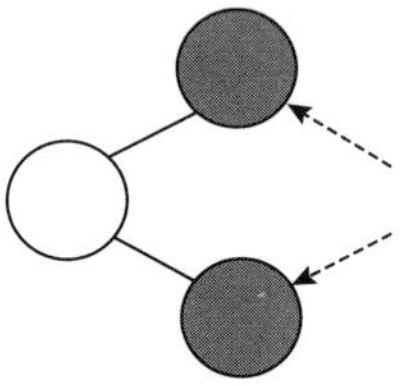

（b）阿列克斯（右侧节点）的过高估计影响到两个人。

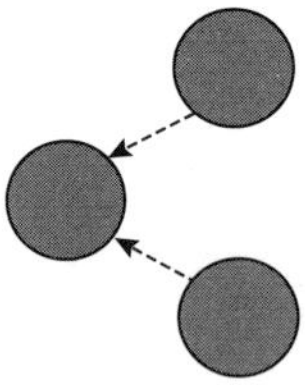

（c）这两个人都对左侧的最后一个人产生了影响，使其重复计算了间接信息。

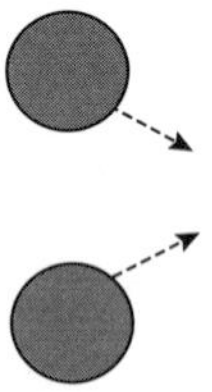

（d）阿列克斯产生的影响有部分返回到自身，产生回声。

图 7.2　德格鲁特学习：重复计算与回声

在某些情况下，你会明确传达别人的看法，并声明这不是源于自己。如果有人问我利率走向如何，这并非我的专业，但我可能会引用在这方面是专家的某位同事的意见。不过即使如此，我通常也无法解释这位专家朋友的信息又是源自何处。

我们可以通过一项完全控制进入网络的信息的实验直观地观察人们是否容易做重复计算，以及难以清除自身影响力的回声效应。如果我们能准确地知道人们在初期掌握的信息与交流网络的状况，那么在检验人们是否容易受重复计算和回声影响之外，我们还能观察德格鲁特学习是否符合人们的现实行为。

阿伦·钱德拉塞卡、奥拉西奥·拉勒吉与胡安·汉德里正是这样开展的研究。[17]他们发现德格鲁特学习非常好地预测了人们观念的演化过程。

这些学者把参与实验的人放到交流网络中，每个人能同谁交谈（即谁是他们的朋友）是由实验者分配的，因此实验者知道哪个信息来自何人。该网络的设计使得每个人能够触及实验中最多四个连接以内的全部对象：他们的朋友，朋友的朋友，朋友的朋友的朋友，最远距离为 4。

这三位研究者还控制了人们的初始信息以及他们需要推测的题目。实验中有两个相同的包，每个包装有 7 个球。其中一个包里有 5 个蓝球和 2 个黄球，姑且称之为蓝色包；另一个包里有 2 个蓝球和 5 个黄球，姑且称之为黄色包。主持者选择其中一个包开展实验，实验对象并不清楚是哪个包。然后，每个人将独自看到从包中随机取出的 1 个球。如果你看到了蓝球，那么这个包是蓝色包的可能性很大——事实上，你的最佳结论应该是蓝色包的概率为 5/7。如果你看到了黄球，那么蓝色包的概率为 2/7，黄色包的概率为 5/7。在每个人都看到随机取出的某个球之后，他们各自做了初始推测。在做出推测后，他们将看到网络中朋友的推测结果。

在看到朋友的推测结果后，每个人将再次做出推测。然后，他们将看到朋友的第二次推测结果。于是每个人又将做出推测，以此继续。你可能会在过程中改变自己的推测。比如一开始推测是蓝色包，但如果实验中的4个朋友全部推测是黄色包，假设他们没有看花眼，那应该认为他们都看到了黄球。由于是4个黄球相对于1个蓝球，你应该把第二次推测的结果改为黄色包。可是由于网络中每个人的朋友组合各不相同，你的某个朋友或许开始推测是黄色包，之后却调整为蓝色包。那么你能从这一现象中得到何种启示？此外，某些朋友的观点改变可能是因为受你的影响（回声），或者是受某个共同朋友的影响（重复计算）。在短短两三个回合后，要把所有的推测和推测改变都做归类分析将变成颇为费力的任务。

实验中的人们知道整个朋友网络是什么样子，因此他们很清楚是否某些朋友拥有一位共同的朋友。由此我们可以观察，这些人的行动是否会像有精心程序设计的高速计算机那样老练，排除掉回声与重复计算的干扰。还是说，他们的行动会更加接近德格鲁特学习，人们在推测时并不做深入的推理，而只是根据周围朋友的最新推测做相应调整？

该实验共计有665名参与者，划分为7人一组的网络，于是总计有95个独立的网络。对每个人而言，存在很多不同的推测与网络环境的可能。该实验由此产生了有关人们行为的大量数据，对于辨识人们的行为有多么深思熟虑具有很高的精确性。

假设这些人简单地遵循德格鲁特学习方式（对每个朋友赋予相同权重），能够准确推测出94%的参与者的最终估计。而假设他们采用高度复杂的分析方式，只能准确推测出74%的参与者的最终估计。由于在许多推测场景中很容易得出结论，我们可以认为任何模型在做许多推测时都应该得到一致的结果。例如在初次推测时，我们都应该选择自己看到的球的颜色。在第二次推测时，我们都应该选择初次推测时大多数朋友的选项。直到后来的回合中，当回声（我的朋友因为我的选项而做出了改变）与重复计算（我的两个朋友因为看到他们的一个共同朋友的行为都做出了改变）等现象出现时，这些模型才将真正出现分歧。德格鲁特学习正是在此处开始展现优势：人们确实容易受到重复计算与回声的影响，简单的德格鲁特模型惊人地准确预测了人们的实际表现，比完全理性和复杂的行为模型的结果要精确得多。

其他实验同样发现，人们容易被重复计算和回声干扰，并且有其他许多古怪现象。[18]最重要的是，这不只是发生在无关紧要的实验里，还出现在我们日常生活的重大决策中。

例如，迈克尔·贝利等人跟踪了人们的买房决策如何受到与朋友交流的影响。[19]他们通过脸书网站跟踪人们的朋友关系，分析这些朋友的经历如何影响某个人的决策。比如，某个名叫查理的人住在洛杉矶，他正在考虑是买房还是租房。查理有位叫露西的朋友住在波士顿，相距数千英里。如果露西的房子升值了，则查理的买房概率会随之提高，并愿意出更高价格，购买更大的房子——相对于露西的房子贬值的情形而言。查理的决策会受到几千英里外露西的住房情况的影响。该研究仔细考虑了各种可能的混淆因素的影响，例如人们的性格与经济趋势等。以上效应在许多维度上是相当显著的：某个朋友的住房价值在过去两年提升 5%，会导致你的购房概率提高约 3%，购买面积增加 2%，购买价格提高 3%。同样，如果某个朋友的住房投资表现糟糕，则人们出售自己住房的概率会增加，要价也会下降。此外，查理的朋友经历的方差变动越大，他会变得越谨慎。比如相对于一个朋友的住房价值提高 15%，另一个朋友的住房贬值 5% 而言，两个朋友的住房均增值 5% 带来的影响会更大。

这里有几个有趣之处值得关注。首先，人们的决策与朋友的信息有关，哪怕某些人相距遥远。其次，该现象在重要的生活决策（购房）中表现很突出。再次，人们似乎并没有很细致地去处理从朋友那里获得的信息。露西的住房升值是发生在一个遥远的市场上，并且是过去两年的环境所致。这对查理目前应该怎么做能有多大的启示呢？该研究发现，人们并不怎么考虑朋友实际所在的位置的影响——相比圣迭戈的住房市场来说，波士顿与洛杉矶的相关关系要弱得多，然而查理却同等看待波士顿的露西和圣迭戈的莱纳斯的经历，尽管后者的情况其实与他更为相关。

我们大多数人被回声和重复计算包围，并关注那些或许关系不大的人们的信息。那么我们依旧能通过人际网络有效地综合信息吗？在每个人都只与朋友交流的网络中，我们能够较为准确地估计出一头牛的重量吗？

我和本·戈卢布的研究表明，如果满足几项关键条件，即使是德格鲁特学习那样简单的过程最终也能带来非常精确的认识。

某些条件在之前我们已经谈道了：需要有观点的多样性，并且不能有系统性偏差，才能让我们平均汇集社会上的所有观点，得出较为准确的结论。而如果某个社会在开始时没有给成员提供恰当的信息，则无从选择。除该条件外，交流网络还必须有良好的“平衡性”。如果我们都是同一个人的朋友，则此人的信念可能决定整体的结果。保证准确的学习过程的一个明确条件恰恰是，社会中每个人的特征向量中心度相对于其他人的中心度之和而言必须足够小。为保证这一点，网络必须满足平衡性：人们对任何小团体的关注度相比对其他人的关注度不能过大。

我们可以从图 7.3 中看到不平衡网络与平衡网络。不平衡网络中的所有联系都是通过一个人，如果此人对自己的观点比对朋友的观点更为看重（这是一个自然趋势），[20]那肯定会反映到最终信念中。相比之下，更为平衡的网络的对称性意味着没有人能决定最终形成的共识。[21]不平衡网络可以提供一站式的信息服务，节约沟通成本：外围的每个人都只需要跟一个人交流，就能了解所有人的想法，这正是此类星形网络出现的原因。[22]不过此类不平衡的集中式网络可能带来最终观点的偏差。

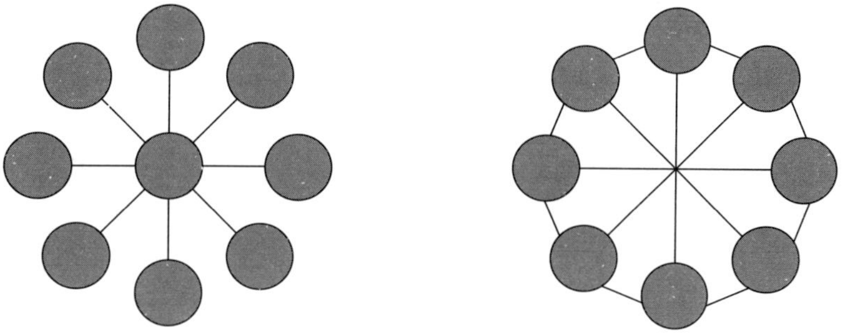

图7.3　不平衡网络和平衡网络。不平衡网络的连接较少，有人能获得网络中的全部信息，因此效率更高，但可能过分反映中心人物的观点。

有关人们对谁保持关注的课题，已经开展过大量的研究。例如在20世纪40—50年代的一系列研究中，保罗·拉扎斯菲尔德分析了人们如何形成自己的观点。首先是于1940年总统大选前数月开展的一项研究，针对俄亥俄州的2 400名成年人。拉扎斯菲尔德与两位同事及一队研究助理，同多个组别的人做了反复访谈，询问这些人分别与谁交谈，关注何种媒体，以及一旦发生观点变化时引起转变的原因等。[23]拉扎斯菲尔德后来还参与了在伊利诺伊州迪凯特市针对800位女性开展的研究，询问她们对若干话题（包括消费品）的看法是如何形成的。[24]从这个系列研究中产生了一个“两步交流”理论（two-step communication），由他与伊莱休·卡茨（Elihu Katz）合写的著作做了详细阐述。该理论认为，有些人充当“意见领袖”——例如专家——的角色，他们会把媒体上收集的信息传播给其他的所谓“意见追随者”。马尔科姆·格拉德威尔采用了类似理论作为他的《个别人物法则》（Law of the Few）的核心。[25]

是否在某些情况下，一个社会过分依赖一个人的观点？这方面的例子其实不难找到。有人认为著名的葡萄酒鉴赏家罗伯特·帕克在葡萄酒产业有着广泛的影响力，他在几十年里就是无可争议的“那位”酒评家。

在葡萄酒产业中，来自评论家的信息至关重要。每年的葡萄酒消费量超过300亿瓶，产自数万家酒庄，许多被贩运到全球各地。葡萄酒的品质取决于当地的天气与土壤状况，以及种植、收割和酿制过程。即使是在同一片葡萄园工作的同样的酿酒师，在不同年份生产的葡萄酒质量也可能有很大差异。所有这些因素再加上许多葡萄酒的不菲成本，意味着当我们判断任何一款葡萄酒的品质与特点时，来自其他人的信息都极具价值。

罗伯特·帕克是典型的白手起家的人士。作为推销员的儿子，他于20世纪70年代后期创建了自己的葡萄酒评级刊物，当时他注意到，有关葡萄酒的评价较为短缺——特别是对不懂法语的人而言。在许多年中，帕克一边担任着一家银行的律师，一边品尝葡萄酒并销售自己的刊物。他在恰当的时间做了恰当的事情。他不接受广告，为自己品尝的酒买单，不想让自己的看法被葡萄酒生产商的馈赠或商业往来影响。他开始用百分制为葡萄酒评级，超过90的评分通常意味着极好的品质。这一评测指标如今已成为整个产业的标准。

葡萄酒的品尝需要天赋，不仅要有能力分辨当下的味道，而且要推测葡萄酒达到成熟期之后的口感——这往往是在装瓶的数年之后。品酒需要感知丹宁、酸度、糖分及各种香味，还要了解它们会如何随时间变化。帕克的影响力真正起飞是在他宣布1982年份的波尔多葡萄酒有着了不起的品质之后，这与做早期品尝的其他许多品酒师的结论相反。那款酒如今被认为是历史上最出色的葡萄酒之一。正如《葡萄酒观察家》杂志的詹姆斯·乐比所言：“1982年的波尔多隆重推出了全世界品尝过的伟大级别的葡萄酒。”[26]到20世纪80年代中期，帕克已辞去律师工作，全职从事葡萄酒评级。他很快成为全产业的焦点。为英国的葡萄酒商家贝瑞兄弟与路德（Berry Bros. & Rudd）公司采购产品的马克斯·拉朗德瑞如此介绍："没有人能像罗伯特·帕克那样推销酒。如果他说2012年份是自己尝过的最差的酒，就不会有任何人去买。而如果他说是最好的酒，每个人都会竞相采购。"[27]

该现象的一个影响是许多人所说的葡萄酒的"帕克化"。酿酒师发现帕克更喜欢大酒型（big wines），即成熟、口感丰富的葡萄酒，有着强烈的葡萄香味，往往用橡木桶保存，出自特定的土壤，并有较高的酒精度。于是他们竞相让自己的产品朝这个方向发展。艾琳·麦考伊所著的帕克传记中引用了一位波尔多商人的话来描述，评分是85还是95，对酿酒师的利润的影响可以达到"六七百万欧元"。[28]

凭借有如此分辨力的味觉、对口感和气味如此惊人的记忆，以及投保100万美元的鼻子，由这样一位品酒师给全世界推荐葡萄酒实乃幸事。但如果你喜欢的葡萄酒与罗伯特·帕克并非同一类型，则可能会变成一个坏消息。对于某位酒评家在葡萄酒销售中的巨大影响力，我们应该加以警惕吗？葡萄酒产业每年的销售额达到数千亿美元，让一位酒评家的口味决定某款酒的成败会给酿酒师的生活带来相当大的不确定性和风险。

如果有大量的推测值，我们能更好地估计一头牛的重量，哪怕是来自许多缺乏经验的人，也胜过只依靠某个较为精确但并不完美的行家的一个推测值。该结论对于从葡萄酒到股票的各种事物的评级都成立。[29]

葡萄酒与其他许多产品的评估正变得更加容易。即使我的朋友都没品尝过最新出产的某种小批量勃艮第葡萄酒，其他人却喝过，而且不难从网上找到他们的评价。我们获取此类信息的网络在持续扩大，连接到那些我们不曾见过也永远不会再联系的人，使我们得到的评论意见更加多样化。如果这些评论真正代表了某些独立的经验与新的信息，则的确可以带来帮助。[30]

可是，在某些情形下所有的信息都能追溯到一个源头。如果该源头后来证明并不可靠，却又在当时显得卓有声誉，则可能造成灾难性的后果。这在需要专业意见的事务中尤其突出。

1998 年 2 月 28 日，英国顶尖医学杂志《柳叶刀》发表了由安德鲁·韦克菲尔德与其他 12 名研究者合作的论文，他们发现自闭症和一种用于麻疹、腮腺炎和风疹的疫苗（以下简称 MMR 疫苗）存在联系。他们对此的解释貌似合乎情理：三种疫苗的结合会引起肠道问题与免疫系统反应，最终导致某些儿童的大脑发育问题。

鉴于自闭症病例以及每年接种 MMR 疫苗的儿童的家长人数在全球的增长，这成了一项重大新闻。知名医学杂志刊登以上研究结果，引发了对此话题的爆炸式报道。有关内容被反复刊登，并成为人们广泛讨论的议题。该论文是对以上关联性的第一项研究，医学界还需要一段时间仔细审视。相关信息基本上完全出自网络中的唯一源头——《柳叶刀》上的论文。但人们却在各个地方都听到了消息。

后来发现，该研究存在若干严重缺陷。首先，它只是基于 12 名为研究挑选的儿童。由于自闭症经常在儿童接种疫苗的同一年龄段出现，两者之间很自然会表现出联系，从 12 个人的样本中其实很难做出太多判断。其次，从这一研究中证明出因果关系显然是不可能的。虽然论文并未主张存在因果关系，但其提出的因果理论假设却容易被某些人误读为这项研究的结论，并且韦克菲尔德还提出，在通过深入研究弄清楚相关关系之前，该疫苗应该停用。

除并未真正确认任何相关关系或因果关系之外，该研究还存在更大的问题。韦克菲尔德从一家卷入起诉疫苗生产商的法定机构那里获取了研究经费，这被认为存在利益冲突，并且应该告知《柳叶刀》杂志。最麻烦的一点则是 2009 年 2 月 8 日由《星期日泰晤士报》刊发的布莱恩·迪尔的一篇报道，指称该研究的数据并不准确，不符合医院的实际记录，是被韦克菲尔德篡改的。[31]英国医学委员会于 2010 年认定韦克菲尔德行为不端，并收回了其行医执照，理由是利益冲突问题以及发现其研究未能最大限度地保护儿童患者的权益。[32]

同样是在 2010 年，《柳叶刀》杂志撤销了该论文。当时已有根据全球各地更大数据来源的若干研究表明，疫苗接种同自闭症并无关联。[33]然而严重的破坏已经造成。在该论文发表的 1998 年，英国报告了 74 例麻疹病例。[34] MMR 疫苗在英国的接种率很快从 90% 下降至 80%。有人基于世界卫生组织的数据估计，在 2000—2010 年间，大约有 500 万 2 ~ 12 岁的欧洲儿童没有接种疫苗。[35]从本书第 3 章我们已经知道，疫苗接种率的轻微下降已足以使某个疾病死灰复燃。不出所料的是，短短几年间麻疹病例增加了 20 倍以上。2007 年有数千例麻疹出现，高发现象一直维持到 2014 年。

一个社会的疫苗接种率下降会带来痛苦的结果，并可能触及我们每个人。我的好友与论文合著者托尼·卡尔沃 – 阿尔门格尔于2007 年因流行性腮腺炎去世——本书包含他的若干贡献。也是在那一年，由于儿童疫苗接种减少，西班牙报告了上万起腮腺炎病例。如此大规模的疾病暴发及其后果委实是一出悲剧，本来完全可以通过更大范围地采用高效和廉价的 MMR 疫苗而避免。

多年后，大量研究发现疫苗接种与自闭症并无关联的消息渗入了日常谈话，扭转了人们的信念，疫苗接种率得以回升。疫苗接种率回升还有部分原因来自疾病本身。一旦麻疹或腮腺炎卷土重来，人们就不得不重新思考是否该拒绝给孩子接种疫苗。与孩子患上麻疹、腮腺炎或风疹的现实风险相比，来自疫苗的不足为信的危险变得没有那么令人担忧。投入的筹码越高，人们就越有动力去主动搜寻和过滤所需的信息，而不是听任别人传播来的观点。

改变中的新闻版图

谎言传得飞快，真相蹒跚而行。

——乔纳森·斯威夫特[36]

民主死于黑暗。

——《华盛顿邮报》

正如疫苗接种的例子所示，让民众充分知情需要有高质量的信息广泛传播。

互联网给信息如何产生与扩散带来了某些有意思的扭曲。尴尬的是，信息传播的便利性对于信息的生产可能带来负面影响。人们在打包和重组信息上的便利性具有两个重要的效应。

如果愿意，我完全可以在明天设立一家看似权威的组织，例如“全球疫苗接种信息中心”。我可以设立一个带有官方色彩标识（logo）的网站，使其看起来颇有科学背景和可信度，并且开始张贴我想传播的任何信息。我可以设立一系列类似网站，让它们彼此引用。我还可以找到有类似观点、正在撰写同一题目的其他人，援引他们，而他们也会开始援引我的消息。于是当人们搜寻“MMR 疫苗的副作用”时，他们就会点击我正在虚构的这个网站。这种做法能以低廉的成本辐射到全世界的人，即使是个完全扭曲的观点，我也能将其广泛传播。

以上案例的要点不在于疫苗接种是否存在某些危险，而是信息的产生和传播方式。关于某个话题的不可靠消息突然大量出现，相互纠缠的信息源越多，人们就越难了解真相。这些不确实信息可能最终相互抵消，但即使如此，在噪音占比很高的时候，学习过程也会放缓。制造假新闻还能成为政治武器，以挑动各种群体之间的怀疑和仇恨，并动员其采取行动。

巴基斯坦国防部长哈瓦贾·穆罕默德·阿西夫曾写道："以色列国防部长威胁说要对巴基斯坦在叙利亚对抗达伊沙恐怖组织的行动进行核报复，但他忘记了我们也是一个核国家。"[37]

这是怎么回事？那位国防部长试图提醒以色列，巴基斯坦也拥有核武器，他似乎是在对以色列发出的核威胁做出回应。原因是有家互联网"新闻"网站发布了如下题目的一篇报道："以色列国防部长称：如果巴基斯坦以任何理由派遣地面部队到叙利亚，我们将用核打击摧毁该国。"看起来，巴基斯坦的部长听信了那篇报道，认为以色列发出了威胁：如果巴方卷入叙利亚事务，以方会对其发动核打击。他发出的推特让事态进入了令人恐惧的"以牙还牙"的轨道，但实际上最初的"牙"并不存在。以色列国防部长从未说过那篇报道中引用的话，甚至连他的名字都没有被所谓的报道写对。

上述的巴基斯坦国防部长并非首位被信以为真的假新闻给愚弄的人。1938年10月30日，当奥逊·威尔斯原创的《世界大战》在广播里播放时，有数十万人吓得魂飞魄散。人们被一系列虚构的新闻播报欺骗。在几乎一个小时中，电台没有中断节目，以提醒听众这些都是虚构内容。在节目简介播出后才打开收音机的人听到了一连串关于火星人入侵的新闻，从火星发生爆炸开始，到一个圆柱体在新泽西着陆，媒体对军方和政府官员的采访，有关疏散的最新通知，以及各种其他新闻的闪现——所有情节的设计都如同真实的新闻事件。《纽约时报》于次日刊登的新闻标题是："误把战争剧当成现实，广播听众陷入恐慌"。[38]那部广播剧让电话通信出现混乱，因为太多人给熟人朋友、警察局、报社和电台打电话，试图弄清楚广播的内容。早先的估计说有100万乃至更多人因此陷入恐慌，或许有所夸大，但应该有几十万人在短时间内受到了惊吓。[39]

当假新闻的内容不像火星人入侵那么荒唐时，要把虚构和事实分清楚会变得更加困难。

即使是主流新闻媒体也时不时会出状况。如果英国广播公司（BBC）的新闻网站上出现题为《金发将在200年内绝种》的报道，你会相信吗？该报道是基于某些“德国科学家”的研究，声称由于金发是来自一个退化基因，所以将在200年内消失。[40]另外该研究还预测说，最后一个长金发的人将出生在芬兰。请别误会，该报道不是刊发在愚人节。由于文章并未提供那项“研究”的任何具体信息，人们很难追踪其来源。有关内容被CBS（哥伦比亚广播公司）、ABC（美国广播公司）和CNN（美国有线电视新闻网）等主流媒体反复报道，并声称与世界卫生组织有关（但被后者否认）。最终发现，首次提到那项杜撰的研究的是一家名为《阿莱格拉》（*Allegra*）的德国女性杂志，文中引用了一位并不存在的世界卫生组织的科学家的话。[41]故事后来被德国的通讯社转载，可能因此被其他主流媒体采纳。主持人斯蒂芬·科尔伯特后来在揶揄这次乌龙事故时，建议用选择性繁殖技术拯救金发。

那么，普通人在分辨互联网上的真假新闻时做得如何呢？让我们暂且忽略主流新闻媒体造成的差错，只考虑对事实与虚构的分辨。萨姆·维恩伯格与斯坦福大学历史教育小组的同事利用实验检测了从中学到大学的学生能否推断从互联网上得到的各种信息的可信度。[42]这些学生得到的任务包括：回答一幅枯萎的雏菊图片是否证明了核灾难产生的辐射；分辨某个网站上的哪些故事是新闻，哪些是广告；考察有着不同动机的各家职业医疗机构的网站上文章的可信度等。研究者的报告如此总结其发现：“数千名学生对几十项任务的应答有着相当大的差异……不过在初中、高中到大学的每个层面上，这些差异同令人吃惊和沮丧的一致趋势相比都显得苍白无力。总体来看，年轻人对互联网信息的理性处理能力可以用一个词概括：毫无希望。”

进入我们人类网络的不准确消息会让信念偏离真相，从而迟滞乃至妨碍学习进程。除了假新闻以及似是而非的网站泛滥以外，详细而准确的消息的生产也从另一个角度面临危险。

技术变革不仅降低了进入门槛，也提高了传播和更新的速度。各种技术变革的组合带来了巨大的收益。有关无数事物的各类信息就在你的指尖上，或用一句语音口令便唾手可得。你需要关于某种医疗知识的信息吗？或一份菜谱、一个应用程序的问题、北京目前的天气？你想了解更多关于科西莫·美第奇的人生故事吗？答案都非常丰富，并且很容易找到。大多数信息还有着极高的可信度，很多可以免费访问。我们如今能掌握的信息的种类、深度和质量令人惊叹。此外，新闻报道变得非常迅速。即使需要了解半个地球之外的某位名人在数小时甚至几分钟前去世的消息，也是轻而易举。

一方面是信息的极大丰饶，另一方面是对假新闻的担忧，以及开展新闻调查的激励正遭受冲击，对此如何能自圆其说？有关菜谱、应用程序操作方法或者科西莫生平的信息通常不存在争议，对现实政策并无影响。如果你想找关于外科手术后如何进行膝盖康复的信息，大多数网站也会提供相似的内容。但如果你要找有关节育的信息，就会看到若干不同内容。当你开始查找某位知名政治人物、一家政府机构或某些私人企业的信息时，结果可能会变得更加不确定。要获取对若干类似议题的客观看法，我们通常依赖新闻记者去挖掘有时极其巨量的信息并加以过滤，以描绘较为客观的图景。

报纸有着报道重大事件的悠久历史，有时相当及时。克莱尔·霍林沃斯的记者生涯有着可能想象的最辉煌开篇。1938—1939 年，她在波兰做志愿服务工作，帮助捷克斯洛伐克难民逃离由于《慕尼黑协定》被纳粹德国吞并的土地。1939 年 8 月，在前往英国的旅途中，她对写作的热情及对德波边境地区的了解深深地触动了《每日电讯报》的编辑亚瑟·威尔逊，后者直接录用了她。霍林沃斯入职后第一周的工作就是飞回华沙，在那里受命前往波兰南部的卡托维兹（靠近如今的捷克共和国边境)，并访问1938年时被德国吞并的土地。德国人当时已关闭了边境，霍林沃斯看到只有外交官的车辆允许通行。于是她从担任英国领事、曾密切合作帮助难民逃跑的朋友那里借来一辆汽车，插满英国国旗，以此跨越边境从事调查。在回程中，她途经一个有德国军队和坦克大量集结的谷地。一面巨型伪装篷布被风刮掉，让她看到了下面的景象。在迅速返回波兰后，霍林沃斯用电报发出了她记者生涯的众多独家新闻中的第一篇报道，也是当时最重大的事件之一。1939年8月29日,《每日电讯报》头版刊登："一千辆德国坦克集结在波兰边境，十个师准备发动闪电进攻。"霍林沃斯的第二篇重大报道显然无须等待太久，两天后，当她返回卡托维兹时，战争爆发，她被爆炸声和枪声惊醒。霍林沃斯有过太多独家新闻和冒险经历：1941年成为首位采访伊朗国王的记者，1963年发现英国情报人员金·菲尔比是苏联间谍，很早预测到越南战争将陷入僵局，并于1973年开办了《每日电讯报》驻北京办公室。据称即使在105岁高龄去世时，她依然随身携带一本护照，以备有重大事件爆发需要报道。[43]

随着越来越多的人通过各种社交媒体与新闻聚合器（news aggregator）获取信息，所有新闻媒体从报道中创收的能力都在下降。你或许以为，准确和审慎报道的声誉依然能得到回报。然而，让人们去做克莱尔·霍林沃斯毕生从事的危险外勤报道工作不再物有所值了。来自知名新闻媒体的高质量报道会在瞬间被引用、加工并扩散到其他地方。刊发详细报道的新闻媒体在过去能获得时间优势的奖励，如果是它们首发，在整个新闻界都只有它们的报道。其他媒体需要在一天或至少是半天之后才能做重复报道。总是在重大事件和突发新闻中名列前茅的声誉可以给它们带来关注者。但如今，时间上的领先优势只剩下几分钟，这种速度变化削弱了争当新闻生产者而非加工者的激励。[44]

以上现象进一步让互联网新闻传播进入了狂野西部状态。主要社交网站有着范围广泛的优势。当人们查阅自己的朋友正在做的事情或讨论的话题时，他们能够看到根据各自的兴趣定制的新闻推送——网站可以推测出你的喜好。于是这成了一站式购物：追踪朋友的动态，同时获取新闻信息。这种类型的媒体有自己开展重大报道的激励吗？理由似乎并不明显，因为社交网站刊发的所有报道都可以被改编，难以为自己的网站独享。而吸引人们上这些网站的原因是他们的社交联系，打包提供的新闻信息是一种附加产品，而非主要诱因。这些网站把重点更多放在推送速度和话题匹配上面，提供细致而优质的信息的回报不高。

美国联邦通信委员会的一份媒体报告[45]指出："媒体出口的大量涌现并未带来报道的丰富多彩，许多社区如今有了更多媒体出口，但负责任的本地报道却减少了。"

联邦通信委员会负责美国的媒体监管，其任务之一是促进媒体行业的竞争与多样性。这一详细报告以及对缺乏新闻调查的担忧似乎言之有理。例如，报告中提到在某些情况下新闻报道本可以阻止灾难发生，包括一次矿难。当我读到其中的细节时，感觉这个故事越来越令人不安。

煤矿开采中经常会遇到甲烷的释放，这种物质在自然状态下与煤共生，使煤矿开采成为全球甲烷释放的一个主要源头。甲烷如果同采矿中产生的煤粉混合就会形成高度易爆的气体。因此保证采矿安全需要一系列预防措施：以良好的通风防止甲烷积聚，以各种喷洒系统控制煤粉，采用岩粉除尘法，以及通过报警系统监测矿井中的气体状况等。2010 年 4 月 5 日下午 3 点 27 分，西弗吉尼亚州上大支流煤矿一千英尺地下深处，一台有着巨大轮齿的挖掘机械——长壁采煤机——挖到了砂岩，产生出火花。

那家矿业公司利用一套代码系统提前告知员工有关政府安全检查的消息，赶在检查之前掩盖其违规操作，并保留了两套记录：一套给检查员查阅，另一套留给公司经理。他们对矿工说，强化安全防范措施可能使其丢掉工作。结果当天在该煤矿里有许多违规操作。某些关键的喷淋系统不到位，没有使用充足的岩粉，使煤粉浓度达到了危险水平。矿井的部分区域从未设置支撑装置，这些区域的坍塌导致通风不畅，甲烷随之积聚。至少有一件设备中的甲烷监测器被蓄意重置，以使该设备能非法运转。[46]接下来该区域积聚的甲烷被点燃，加上整个矿井中大量弥漫的煤粉，导致了贯通数英里坑道的剧烈爆炸。当时在班的31名矿工有29人遇难。

美国矿山安全和健康管理局（MSHA）的调查发现，该起爆炸是由于严重的安全违规，前后发出369张传票，并开出超过1 000万美元的罚单。控制此类煤矿中常见的煤粉和甲烷并不复杂，但需要花费成本。结果表明，尽管隐瞒了大量安全违规，但对该煤矿而言接受传讯并不新鲜。例如《华盛顿邮报》报道，该煤矿在过去5年被记录了1 342起安全违规，仅在上个月就有50起。但这样的报道是被动式的——在爆炸发生之后。政府一直在发传票做调查，煤矿却在几年之间始终漠视或者提起上诉，直至灾难不可避免地发生。

这里有三个层面的失败。首先，矿业公司明目张胆地违背了法律，无视确保矿工安全的责任。其次，负责避免此类事故的政府监管体制未发挥作用。事实上同一煤矿在1997年就因为甲烷积聚和通风不畅发生过爆炸，矿山安全和健康管理局在2004年也知道同一区域存在甲烷显著积聚的状况，却并未关注解决该问题的有关建议是否得到落实。此外，虽然政府发出了大量的传票，但缺乏安全措施的煤矿依然能在数年中持续经营。[47]这让我们关注到第三个层面的失败：缺乏有关的新闻监督。我们依赖新闻调查赶在灾难出现前暴露有关的问题，依靠新闻自由保证公有和私有企业的经营符合民众的最大公共利益。当管理体制受到腐蚀或者破坏时，如果问题又得不到曝光，那将很难修复，直至灾难降临。

2000 年，大约有 56 400 人受雇于美国各报纸的新闻编辑部。到 2015 年，这个数字已降至 32 900 人。[48]这或许并不让人意外，因为报纸已经在很长时间里受到电视及其他媒体的竞争压力。还有，许多工作内容被自动化了，比如我们不再需要去跟某人面谈广告业务，而是可以在线完成。可是报纸员工人数的减少不仅是由于非报道类职员的精简。例如，电视台的新闻职员自 20 世纪 80 年代以来也已减少了大约一半，新闻杂志的职员自 1985 年以来同样如此。1980 年时的 50 家纯新闻类地方广播电台，到 2010 年只剩下 30 家，仅覆盖三分之一的国土。[49]许多人的一个主要新闻来源依然是地方电视新闻，但这方面的报道活动也在萎缩，地方电视台的新闻调查数量相当有限。联邦通信委员会指出："有关地方教育、医疗和政府等话题的报道极少。安能伯格传播学院于 2010 年对洛杉矶电视新闻的一项研究发现，此类话题在 30 分钟的节目里仅能占略多于 1 分钟的时段。"[50]

直接测算新闻调查开展数量的一个办法，是分析人们对信息提供的要求。美国的记者或普通公民有权索取《信息自由法》规定的有关信息。在 2005—2010 年间，对这一法案涉及的有关信息的索要次数减少了近 50%。[51]

从全球来看，北美和欧洲的报纸销量正在下降，但在亚洲有所增加。经济的增长、识字率的提高以及价格低廉，使中国和印度的报纸发行量增幅超过了其他地方的降幅，从而使世界范围的销量有所增加。可是，包括数字发行在内的报纸收入却持续走低。纸版和数字版的广告收入大跌，来自数字订阅的收入增长远远慢于新闻媒体的预期。总之，尽管有三分之一的读者在线阅读报纸，但来自所有数据服务的收入在整个产业中却不足 8%。[52]

随着数据和移动服务的增强，从哪里能创造收入来支持新闻调查的生产？未来的克莱尔·霍林沃斯该如何得到回报？目前还看不清楚。虽然技术带来的信息种类、数量和速度令人称道，但它也让难以生产却易于改编的新闻如何创造收入变得更具挑战性。技术革新使新闻报道走向更加短小、更抓眼球和更容易产生，却逐渐远离需要时间和成本收集资料、为民主制度发挥监督作用的功能。

如联邦通信委员会的报告所述，不难理解曾在《巴尔的摩太阳报》从事过十多年报道工作、然后为HBO电视网拍摄连续剧《火线》的大卫·西蒙在2009年参议院听证会上的发言：“腐败的政客将迎来最美好的时代之一。”[53]

以上讨论提到了人类网络学习过程面临的若干严重障碍。不过还有一个真正重要的因素：同质性。对社交学习的完整分析不可能忽略这一现象。

极端化：同质性的后果

彼此仅相隔数米距离的人们可能属于在代际、阶层、种族、宗教、文化以及性别方面完全不同的社交网络。

尽管现代社会在人际联系上具有空前的广度和速度，但我们却没有看到人们的观点和信念的极端化走向减弱的迹象。事实上，有证据显示许多国家的政治观点正走向分化。

这方面的一种研究方法是利用文本分析追踪人们表达观点的方式如何逐渐发生演变。我在斯坦福大学的一位同事马修·根茨科与芝加哥大学的杰西·夏皮罗是利用该技巧分析媒体话语中的偏差和倾斜性的先驱。他们同马特·泰迪合作，通过分析人们的演讲特征来量化党派倾向随时间的改变。[54]这些学者根据政客使用的术语与党派身份的关系，来测算党派倾向的强弱。例如在涉及移民政策时，一位政客是采用“非法居留者”还是“无身份劳工”的说法？在讨论减税时，是说“税收改革”还是“给富人的税收优惠”？我们不难推测哪个术语会更多被哪个党派的人士采用。

术语上微妙或露骨的差异揭示着人们的政治倾向，但并非从来如此。美国政治中的党派倾向从 19 世纪 70 年代到 20 世纪 90 年代都极为稳定。可是到 1990 年后，党派倾向开始呈现突然而急剧的抬升。例如，通过计算 1870—1990 年典型国会演讲中一分钟里出现的多个词汇片段的次数，听众有 55% 的把握确定演讲者的党派归属。也就是说，一分钟里使用的术语可以给判断某个人的政治倾向提供少许线索，但只比随机猜测高出 5 个百分点而已。然而到 2008 年时，不同党派使用的术语严重分化。通过计算词汇片段的次数（不管实际表达的观点），听众有 82% 的把握认定演讲者的政治倾向。这只是聆听一分钟演讲的结果，如果测算 2008 年的一次演讲在四分钟里使用词汇的情况，对演讲者党派属性的判断准确率可以达到 95% 以上，而对 1990 年及之前的演讲，准确率仅有 65%。[55]尽管采用术语的差异只是极端化的一个侧面，这依然表明我们对于政治生活正变得日益分裂的感知是有据可查的。

言语中的党派倾向加剧带来的不只是口水战，还有更多的立法僵局。[56]虽然所有的政党总是各执己见，但议会一直是达成妥协的地方。许多最终通过的法案都得到了两党的共同支持。但如今的投票变得越来越跟党派界限一致，为证明这点，我调取了美国国会中各位议员对法案的投票记录数据。[57]

2015 年，美国参议院举行了 339 次投票。基本上没有相同投票选择的两位参议员分别是加利福尼亚州的民主党人芭芭拉·伯克瑟与佛罗里达州的共和党人马尔科·卢比奥。他们在当年的投票选项仅有 11% 是相同的。因此如果你知道伯克瑟会对某个法案投什么票，那就有相当大的把握说卢比奥会做出相反的选择。投票选项相同次数最多的一对参议员则是夏威夷州的广野庆子与罗得岛州的杰克·里德，均为民主党人，在 98% 的议案中投票选项一致。事实上，投票选项相同次数最多的前 30 对参议员都是民主党人。共和党人在投票选择中的分歧更大，自19世纪中期辉格党瓦解以来，共和党的政治生活还没有出现过如此明显的分裂性。至于党派倾向性的关键点则在于：与1990年相比，参议员在投票选择中跨越党派界限的频率。

在图7.4中，如果两位参议员在至少半数议案中有相同投票选项，则他们之间会形成连线。[58] 1990年时，82%的参议员都彼此相连。而在2015年仅为53%，跨越党派的连线非常少。这个网络的一个有趣之处是，某些参议员被拖离了党派的主体部分。图中各个节点的位置不是随意选择的，而是通过绘制网络的一个算法确定的。该算法把相互连接的各个节点更紧密地安排在一起，让联系较少的节点彼此远离。[59]

这一模式不只出现在美国政坛。法国和奥地利等国的民族主义政党已经站稳了脚跟，英国的脱欧投票也揭示国内的痛苦分裂。几年前，比利时出现了创纪录的589天的无政府现象——凸显了佛兰德人与瓦隆人之间的族裔对立。西班牙在2016年的很多时间陷入僵尸政府状态，因为代表地方利益的分裂议会无力组建执政联盟。

同质性对信息传播的影响与涉及的信息类型有关。要理解这点，让我们看看经常需要处理的两类不同的信息。

我们往往通过转达不需要解释的单纯信息提供互助。例如："有家银行将到我们村提供小额信贷""我们的教练被解雇了""我们公司面临财务困境，明年将关闭这家工厂""星球大战系列的新电影目前正在拍摄"，等等。这些事情你要么知道，要么不知道，属于事实陈述或者文化基因，从一个人传递给另一个人的只是信息。此时的学习过程运转与前文提到的传染过程很像，只需要跟某个人交谈，你就能获知信息，而且这样的信息通常很易于传播。

另外一种大不相同的学习过程则涉及估计牛的重量那样的事。对这种问题，每个人可能有不同的估计，例如：“某些疫苗有多危险”“我国政府明年的预算规模应该有多大”“气候变化造成灾难性结果的可能性如何”“某位候选人会成为优秀的领导人吗”。这种问题适用德格鲁特学习模式，对此类信息的学习更为复杂，表现出不同的动态变化。我们需要综合信息：加总与评估多个来源的信息。

以上两种学习过程在受同质性的影响上存在极大差异，我与本·戈卢布的研究通过对德格鲁特学习和简单信息传播的比较证实了这点。

同质性对某些事实陈述的简单传播的影响可能很有限。一旦人际网络已足够稠密，能让消息扩散到各个部分，那么只需要各个群组之间的少数几次交流，就足以让对某些事实的知晓自由扩散到整个网络。所涉及的解释非常简单，适用于网络路径结构起决定作用的传染、扩散和学习环境。[61]假设我们生活在一个严重割裂的社会，好比封建社会里的贵族和农民，或者在不同地区设立了工厂的某家公司，或者按照种族界限隔离的社区。要让对事实的知晓跨越不同的群组，只需要一个人际联系就能把信息从一个群组传递到另一个群组。如果你身处某家大公司，有关CEO将被解雇的流言已经在某个较大的雇员群体（例如生产部门）广为传播，此时就很容易跃迁到另外一个较大的群体（例如营销部门）并广泛扩散。该消息本来可能仅限于少数内部人知道，一直没有开始传播。可一旦在公司中的任何部门已广为人知，则必然会以类似的速度扩散到整个公司的各个部门。[62]这类似于我们在第6章介绍的情形：单纯的传染病能轻易跨越社会网络中的身份界限，让贵族和君王死于跟普通民众同样的许多疾病。图7.5展示了此类场景。

与之相反，同质性对于涉及价值判断区间（例如人类活动在多大程度上影响气候）的更为敏感的观点和信念有着显著得多的影响。[63]

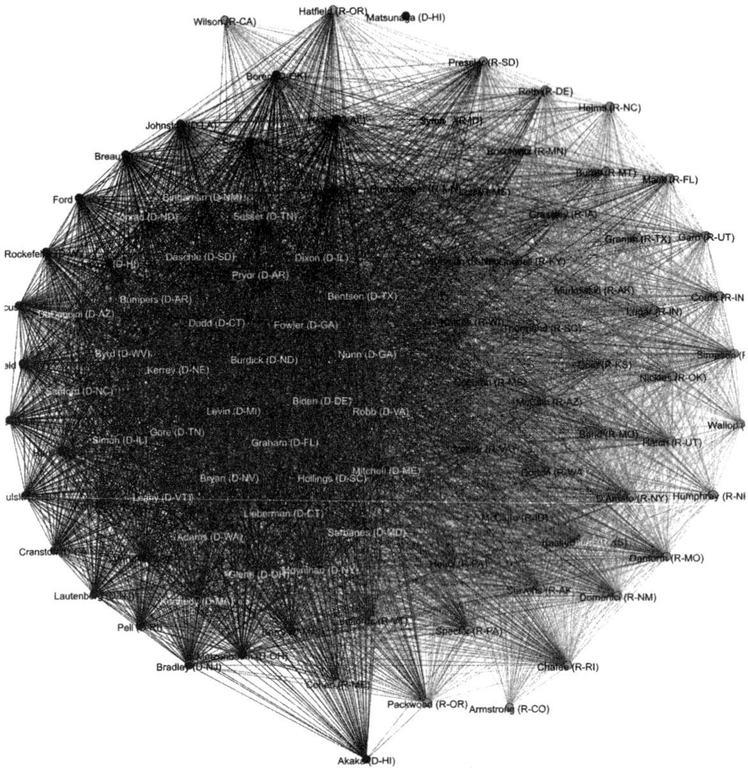

（a）1990 年投票选项

图 7. 4　美国参议院的投票选项。如果两位参议员在半数及以上的投票中有相同选项，则彼此连接。1990 年，82% 的参议员配对彼此相连。2015 年，仅剩下 53%。数据都是参议院的投票，来自 GovTrack。作者利用的 Python 编码取自 Renzo Lucioni，由 Peter Aldhous 改编。[60]

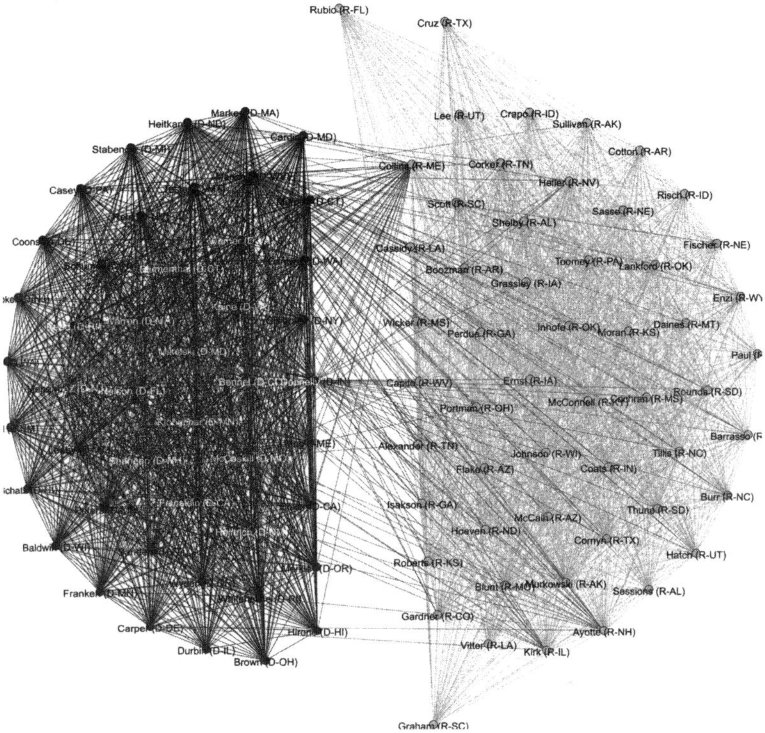
Rubio (R-FL)
Cruz (R-TX)
Lee (R-UT)
Crapo (R-ID)
Sullivan (R-AK)
Cotton (R-AR)
Collins (R-ME)
Corker (R-TN)
Heller (R-NV)
Risch (R-ID)
Scott (R-SC)
Sasse (R-NE)
Shelby (R-AL)
Fischer (R-NE)
Cassidy (R-LA)
Toomey (R-PA)
Lankford (R-OK)
Boozman (R-AR)
Grassley (R-IA)
Wicker (R-MS)
Inhofe (R-OK)
Moran (R-KS)
Daines (R-MT)
Perdue (R-GA)
Capito (R-WV)
Ernst (R-IA)
Rounds (R-SD)
Portman (R-OH)
Alexander (R-TN)
Johnson (R-WI)
Tillis (R-NC)
Barrasso
Flake (R-AZ)
Coats (R-IN)
Burr (R-NC)
Isakson (R-GA)
Thune (R-SD)
McCain (R-AZ)
Hoeven (R-ND)
Hatch (R-UT)
Roberts (R-KS)
Murkowski (R-AK)
Sessions (R-AL)
Gardner (R-CO)
Ayotte (R-NH)
Vitter (R-LA)
Kirk (R-IL)
Graham (R-SC)
Markey (D-MA)
Heitkamp (D-ND)
Cardin (D-MD)
Baldwin (D-WI)
Carper (D-DE)
Durbin (D-IL)
Brown (D-OH)
Hirono (D-HI)

（b）2015 年投票选项

如果我要把朋友的看法汇总起来，而他们大多数人有着类似观点，那么部分朋友的少数派观点可能需要很长时间才能产生作用。我们的行动就像怀疑论者：新的信息与我们现在听到或曾经听到的大多数说法并不相符。这个学习过程在很大程度上取决于重复和惯性，从而导致我们的少数朋友熟人持有的某个观点几乎没有机会较为明显地左右我们的信念。

以上两种学习过程的差异可以从图 7.5 和图 7.6 的对比中看出。疫苗接种的话题能带来丰富的启示。如前文所述，之前发表、后来又被撤稿的那项欺骗性研究导致疫苗接种率大幅下滑，但下滑的扩散并不平均。例如，明尼苏达州居住着来自索马里的内部联系密切的移民社群。尽管该州对 MMR 疫苗与自闭症联系的报道的反应并不强烈，疫苗接种率维持在接近 90% 的水平，但索马里移民社群的接种率却从超过 90% 降至 2014 年的 42%。事实上，那项研究的主要作者安德鲁·韦克菲尔德曾在 2010—2011 年多次到访该社群，警告当地民众小心 MMR 疫苗的危险。他的访问以及其他担忧 MMR 疫苗的人的行动，有效降低了那里的疫苗接种率。然而对疫苗的担忧基本上限制在该社群的范围内，明尼苏达州的索马里移民在 2017 年暴发的数十起麻疹病例也没有更大规模地向外扩散。[64]

延绳钓鱼产业（longline fishing）是另一个反映同质性对信念和行为影响的例子，米歇尔·巴尼斯及其在夏威夷大学马诺阿分校的同事对此开展了研究。延绳钓鱼产业给世界许多地方供应新鲜的金枪鱼和剑鱼。夏威夷则是一个重要集散地，每年开展超过 1 000 次航钓，创造的年收入约为 5 000 万 ~ 1 亿美元。延绳钓鱼的名称描述的是一种捕鱼技术——在长线的不同位置（经常再通过短线）绑上钓钩捕鱼，一根长线上能绑上数百甚至数千个钓钩。在钓金枪鱼或剑鱼时，钓线的位置靠近水面。该技术面临的挑战之一是不仅能捕到金枪鱼和剑鱼，也有其他鱼类，以及鲨鱼、海龟乃至鸟类等。这些被称为副捕捞。

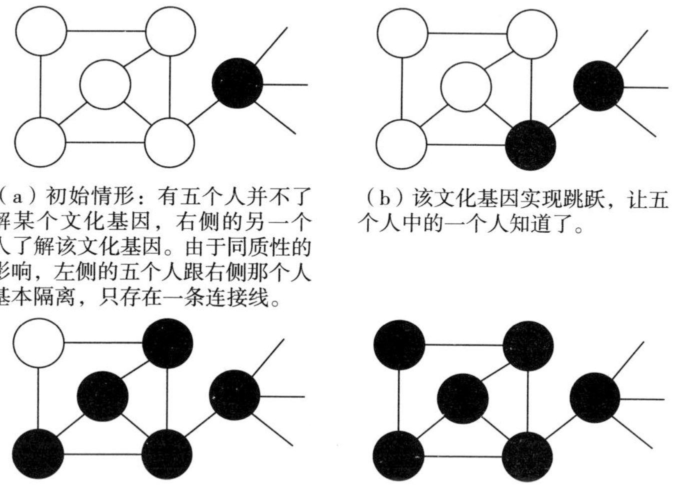

（a）初始情形：有五个人并不了解某个文化基因，右侧的另一个人了解该文化基因。由于同质性的影响，左侧的五个人跟右侧那个人基本隔离，只存在一条连接线。

（b）该文化基因实现跳跃，让五个人中的一个人知道了。

（c）该文化基因传播到她的三个朋友。

（d）最后一个人也知道了该文化基因。

图 7.5　同质性影响下的文化基因传播：虽然有同质性的影响，但属于“知道或不知道”类型的信息传播速度很快。

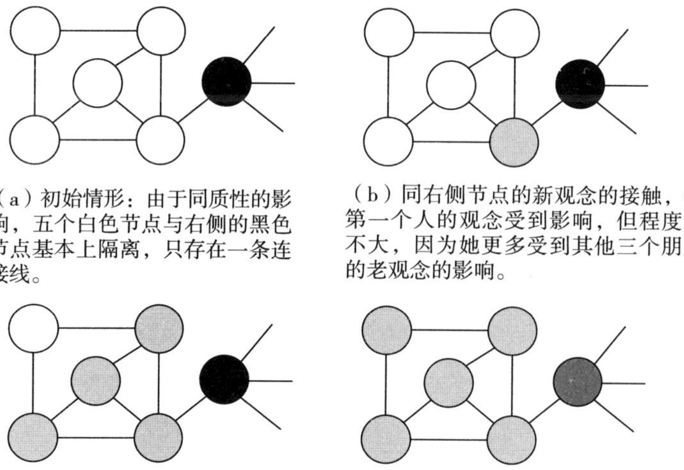

（a）初始情形：由于同质性的影响，五个白色节点与右侧的黑色节点基本上隔离，只存在一条连接线。

（b）同右侧节点的新观念的接触，使第一个人的观念受到影响，但程度并不大，因为她更多受到其他三个朋友的老观念的影响。

（c）影响继续扩散，但由于初始情形和同质性的作用，观念只有轻微改变。

（d）影响扩散到最后一个节点，但观念变化不大——需要更多的重复迭代才能使观念发生重大改变。

图 7.6　同质性影响下的德格鲁特学习过程：存在同质性时，涉及价值判断区间的观念的转变较慢，因为赋予新观念的权重较低。

副捕捞对渔民而言不是好事，这有几方面的原因。第一，某些物种处于濒危状态，其捕捞受到限制。第二，副捕捞可能带有危险。你可以想象，捞取大型的金枪鱼和剑鱼已经很危险了，把鲨鱼从钓线上取下来可能更麻烦。第三，每个捕获到副产品的钓钩都意味着原本的捕捞对象减少，把它们从钓线上取下和修复破损的装置也会浪费时间。

避免副捕捞有多种方法：更换钓饵，调整钓线的深度，了解如何识别鲨鱼集中的海域，了解海水的月相和季节变化模式与出现副捕捞的位置，同其他渔民分享鲨鱼和其他副捕捞产品的信息等。[65]因此渔民需要彼此交流。

在夏威夷开展延绳钓鱼的渔民中间，信息分享网络具有高度同质性。巴尼斯及其合作者对几乎所有渔民进行了访谈，询问他们通常和谁交流有关捕鱼的重要信息。这些渔民分为三个种族群体：越南裔、欧洲裔和韩国裔，以规模从大到小为序。越南裔和韩国裔通常是第一代移民，能讲的英语很有限。欧洲裔则一般来自美国大陆地区。不同族裔之间的同质性划分很强烈：88% 的渔民在网络中的联系是跟本族裔的人往来。

巴尼斯和她的同事集中了解鲨鱼副捕捞的情况，结果发现越南裔和韩国裔渔民有着类似的副捕捞率，而他们的比率显著高于欧洲裔渔民。研究者估计，如果所有渔民的副捕捞率都下降至较低的水平，那么每年会少捕获约一万条鲨鱼，从而使整个夏威夷的延绳钓鱼导致的鲨鱼副捕捞量减少 12% 。

副捕捞率的差异有部分原因可能同文化背景有关。为分析族群因素造成了多大影响，巴尼斯及其同事更深入地观察了个体渔民的行为。例如，每个族群中有少数渔民同其他族群的网络存在联系，有几位欧洲裔渔民就主要同韩国裔渔民交往。结果表明，影响这些渔民副捕捞状况的并非他们自己的种族属性，而是他们的主要人际联系属于哪个网络群体。巴尼斯及其同事通过与渔民的更多访谈发现，这些渔民确实在同网络中的其他人分享海域位置的消息，以避开发生鲨鱼副捕捞的热点，并讨论能提高效率的钓鱼技术革新等。这些证据进一步表明信息交流发挥了作用。

由于该研究没有观察到直接的信息流向，我们并不确定同质性因素对信息的影响是造成副捕捞差异的原因，但这的确显示，同一产业（以及本案例中的同一水域）的不同人群可能维持着基本上互不相连的网络与不同的行为模式。

人类面临的挑战

> 只有两个东西是没有边界的，宇宙和人类的愚蠢，对前者我并不肯定。
>
> ——阿尔伯特·爱因斯坦

不管爱因斯坦有没有真正说过这话，重要之处在于：我们的集体智慧尽管不同寻常，但也可能把事情搞糟。

理解和交流抽象思维的能力让我们这个物种统治了地球。作为集体的人类拥有庞大的知识，远远超出任何一个个体能掌握的范围。但同样的能力也让我们相信谎言。我们的知识不是由某个全能的个体生物集中掌握和精心汇总，而是分散存储，并时刻改变。我们要加工很多来源的信息。简单的文化基因和理念可以轻易传播，但处理和汇总较为复杂的信息却面临艰巨挑战。我们的人际网络充满了各种圈子，我们从许多渠道听到同样的信息，容易发生重复计算，因此相信其真实性，而实际上那只是通过网络中不同路径传来的相同信息。加上同质性以及对消息来源的选择性关注，我们大有可能被划分到基本上相互隔绝的回声仓里，而不同的仓室有着对立的观点。

当然，尽管有作为人类的一切缺陷，但如果我们的网络有足够的平衡性，人们的观点集中在距离真相不远之处，有充分的反复交流，且没有强烈的倾向去操纵或扭曲人们的信念，那我们依旧能达成共识，把事情做对。但如果某个话题变得越激烈或者越有政治意味，就有越多人需要信念来得出某些结论，人们对于同谁交流及重复何种说法会变得越挑剔，同质性的影响会越强烈，从而引起人群的两极分化。

除人类网络中信息处理的复杂性外，我们还面临如下挑战，信息不仅改变了新闻的传播，而且影响新闻的收集和发现。技术革新使信息的储存、寄送、搜寻、复制和传播普遍变得更为便利，带来了极大的好处，也因此改变了生产真实新闻和假新闻的激励。生产和传播看似可信的假新闻的成本接近于零，加上深入挖掘真相的回报在萎缩，我们需要更强的能力过滤各种信息。

第8章

我们的朋友与局部网络结构的影响

导读

◎自然进化出的蚂蚁的集体行为，跟互联网的TCP协议（传输控制协议）原理相同。人类也从自己同伴的经历中去寻找线索——我们有着模仿周围成功人士的天性。

◎然而羊群效应会造成信息损失，两三个人的错误选择能导致整个人群迷失——让我们选择糟糕的餐厅，错过有趣的新产品，甚至引起毫无根据的银行挤兑。

◎人类的网络协同造成了共同体验、共同话题。机缘巧合下形成的流行风潮可以放大到不可思议，从东京的寿司大，到鸟叔的“江南Style”。

◎我们的社交网络充满“聚集现象”——朋友的朋友相互也是朋友。信任与加持在生活中至关重要，流言蜚语让我们知道需要在乎别人对自己的印象。

◎对任意两个脸书用户，通过计算其关注朋友的“嵌入性”和“离散度”，将有60%的概率猜出是否存在恋人关系——我们的生活就是社会网络关系的总和。

与智者同行，必得智慧；与愚者为伍，必受其累。

——《圣经》，箴言第 13 章第 20 节

我们的行为与朋友类似，这缘于多种理由。某些行为有着强烈的互补性：如我们喜欢采用与其他人兼容的软件和技术。观看或阅读能和其他人共同讨论的电影或书籍，对我们来说更有乐趣。我们还会推测其他人的选择是因为消息灵通，而模仿其做法，例如拥挤的餐厅表明其味道不错。我们跟随榜样人物的领导，相信他们的判断。作为社会生物，我们还关心其他人的看法，并采取相应的行动——对同伴的压力做出反应。

在简单的传染和观念形成之外，上述特点给人类的行动又增加了一层影响：我们会有意识地去配合其他人的行为，由此形成了影响网络结构与扩散现象和行为模式的关系的更多规律。本章将分析羊群效应和连锁行动，并深入考察为什么某些产品能迅速走俏，而其他一些却乏人问津。

我们还将更深入地探讨局部网络结构如何发挥作用及其背后的原因。在谈到你的朋友时，这些人彼此之间是否也是朋友具有重要的意义。除影响行为模式的扩散之外，这些局部网络的结构特征——如两个人是否有一位共同的朋友——能够决定这些人是否彼此信任。

蚂蚁与旅鼠

人类与模仿密不可分：一个人完全是通过模仿其他人而成为人。

——西奥多·阿多诺，《最低限度的道德：对受损害生活的反思》

地球上生活着的蚂蚁数量是人类的 100 万倍，[①] 因此你所在的地方很可能有众多的蚂蚁。事实上，除非是在格陵兰岛、冰岛或南极洲，你都会与蚂蚁比邻而居。你肯定曾注意到蚂蚁对食物资源的反应有多么迅速，一小块冰激凌掉在路边，不久后就会被蚂蚁群淹没。

蚂蚁是怎么做到这点的？它们并没有一个中央控制系统或共用大脑，所有的工作都是由蚂蚁个体完成的。蚂蚁通过相互触碰实现交流，它们会用触角相碰，并感知对方的化学状态，还会释放出在靠近时能感知的微量信息素。我在斯坦福大学的一位同事黛博拉·戈登用了数十年时间研究蚂蚁的行为，她与斯坦福大学计算机科学家、互联网协议专家巴拉吉·普拉巴卡尔联合分析蚂蚁的个体交流如何导致集体行动。在学生凯瑟琳·德科塔配合下，他们发现了特意命名的“蚂蚁网”。[②]这个说法非常贴切，因为蚂蚁用来搜寻食物的系统在许多方面类似于互联网为传输数据包（小段的信息）而设计的组织形式。远在人类之前，大自然就发现了如此稳定、简单、分散化和可扩展的算法，这其实并不令人惊讶。

这些学者研究的蚂蚁类型是红收获蚁（Pogonomyrmex barbatus），更常见的名称是沙漠食种红收获蚁，栖息地是新墨西哥州的沙漠。一个蚁群中的蚂蚁承担着不同职责，负责寻找和带回食物的被称为劫掠蚁。指导这些蚂蚁行动的反馈系统很简单。一旦某个劫掠蚁离开蚁群，它就开始四处探寻，直至找到食物。而一旦找到食物，它就将其拖回蚁群，其重量经常能达到自身体重的数倍。如果劫掠蚁频繁返回蚁群，那么在巢穴入口附近等待的蚂蚁就会遇到很多归巢者，于是正在待命的蚂蚁将对这种频率做出反应，遇到归巢者的次数越多，它们自己选择外出的概率就越大。实际上，每遇到一只归巢的蚂蚁，待命者都会受到刺激，在单位时间内受到的刺激足够多时，它们就会加入外出劫掠的队伍。在食物供应较少时，蚂蚁的返回比率则会减少，待命者离开巢穴参与劫掠的比率也随之下降。

戈登等人意识到，这一交流系统同互联网上传送数据包的 TCP 协议相仿。[③]你发送一个数据包，在确认收到之后，会发出更多的数据包。确认反馈来得越快，数据包的发送也就越快——确认的速率较快，基本上表明发送信息的可用带宽越多。如果确认信号开始放缓，则该通信协议会减慢传输的速度。

这个系统的简单有效显示，人类以及其他许多动物为什么会从自己同伴的经历中寻找线索。如果外出的劫掠蚁很快带着丰收成果返回，表明正是觅食的大好时机：我们天生就有模仿周围成功人士的动力，这是大有意义的。然而除了简单地跟随别人在合适的时机和地点去觅食外，人类还能适应其他许多开展合作与集体行动的方式。模仿他人并做出反应的能力是我们文化与习俗能快速演化的秘诀之一，而不用依赖节奏慢得多的自然选择。[④]

但人们真的会像其他人那样行动吗？当然如此，我们随时都在这样做。事实上即使在关系重大时，我们也会这样做。卢卡斯·考夫曼、克莱顿·费瑟斯通与贾德·凯斯勒研究了“为美国而教”组织的被录用者是否会因为其他人的决定受到影响。[⑤]这一组织选拔优秀的大学毕业生，给他们支付适度的薪水到成绩较差的学校去执教两年。例如，斯坦福大学的一位毕业生可能被安排到明尼苏达州的贫困乡下或洛杉矶的低收入社区小学去教数学。该项目给新毕业生提供了选择不同道路的机会，让他们更多了解周围的世界，同时用年轻、聪明并有活力的教师去帮那些学校补充师资。“为美国而教”组织通过一系列面试判断候选人是否适合参与该项目，也让申请者了解该项目要求做出怎样的承诺。面试结束后，若某位申请人被录用，那么他必须决定是否承诺加入项目。考夫曼等人对被录用者接受邀请的比率做了对比：一部分人将收到标准格式的录用信，祝贺他们通过了资格面试，并邀请其加入该项目；另一部分人收到的录用信除了同样内容外，还加上如下陈述：“去年有超过 84% 的被录用者决定加入团队，我诚挚地希望你也成为其中一员。”大约有 8% 原本会放弃的被录用者在读到此信息后选择了加入。

这只是人们的决策受到周围人士影响的大量证据中的一个案例，但其意义远远超出日常生活中的情形——你不是选择买哪种牙膏，而是要考虑今后两年的时光该如何度过。可是，无论人们的相互模仿与协调行动有多么显而易见，要证实他们真正这样做却并不容易。研究者希望衡量朋友的行为在多大程度上影响着我们的选择，但同质性是个大麻烦。我们的行为与朋友类似，这是因为他们带来的影响，还是因为我们和自己的朋友过于相似，所以在行动上也表现得天然一致呢？[⑥]许多人去看同一部电影，是因为通过口碑得到了消息，以及不愿意失去共同话题，还是因为这部电影正好能引起某类人的共鸣，或者特定群体的人都看到了相同的广告宣传或正面评价？

为完全证实一个人的决策导致其他人做出同样的决策，我们需要对交流的结构做某些控制，正如“为美国而教”项目那样。在录用信中随机加入一句话，我们可以知道有多少申请人是因为得到其他人加入该项目的信息而选择接受邀请。但即使在不能开展实验的情况下，有时候大自然也会加入某些随机因素，让我们能辨识人们采取某种行动的原因，这被称作“自然实验”。

例如，天气状况就可以帮我们测算有多少人是因为其他人看了某部电影而选择去观看。假设当一部电影在夏季的某天开映时，芝加哥的天气非常炎热，纽约则清爽适宜。这导致在芝加哥去看电影的人比正常情况更多，而在纽约去看电影的人会偏少。天气的随机性意味着在这部电影的首映周末，芝加哥的观众相对而言会多于纽约。那么在下一个周末，当天气回归正常状况后会是怎样的情形？如果人们去看一部电影是因为其他人都在谈论其内容，那么我们应该看到芝加哥的相对观众人数依旧会多于纽约。而事实的确表明：一部电影首映周末的观众人数每增加 100 人，将使第二个周末的观众人数增加 50 人，第三个周末增加 30 人。[7]

借助机缘巧合或研究者的安排，通过各种类型的随机因素，我们如今找到了大量案例表明人们受到周围人的决策和经验的影响，从哈佛商学院的毕业生根据同学的经历选择是否创业，[8]到人们选择何种应用程序，[9]是否加入某项退休金计划，[10]是否开展体育锻炼，[11]以及买卖哪种股票等。[12]

羊群效应、银行挤兑与集体迷失

> 生而知之者，上也；学而知之者，次也；困而学之，又其次也。
>
> ——孔子[13]

“为美国而教”项目与其他案例背后的逻辑很清楚。既然有一群聪明人先于我加入了，那肯定是件值得做的事。这是相信集体的智慧。然而集体也可能迷失。

在“为美国而教”的例子中，学生不是通过与朋友商量或者参考各种资料获取信息，而是观察其他人采取的行动。这种参考方式的危险之处在于可能导致羊群效应。羊群效应是如何形成的？根据集体行动做出决策，与跟人们逐一交谈提供参考有怎样的不同？[14]

让我们把决策的重要性放低一点，暂时忽略“为美国而教”的申请人，先看看人们决定到哪个地方去吃饭的例子：是爱丽丝的餐厅还是蒙克的咖啡屋。每个人对这两个地方的服务品质都有一些印象，例如通过查看菜单，或者了解厨师的某些背景。假设大家都去两个地方尝试过，那所有人都会认可爱丽丝的餐厅是更好的选择。可是，每个人的初始信息可能是错的，人们知道这点，也知道自己掌握的信息并不优于或差于其他人掌握的信息。大家掌握的初始信息中有一定的真实价值，如果有足够多的人能够参与“哪家餐厅更好”的投票，大多数人做出正确决定的概率是较高的。

不过人们在做出选择之前并没有举行全体投票，而是逐一前来决策。他们在做出选择前可以看到前人的选择——例如，从窗户中看到的状况。

第一个人做出了自己的选择。通过他的选项，你可以推测他掌握的信息。如果那个人选择了蒙克的咖啡屋，表明他掌握的信息对蒙克有利。然后轮到第二个人做选择，由于此人掌握的信息并不优于或差于第一个人的信息，他或许会选择自己喜欢的一家。假如又是蒙克的咖啡屋，那就会出现两条对蒙克有利的信息。如果这两个人掌握的正好都是错误的信息，爱丽丝的餐厅本来更好，结果会如何？轮到第三个人做选择的时候，他看到蒙克的咖啡屋里有两个人，爱丽丝的餐厅是空的。你或许也亲身遇到过类似的情形：当旁边一家餐厅有顾客时，你对踏入某家空无一人的餐厅是否有所担心？因此，看到蒙克的咖啡屋里有两个人后，第三位决策者推测，前两位都认为蒙克的咖啡屋是更好的用餐地点。投给蒙克的这两票非常关键，无论第三个人自己掌握的信息如何，他都应该知道大多数信息表明蒙克的服务更好，于是他也会选择走入蒙克的咖啡屋。这一行为模式会接连发生下去，即使第四位选择者正好读过本书，知道第三个人的信息毫无帮助，是前两位选择者掌握的信息让他们都走进了蒙克的咖啡屋，但无论他自己掌握何种信息，他同样会选择蒙克的咖啡屋。由此就出现了羊群效应，爱丽丝的餐厅本应该是更好的选项，大家却云集到蒙克的咖啡屋。

以上案例给出了一个重要启示。如果你尝试着像个经济学家那样思考——希望这不要吓到你——那么你应该会发现是出了什么问题。这里出现了外部效应：任何个人做出的选择都给其他人传递了信息。人们出于自己的喜好选择去哪里就餐，结果却影响其他人对餐厅相对品质的推测。仅仅两个人的错误选择就能导致整个人群的迷失。

假如前 20 人或 30 人是根据自己的信息做出选择，也没有观察到在他们之前的人的行为，整个人群了解到的信息会多得多。在观察到前 20 人的选择后，我们将能够推测 20 个人的信息，而非只有两个人的信息。如果前两个人之后的所有人都随大流去做选择，而忽视自己掌握的信息，这对他们自己是最佳策略，却使社会中的其他人无法获取他们特有的信息。

这类“信息外部效应”在我们的生活中无处不在，例如在每次遇到新机遇和新产品的时候。哪只企鹅愿意第一个跳入可能潜伏着海豹的水域呢？如果我们都站立等待，没有人跨出第一步，我们将一无所获，或只能延迟学习过程。你有没有过类似的裹足不前，希望了解其他人的评价再做决定？或者吓得躲开了没有人给出评价的产品？有时这种现象会使尝试新产品的人数太少，使其始终不能走俏，或者需要太长时间才流行起来。

在采纳新的耕种技术方面，这一现象曾造成过极大的损失。采用新方法可能是件有风险的事情，没有人希望把农场的未来押在不确定的技术上。安德鲁·福斯特与马克·罗森茨威格的研究显示这类等着瞧的态度在印度农村极大地延缓了新的高产作物的推广。[15]最贫困的农民本来能从这项新技术中获益最大，但由于周围的贫困邻居都不愿意勇敢尝试，因此大家共同受损。

当然也有过许多让消费者后悔去尝试的灾难性新产品，从福特公司的埃塞尔汽车，到 IBM 的小个人电脑等。但无论好坏，人们对一个产品都必须经过尝试才能获得了解。所以制造商经常会免费派发新产品样品，有时甚至雇人去采用新的技术，尤其是在消费品细分市场。精明的营销者还会借助人类网络，并设计推荐奖励机制。[16]特斯拉公司一度实施过如下政策：每推荐一个朋友购买 S 型汽车，S 型汽车的车主将获得 1 000 美元奖励。Dropbox 公司也利用推荐奖励计划，帮助其用户数从 2008 年底的 10 万人暴涨到 2010 年春季的超过 400 万人。从电影到汽车的各种产业，都有某些评论人是靠告诉其他人应该买什么产品来谋生的。不过，也总有些喜欢尝鲜的人不管什么报道，无论如何都会去尝试某些产品，还有人因为获得了内幕消息，因此会急不可待地挤到前面去。[17]

外部效应并不总是起坏的作用，但它们是双刃剑。

如果你看到人们排起长队从某家银行取钱，你或许会开始担忧自己在这家银行乃至其他银行的存款的安全。我们可能误会了：事情的起源只是少数人因为误解而恐慌，开始排队取钱。结果却使大家群起仿效，从而导致了没有根据的银行挤兑。挤兑可能完全自发出现，但经常是由某些消息引发的。例如在电影《生活多美好》中，比利叔叔丢失了贝利建筑与贷款公司的 8 000 美元，因此导致了人们的担忧，许多顾客排队去取存款，然后是电影故事的重大转折。

正如本书第 4 章指出的那样，引发挤兑的消息并不需要严重到足以摧毁某家银行，也不需要真实，甚至不需要与这家银行有关。这条消息只需要在储户和债权人心里埋下不确定性的种子，银行就可能出现挤兑。对挤兑的担忧本身足以引发挤兑。即使你知道这家银行的投资状况良好，应该是安全的，但如果预见其他人会出现恐慌，那么谨慎起见依然该把你的钱取走，由此挤兑会自我实现。即便是一家财务健康的银行，在被迫把投资提前变现时经常也只能偿还储户的部分存款。我们每个人取回资金的决定将迫使其他储户也取回资金，因为没有人愿意排到最后。这里的外部效应是，对少数银行的挤兑可能导致对我们以为非常健康的银行的挤兑预期。部分由于对政府保险的信任以及在必要时会有政府干预的预期，如此普遍的金融恐慌在现代史中已变得更罕见了。但仍然会出现某些情况，让这种信任不能维系，爆发广泛的恐慌，使好的机构和差的机构同遭重创——例如希腊在2015年夏季就因此暂停了银行业务。

博弈论与互补性

有人从你开户的银行取钱，刺激你如法炮制，这只是我们的行为受到朋友、邻居的行为引导的众多情形中的一种。

按许多人的说法，东京的寿司大是全球最好的寿司餐厅之一。此外，其价格相对品质而言也相当合算。但如果你想去那里用餐，虽然不需要额外花钱，却要耗费时间。通常来说，无论刮风下雨，食客队伍都要排到街区拐角。我们是在大约三小时的等待后吃到美食的，中间还见到了日出，因为寿司大坐落在东京最著名的鱼市边上，凌晨时分那里一片喧嚣。我们的经历肯定不算特别，因为你能找到如何尽量缩短去那里的等待时间的各种建议。一位导游解释说："我们在早上3点30分左右排到寿司大的队伍中，大约在第50位。由于第一份寿司是在5点上桌，每45分钟可供12~13人在店内用餐，这意味着我们需要排队4.5个小时，在8点开饭！"[18]不过，寿司大餐厅排起的长队并非上文案例中蒙克的咖啡屋那样的简单羊群效应，还有其他因素共同促成。

那里的食物很精美，但实话实说，对于寿司我实在无法分辨相当不错与世界最佳的区别。糟糕的寿司很容易看出来，不过达到一定品质后，我就不再有能力鉴别。[19]那么在其他许多地方无须排队就能吃到对自己味蕾而言并无差异的菜肴时，我们为什么还要花好几个小时又冷又黑地去排队吃寿司早餐呢？因为你如果去东京参观鱼市，人们就认为你理应去寿司大。这是什么意思？这代表一种共同体验。正如那位导游在网站上的说法：“我们做到了！我们在筑地鱼市的寿司大通宵排队吃寿司早餐，在品尝完每一只饭卷后，我们可以说之前的等待完全物有所值。没有寿司早餐的东京之行是不完美的，而寿司大是最好的选择之一。”其他游客去那里后，跟你谈起东京鱼市时不可避免地会问：“你去寿司大了吗?”现在我可以回答：“去了，真是难忘的经历。”

寿司大的长队背后的这种乘数效应在适当的场景下可以大到不可思议。

2012 年 7 月，韩国音乐人鸟叔（朴载相，Psy）推出了名为“江南 Style”的一段视频。鸟叔在韩国是位知名的流行歌手，曾在波士顿大学短期学习商业，后转至波士顿的伯克利音乐学院，但最终并未完成学位就返回了家乡。他真正想做的是创作音乐。经过一段拼搏之后，他的一连串歌曲和视频在韩国打响。他作品中的幽默还令其在日本受到关注，尤其是当他在 2012 年早期日本电视台播出的音乐会上成功亮相后。然而在上述地区以外，他几乎默默无闻。因此当“江南 Style”的视频在那年夏天推出时，没有人能够预见它不仅会是当年最流行的音乐视频，而且将成为有史以来第一个浏览量突破 10 亿次的视频。两年后，浏览量将超过 20 亿次。当然，这段视频很吸引人，有着原创性的舞蹈和充满创意的摄影，可是其他许多视频节目同样如此。这段视频的评论很叫好，然而没有任何因素能解释其脱缰野马般的巨大成功。

人们的时间和注意力有限意味着，不是所有事情都会流行起来并成为谈论的话题。这里存在人与人的协同，并会再次闪现外部效应的影子：我们之所以观看某部视频或电影，是因为朋友在看。此类效应的不利之处是，值得商榷的东西可能大行其道，而宝石却被蒙上尘埃。最精彩的内容可能从未得到足够多人的关注，无法启动滚雪球的进程。如果要你预测任何一个事物是否会一炮而红，你都应该说不。在超过99%的情形下，你都会是正确的。绝大多数人和事都永不会有走红的机会。在涉及人与人的协同时，固有的品质与最后的成功在很大程度上会脱钩。品质能起作用，但远远不能提供保证。“江南Style”视频有着足够好的运气，它成为人们喜欢在聚会中播放的音乐，得到广泛的谈论和分享，直至人们为了不落伍而不得不去观看。

你在意让自己的行为与朋友保持协同，这可能导致多种相当稳定的结局。借用博弈论的术语讲，叫作“多重均衡”。彼此的强化效应可以压倒我们个人的倾向性。在大量的例子中，人们因为相互配合陷入并非最优的行为模式：我们采用字母位置并非最优的计算机键盘，因为需要在许多地方使用键盘，而生产相同（而非个性化）的键盘更为便宜；我们使用的语言有着不必要的复杂规则，并充满例外用法，因为你要与周围的人交谈就必须接受现状；各个国家对于车辆靠马路的哪边行驶有不同习惯，这会让心不在焉或存在时差的游客在过马路时面临危险。由于保持协同造成的反馈作用和强烈激励，这些行为模式几乎没有可能改变，即便我们认识到其他做法的效果或许更好，也无法取而代之。[20]

这种交互作用同社会学习过程有所不同：我们有意去做朋友做的事情，是因为他们正在这样做，而不只是因为从他们的行为中得到了何种信息。成为世界上唯一懂得如何下国际象棋的人是完全没有意义的。我们的大多数嗜好和娱乐都带有某些社会属性，从参加自行车骑友会或读书俱乐部，到讨论电视剧里的最新情节。由于我们的选择涉及的社交圈子，我们的行为也在给其他人发出关于自己的特征、意愿和身份的信号。

推动我们做出类似于自己朋友的选择的各种广泛因素有着重要意

义。希望与朋友谈论相同的经历，要求自己从众行事，试图跟上其他人的步伐，或者试图做某些与其他人的行动相容的事情，都必须保持好协同。这给人类网络的运行方式又增加了一层有趣的影响。

保持协同还意味着同质性将再次发挥作用。当我们让自己的行为与朋友保持一致的时候，某些东西会在人际网络的一个部分扩散传播，而网络中其他部分则可能不受影响，跟本书第 6 章讨论过的退出决策非常类似。

腐败实际上是种非常社会化的行为，当周围的其他人无视法律时，我们自己违法的概率会大得多——也是不同社会群体有着不同习俗的一个重要案例。[21]由于存在较强的地理同质性，腐败的社会化特征使其在全球各地的严重程度出现很大的悬殊。这给旅行中的人们带来了某些有意思的不适应，因为他们经常维持着自己原来的习惯。

雷 · 菲斯曼与泰德 · 米盖尔就发现了这样一个有趣的例子。[22]你或许听说过所谓“外交豁免权”，即外交官在违反某些当地法律时不会受到起诉。因为这些人可能并不完全了解当地的所有法律，外交特权能给他们些许通融。另外，该特权还能防止各个国家利用逮捕的威胁给来访的外交官施加压力。

世界上绝大多数国家都有外交人员派驻纽约，尤其是因为那里是联合国总部的所在地。外交豁免权意味着，无论这些人把车停在哪里，都不缴纳罚单，你也无可奈何。1997—2002 年，驻纽约的各国外交官共计收到了 15 万张未缴费停车罚单，罚金总额超过 1 800 万美元。这些数字不可小看，其中大多数罚单是由于在禁区停车被处罚，如禁止停车和载客的地带、消防栓附近等。

从罚单中表现出了极为鲜明的国别差异，按照各自派出国的习俗行事的外交官有着完全不同的行为。如果他们在自己的母国经常遇到腐败现象，那他们很可能也会无视纽约当地的法律，大量收到罚单。而有些国家的外交官基本没有过违章停车，你或许能猜到是哪几个：

加拿大、丹麦、日本、挪威和瑞典。它们都是腐败发生率极低的国家。每名外交官的违章次数超过 100 的国家在腐败指数上则要高得多，包括埃及、乍得、苏丹、保加利亚和莫桑比克等。图 8.1 显示了两个数据之间的联系。

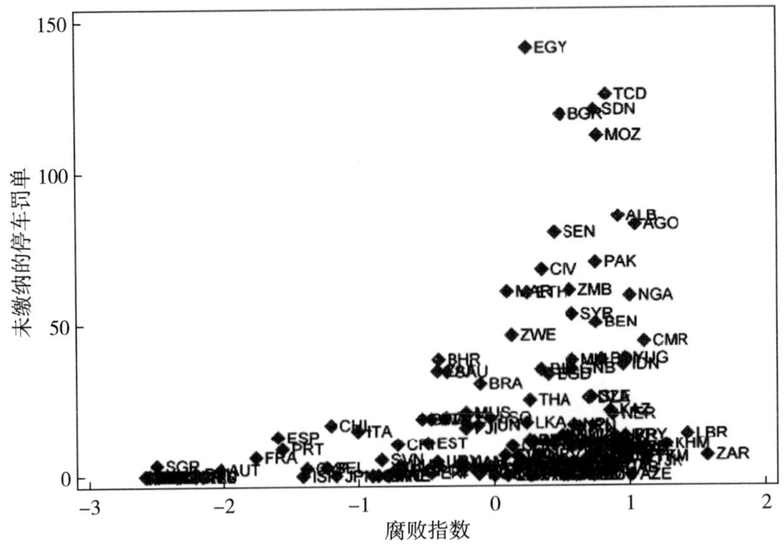

图 8.1　图中的散点代表 1997—2002 年各国驻纽约市的外交官有多少未缴纳的停车罚单，具体数字是每名外交官平摊的罚单数。横轴的腐败指数做了标准化处理，0 为平均数，1 表示某个国家的腐败状况比平均水平严重 1 个标准差，−2 表示某个国家的腐败状况比平均水平好 2 个标准差。数据来自 Fisman and Miguel（2007）。

对于腐败指数评分为正的国家，每名外交官平均有 23 张未缴费的罚单。而较为廉洁的国家的平均数仅为略多于 12 张。[23]

聚集现象与复杂传染和扩散

上述复杂行为的扩散不同于较为简单的疾病或基本信息的传播，也跟社会学习过程有差异。在学习打桥牌或麻将等游戏前，你可能会等一等，直到有好几个朋友已经在玩了，才会加入。看到好几个人在索要贿赂，你自己也这么干时会觉得更安全。在遇到新的社交网络平台时，你或许会等到有几个熟人上去之后才加入。

当存在社会影响力以及需要与其他人保持协同时，传播过程不再只取决于本书第 3 章介绍的基本再生数，还会受到社交联系的本地模式的影响。反映本地模式的一个关键网络特征是“聚集”现象。

你的朋友中有多大比例的人彼此也是朋友？这个比例被称作你的“聚集系数”。[24]

如果欧内斯特与亨利分别是格特鲁德的朋友，那么欧内斯特与亨利彼此是朋友吗？对于格特鲁德的朋友的配对组合而言，给出肯定回答的频率就是格特鲁德的聚集系数。一个网络中所有人的聚集系数的平均值则为该网络的聚集系数。图 8. 2 描绘了某个人际网络的聚集状况。

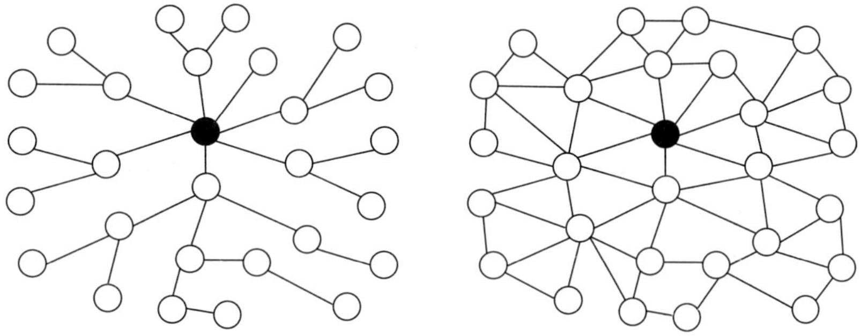

（a）没有聚集现象的“树状”网络。　　（b）有大量聚集现象的网络。

图 8. 2　聚集现象——有着完全不同的聚集现象的两个网络。在两个图示中，黑色实心节点的人都各有 7 个朋友。在图（a）的树状网络中，黑色实心节点的所有朋友彼此都不是朋友，没有聚集现象。在图（b）的网络中，黑色实心节点的朋友配对中有三分之一彼此也是朋友（在 21 个配对组合中，有 7 对存在朋友关系），因此其聚集系数为 1/3。

聚集可能取决于所涉及关系的类型。例如，从本书第 2 章和第 5 章介绍过的印度村庄的数据看，人们之间交换意见的聚集系数为 0. 22，提供互惠帮助的聚集系数为 0. 29（借用煤油和大米等），因此第二种关系类型的聚集度更高。[25]聚集状况与具体的关系类型有关，这很自然。如果你跟生活中不同领域的人们交流意见，邻居、家人、同事、学校好友等，他们中的许多人或许并不相识。相比之下，你只会找亲属和关系密切的朋友借钱，他们有更大的概率相互认识。

聚集系数为 0.22 和 0.29 的情形并不奇怪。各种社交关系网络中充斥着大量的聚集现象，从佛罗伦萨望族之间的商业和联姻网络，到我们分析过的青少年交友网络。[26]

为了看清这些数字有何特别之处，我们来看看典型的聚集现象。我们先把曾给你帮过忙的人定义为你的朋友：借过东西给你，帮你完成过某项任务，给你提供过关键的建议，等等。按此标准，你可能有大约一百位朋友。住在偏僻的、有着较强宗教和性别隔离特征的小村子里的某个人，或许只有十来位朋友。而像格特鲁德·斯泰因那样在全世界旅行并举办颇受欢迎的沙龙派对的人，朋友人数可能有几百位。这里存在个体差异，我们姑且假设平均来说每个人有一百位朋友。下面很快会看到，你完全可以改成有几千位朋友，结论基本不会改变。

对总数正直奔 80 亿的全球总人口而言，相当于平均 8 000 万人口中有一个人是你的朋友。假设全球的朋友网络都保持这种友谊发生率，但每两个人建立朋友联系的概率是独立且相等的，那么任意两个人彼此成为朋友的机会就只有八千万分之一。因此在这个网络中，你的任何两个朋友彼此成为朋友的概率是如此之小，整个网络的平均聚集系数也将等于八千万分之一。这显然大大低于我们经常看到的聚集现象，例如印度村子里大于 0.2 的水平。

地理因素或许对此起了很大作用。你可能在同一座城市或小镇里度过了人生的不短时光，你的大多数朋友也住在那座小镇及周围。这样解释就容易多了。我们不再需要用全世界的所有人随机构建网络，而是在一个社区里构建。假设你生活在一个约有两万人的社区，并在当地有一百位朋友，那就表示每两百人中就有一位你的朋友。如果构建这样一个社区总人数为两万、完全随机形成的朋友网络，那么任何两个人建立朋友联系的概率将为二百分之一，你的两个朋友彼此成为朋友的概率也会是二百分之一。但这个水平的平均聚集系数依然很接近零，与 0.2 或更大的聚集系数相去甚远。

同质性会对聚集现象带来至少一小部分影响。如果我们设定你的大多数朋友是和你类似的人，例如在年龄、性别、教育程度、宗教等维度，那么聚集系数可提高至 0.05 左右，但依然偏低。我与阿伦·钱德拉塞卡利用印度村庄的信息做了有关的分析，发现即便根据详细的同质性特征建立友谊联系，并加上各种人口特征因素，我们得到的聚集系数也仅为 0.05 左右。仍然明显低于村民之间 0.22 ~ 0.29 的实际聚集水平。[27]

去掉同质性造成的各种隔离模式的影响后，朋友关系依然存在聚集特征。我们为什么会看到如此多的聚集现象，其实不难理解。我们经常是在小群体里做相互交流。学生分班级上课，组队参加体育运动，结成小团队出去闲逛。人们往往结成小团队或轮班开展工作。你还会通过现在的朋友去认识新人，能够认识这些人完全是因为他们是朋友的朋友，由此自然增加了你们也直接交上朋友的概率。[28]

在了解聚集现象的含义之后，我们再来分析其影响。事实上，我们已经看到它会导致社会学习过程中的重复计算。高度聚集的网络内部有大量的圈子，会使同样的信息通过不同路径传递给我们的机会增加，并使重复计算以及让我们听到自己观点的回声相应增加。除了给社会学习过程带来的扭曲外，对于需要多次接触才能把某些人发动起来的某些行为的扩散，人际关系的聚集现象也有巨大作用。

为理解这点，我们假设有两个朋友发明了一种三人游戏。对其他人而言，至少自己有两个朋友已经会玩这种游戏，他才会去学习。我们来比较一下在图 8.2 的不同网络场景下这种游戏会如何扩散：没有聚集的树状网络，以及加入了聚集现象的同一网络。两位发明游戏的朋友由图 8.3 中的黑色节点代表。在树状网络中，没有人与他们两位同时是朋友，因此该游戏始终无法流行起来。相反在图 8.4 中，游戏在有聚集的网络中出现了扩散。其扩散的速度慢于只需要一个朋友就能实现的简单传染，但依旧可以推进。

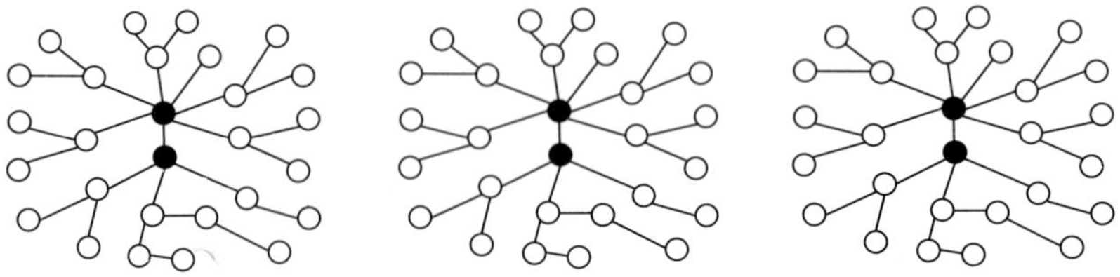

（a）有两位发明人。　（b）一次迭代之后。　（c）两次迭代之后。

图 8.3　无聚集的网络的扩散。如果人们需要有多个朋友的影响才行动，那么在无聚集网络中不会出现扩散，游戏无法流行。

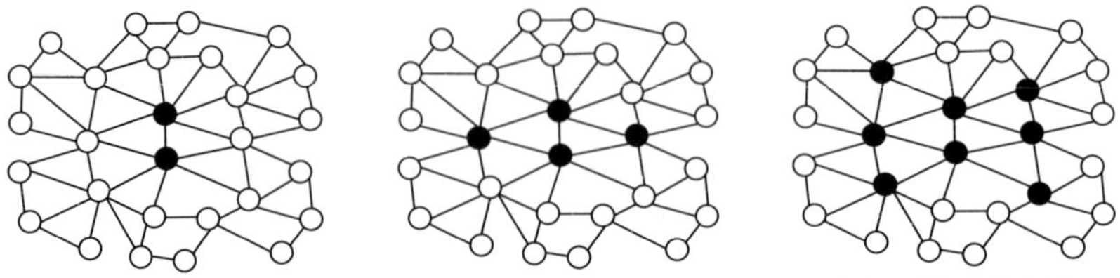

（a）有两位发明人。　（b）一次迭代之后。　（c）两次迭代之后。

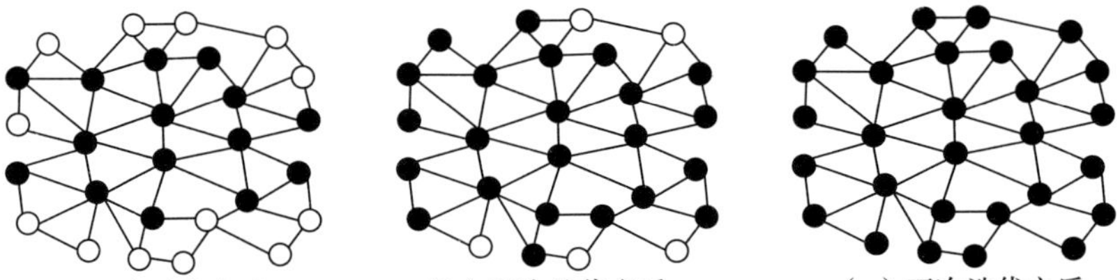

（a）三次迭代之后。　（b）四次迭代之后。　（c）五次迭代之后。

图 8.4　有聚集的网络的扩散。对于需要受多个（本案例中为两个）朋友影响才能采取的行动，聚集使扩散成为可能。

上述的三人游戏是个较极端的例子，但有很多案例表明局部聚集现象和网络结构有着重要影响，[29] 从一种语言的普及，[30] 到新技术的采用，等等。[31]

聚集并不是我们局部网络的唯一重要特征。

信任与加持

约翰·纳什是位了不起的数学家。他在 23 岁时已发表了两篇改写博弈论的短文，为其在社会科学领域的大量应用奠定了基础。[32]到 24 岁时，他证明了代数几何中一项关键的（以他的名字命名的）嵌入定理。他还在偏微分方程、隐函数与奇点研究中做出富有创造力和原创性的贡献。

纳什的内心似乎与众不同，不幸的是，他的辉煌学术生涯在三十多岁时因为精神分裂症而中断了。他成年后的多数时光在普林斯顿度过。能否从精神分裂症中痊愈是很难预料的，有过像纳什这样人生经历的人则更加不易。然而有人确实能够战胜这种疾病。大学的宽容环境，加上朋友网络的支持，让纳什能够在另一个世界里继续生活了几十年。我最早看到他时，他仿佛一位无家可归的人在 Fine Hall（普林斯顿数学系的建筑）的图书馆与走廊游荡，经常携带着大摞论文。有位朋友告诉我，"Fine Hall 的幽灵"就是我在数学和经济学课程中听说过的那个人。纳什在六十多岁时终于摆脱了精神分裂症，继而获得阿贝尔数学奖和诺贝尔经济学奖。他不同寻常的人生成为西尔维娅·娜萨撰写的《美丽心灵》一书的主题，扮演他的罗素·克劳以同名电影荣膺奥斯卡奖。

纳什的人生中一个微小却重要的部分与我们的讨论有关。普林斯顿大学数学系在纳什做出学术贡献的领域非常出色，可以说冠绝全球。由于他们每年只能从大批极具才华的申请者中录取少数几位研究生，做决定有时并不容易。纳什被录取的关键是理查德·达芬只有三句话的推荐信，全文如下：

> 我在此推荐申请进入普林斯顿大学研究生院的约翰·纳什先生。19 岁的纳什先生即将在 6 月份从卡耐基理工学院毕业。他是位数学天才。

这封信的力量来自达芬的声望，普林斯顿的教师对此心知肚明。达芬毕业于物理专业，从事数学研究，对傅立叶级数和数论、网络理论及几何规划等做出过重要贡献。我们或许都认识某些被认为有“数学天才”的人，因为他们很善于处理数字，或者对该领域的知识极为丰富。但这些并不是能够给多个数学领域带来基本范式变革的人。因此当达芬说纳什是位天才时，他的确知道自己在说什么。这封推荐信如此精练，是因为无须赘言。达芬认为纳什是一位数学天才，录取委员会知道这点就足够了。

纳什与普林斯顿联系至少有部分是靠达芬的声望及其和普林斯顿的同行的关系来建立和支持的。这类连接方式在人际网络中非常普遍。

如果人际网络中的两个人（或两个节点）有一个共同的朋友，那我们可以说他们之间的关系得到了“加持”（supported）。[33]纳什同普林斯顿的关系就得到了达芬的加持。这种加持对我们的很多交往非常关键，我们已经在职业联系的网络中看到了其影响，在就业与录取之外也同样重要。

人类在许多方面需要彼此依赖才能生存。儿童在许多年里无法独立生活，他们的成长和安全不仅依赖于父母，也需要他人帮助。我们生活中会有各种遭遇困难的时候，必须获得他人的借贷。[34]在远古社会，人类必须在涉猎中开展合作与分享。捕猎大型动物的成功率很低，而我们并不像狮子那样能够几星期不进食，因此当部落中的部分成员去猎取大量却偶然的蛋白质供应时，其他人必须通过采集水果、坚果和其他食物来保证更稳定的热量来源。[35]

我们相互之间提供帮助和借贷的这种非正式关系基于一整套动机。[36]当某个朋友找你提供帮助或好处时，你不会要求他用现金付款，或者签合同以保证偿还你。当我们要求朋友帮忙搬家、看护孩子、提供建议、提供钱款或者紧急救助时，如果提出为此付款反而可能得罪对方，使彼此的友谊受到质疑。人们的大多数交往并非基于正式的合同，而是信任。这种信任来自我们与同一批人反复交往的历史和互惠模式，以及有着共同的朋友及社群。

流言蜚语是我们经常看不起的事情：在背后说别人的闲话。但我们从很小开始就在这样干，打兄弟姐妹的小报告，到十多岁时技艺已日渐娴熟，热衷于了解谁和谁在一起做什么。某些流言蜚语看似纯粹是为了给谈话找些乐子，其实也在服务于更远大的目标。当有人行为不端时，有关他的消息会在人际网络中扩散，使其名誉受损。流言的传播速度让我们知道，不好好对待朋友会很快让网络中的其他人知道，尤其是当朋友关系有加持的时候，我们共同的朋友很可能会最早得到消息。[37]

我们在意其他人如何看待自己，由此形成了强有力的激励。当人们的行动受到更广泛的关注时，他们会有不同的表现，这是非常自然的常识。由此让我们更有理由认为人际关系在受到加持——有共同的朋友——的时候，将运转得更有效。

我与托马斯·巴拉克尔及谭旭合作开展了有关这种加持关系对人们互相提供恩惠的作用。[38]非正规的风险分担是个很好的研究案例，因为如前文所述，这对人们的福利状况有较大影响，并与互惠和社会压力相关。在某人要求朋友提供较大额度的贷款时，贷款人借出钱款与借款人偿还钱款的激励与他们是否有共同的朋友有关。在有人拒绝帮助他人，或有人拒绝偿还债务时，这些共同的朋友作为见证人可能断绝同背信弃义者的关系。因此，如果两个人有共同的朋友，他们之间相互提供借贷的激励就会增强，以免由于举止不当而失去更多朋友。而当他们的关系较为孤立，缺乏共同的朋友时，激励就较弱。

这说明，我们会经常看到有共同朋友加持的重要非正式人际关系。我们在印度的村庄里做了检验，发现 93% 的借贷关系有一个共同的朋友加持，比彼此之间没有借贷的任意两个家庭存在朋友加持的比率高出63%。没有任何共同朋友的两个人相互提供借贷是极为罕见的。[39]

艾米丽·布雷扎与阿伦·钱德拉塞卡想到，为什么不利用这点来为人们造福呢？帮助人们摆脱贫困的一大挑战是让他们存钱。[40]有规律地把钱存起来对大多数人并不容易，对极端贫困者尤其困难。除了收入较低且不稳定外，他们还总是面临各种诱惑和现实需要。此外，存下一小笔钱尽管未来可能有用，但现在看上去却似乎徒劳无益。于是布雷扎与钱德拉塞卡提出，如果不只是给人们开设账户并告诉他们储蓄将带来的好处，还为他们安排一位监督员，结果将会如何？这位监督员是来自他们社区中的某个人，除了观察之外并不做别的事。监督员只负责了解人们是否达到了储蓄目标。

结果表明，设置监督员带来了巨大的变化：使储蓄增长了35%。人们通过加班工作和降低支出来增加储蓄。有趣的是，储蓄员的身份也会带来不同。与观察对象的人际网络较为密切的监督员、网络位置较为中心的监督员，会带来最高的储蓄水平。除了35%的平均储蓄增幅外，监督员的网络中心度每增加一个标准差，还会使储蓄水平提高14%。监督员同储蓄者在人际网络中的距离每缩短一步，储蓄水平会提高16%。[41]让人们注意到你的行为可能会显著改变这些行为本身，当关注者是你认识的人或处在人际网络中心位置时，情况更是如此。

加持关系在商业事务中同样极为关键。一个典型案例来自布莱恩·乌奇的叙述，他对纽约的服装产业知根知底。乌奇提到，有家衣料加工公司的CEO曾介绍过如何与一位名为戴安娜的制造商开启合作。[42]这位CEO描述说，他和戴安娜有个共同的生意伙伴诺曼，此人请他“给戴安娜帮个忙”，用较低价格在短时间内帮她裁剪衣料。CEO回忆说：“我和戴安娜有联系吗？完全没有。我不知道她手里到底有1 000万还是10美元……那我为什么还要帮她？因为诺曼说要帮她的忙。在遇到这个请求后，我出了一臂之力。原本80美分的价格我只收了 40 美分。”

乌奇描述说：“诺曼的推荐是这位 CEO 信任戴安娜的基础，哪怕她没有签合同、提供担保，或者保证以后要回报。”戴安娜公司的一位经理则说：“没有人说‘你帮我，我帮你’之类的……大家都完全理解。”

这两家与第三方都有着较强联系的公司愿意相互合作，除了共同的朋友外，并无其他任何保证，哪怕为此需要付出较高的代价。

关系

在中国，这种被称为“关系”的社会资本是商业生活的重要组成部分。人与人的纽带、各种过去的交往以及直接或间接的联系，可能比成文的正式合同更起作用。这类联系需要时间去建立，需要耐心和长远眼光。分歧和误解往往通过人际网络而非法律诉讼解决。[43]

尽管关系能帮助人们彼此信任、一起工作，但它也有我们都不陌生的黑暗一面：偏袒。我们可能把工作机会留给自己的朋友，而不是更有能力的外人。

关系带来的这种偏袒由菲斯曼、石劲、江勇祥和许英利用中国的科学家群体做了测算。[44]随着中国科研经费的大幅增加，很多资金被中国科学院和工程院的院士掌握。院士资格是由现任院士组成的委员会决定的。菲斯曼等人通过分析一个人的原籍来测算他与现任院士的关系。与某人来自相同的故乡，是一种重要的“老乡关系”。这些研究者发现，如果与决定谁能成为院士的委员会的某位现任成员有老乡关系，在控制其他潜在混杂效应之后，将使其当选院士的机会提高 39%。与选举委员会的某位成员有老乡关系的当选院士同没有这种老乡关系的当选院士相比，前者发表过重要科技论著的比率仅为后者的一半。

由此给科研资金分配造成了显著后果，菲斯曼等人估计，院士资格会导致其所在机构每年的科研经费增加约950万美元。[45]

关系不仅扭曲了结果，还导致人们花费大量的时间去建立关系网，而不是用在工作上。一个人无法改变自己的出生地，但还有其他形式的关系连接是可以控制的。在谈到科学家的行为时，施一公和饶毅说："在中国，相当比率的研究人员花了过多精力拉关系，却没有足够时间参加学术会议、讨论学术问题、做研究或培养学生……有些人本身已成为这种问题的一部分：他们更多的是基于关系，而非学术优劣来评审经费申请者。"[46]

中国当然不是因为任人唯亲而拖累生产效率的唯一国家，对这个题目有针对各种场景的大量研究。老乡关系的盛行只是让偏袒现象更容易看到而已，因为这种人际联系是公开的。

由加持、关系和其他类型的社会资本带来的偏袒的整体影响比较难判断，因为人与人的联系能促进信任，利于发展生产，但同时也对谁占据哪个位置、花费多少时间来从事社交等造成了扭曲。[47]

社会嵌入性

加持现象和我们的局部网络结构意义重大，这个事实同时意味着通过对人类网络的分析能让我们推测人们的身份。作为案例，请考虑接受如下挑战：只通过观察网络结构，而没有任何识别信息，你有没有可能辨识哪些有联系的配对是配偶或者恋人关系？

拉斯·贝克斯特罗姆与乔恩·克莱因伯格借助脸书网站的数据尝试了这一挑战。[48]具体过程是，例如先找一位叫山姆的正处于婚恋关系（包括结婚和经常约会某人）的人，给你展示山姆的局部人际网络的图示，上面有他的朋友以及谁和谁之间彼此有联系，但没有其他信息。你只能看到带有节点及联系的一幅图像。然后你需要从这个里面猜出哪个节点是山姆的婚恋对象。如果山姆有一百位朋友，猜对的概率按理说只有百分之一。

首先，拥有共同的朋友会巩固两人的关系，提供加持和信任，因此拥有众多共同的朋友或许是存在配偶或恋人关系的很好信号。两个人拥有的共同朋友数量，有时被称为他们关系的“社会嵌入性”。[49]

由此你可以观察山姆的哪位朋友跟他拥有的共同朋友最多。结果表明，如果用脸书网站的数据做依据，猜对的概率大约为 24.7%，接近四分之一。这个结果很不错，大大高于随机选取的概率。

继续挖掘能得到更好的结果。我们假设山姆是和玛莉亚在一起，他们共同的朋友有一长串：南森、凯丽、卢克……这些人中间有多大比例彼此也是朋友关系呢？南森和凯丽是朋友吗？南森和卢克呢？等等。

我们从中能挖掘出什么？假设山姆与玛莉亚只是最近才相遇，通过他们都参加的一家滑冰俱乐部结识。那是他们发生交汇的地方，除此之外，他们的人际网络则基本是分开的。因此他们共同的朋友可能都是那家俱乐部的会员，而且相互之间也可能是朋友。但如果山姆与玛莉亚已经认识多年，那么他们共同的朋友中可能只有一部分是来自滑冰俱乐部，其他则来自各自的家庭、工作、邻居、儿时的伙伴，等等。他们各自都有不同来源的朋友，多年过去后，一方会认识对方朋友中的很多人。由于山姆与玛莉亚有许多共同朋友是来自各不相同的背景，他们中间许多人很可能彼此并不认识：比如山姆的同事或许就同玛莉亚的儿时伙伴缺乏交集。

我们再定义一个概念：山姆与玛莉亚的关系的“离散度”，指他们共同的朋友在（忽略山姆与玛莉亚之后的）人际网络中的全部距离之和。他们拥有的共同朋友越多，这些朋友之间互相不认识的越多，离散度就越高。

如果你在山姆的朋友网络中选取跟他的关系离散度最高的人，那将有60%的概率猜对这是他的婚恋对象！比选取跟他有最多共同朋友的人猜对的概率的两倍还高。仅仅凭借人际网络，而不借助其他任何信息，我们就有超过一半的机会从一百个人里识别出某人的婚恋对象。

有意思的是，在人际网络不能准确识别婚恋关系的案例中，这一关系经常会走向失败。在某些情况下，一个人的对象并不是跟他有着最高关系离散度的朋友。与关系离散度能准确识别婚恋对象的情形相比，没有最高离散度的婚恋关系在两个月内破裂的可能性要高出50%。[50]

上述现象背后有很强的逻辑。高离散度往往表明我们跟某人在许多不同的环境中共同度过了很长时间。我们的婚恋伙伴通常是自己相伴时间最长的人，尤其是涉及在若干不同场景下的人际交流时。高离散度还带来了一个副作用，使长期关系的破裂变得更为困难和严峻，因为两个人的人际网络已随时间越来越紧密地交织在了一起。

要了解自己，得看清朋友

> 你结交的人会影响你的行为，所以要选那些有好习惯的人做朋友。
>
> ——丹·比特纳（自行车骑手与探险家）

我们让自己的行为跟朋友熟人相配合的倾向与愿望，会带来许多后果。羊群效应能帮助我们找到有益的行为，而不用花费太多时间和精力去自己探索。共同的经历可以带来愉快的讨论和交流。当然羊群效应和从众动机也可能因为网络的连锁扩散而让我们犯错，从低劣技术的困扰，到大屠杀的可怕灾难。

我们再次认识到，分析人际网络有助于更好地理解自己的行为以及这些行为的扩散。需要多次交流才会被采纳的行为的扩散，取决于我们网络中局部强化效应的大小（如三角关系式的反馈）。一个人会如何对待他人，除他们相互之间的关系之外，还需要考虑他们所属的网络中的其他特征。他们是在同质性分隔线的同一侧还是不同侧？他们是否有许多共同朋友能提供加持、促进彼此信任，并带来互惠帮助的激励？

第9章

全球化：变化中的人类网络

导读

◎个人建立人际联系的激励与社会网络的最优水平未必一致，网络结构的改善可能使所有人受益。

◎技术进步便于建立和维持远程联系，但也让人更容易找到与自己相似的人及组织，由此加剧同质性，使不同群体更趋对立。

◎全球贸易网比过去任何时候都稠密许多，国家间的政治军事联盟也同样，让我们生活在历史上最和平的时期。如果想给非洲和中东的战争冲突找到药方，最关键的就是加强潜在对手之间的贸易。

◎文化基因、观念和流言快速传播，根本信念与价值观的改变却相当缓慢。互联网的普及导致全球许多地方的政治极端化加剧。

◎现代都市人群与传统农村人群的网络结构大不相同。快速的经济发展和城市化引起人类网络的深刻变化，伴随着职业、文化、社群和家庭关系的重构。

◎变化不可阻挡。我们需要依靠对人类网络的深入理解，来改善集体智慧和生产率，而不是走向冲突和分裂。

戴夫·鲍恩喜欢在美国宾夕法尼亚州纳萨雷特市离家不远的山间乡村小路上骑行。而远在半个地球之外、以红酒和袋鼠出没闻名的澳大利亚阿德莱德市，丽萨·格雷斯也爱骑车翻越众多美丽的山丘。找到相距如此之远的两个地方并不容易，他们的骑行路线应该不太可能相遇。然而，丽萨与戴夫却想办法见面了。

健身应用软件 Strava 让骑车人能记录每次的行程，储存多种详细数据，包括平均速度、距离、海拔、功率和消耗的卡路里等。如果你喜欢骑车，这种软件将是必备品。它还能帮你看到其他人在哪里骑行，无论身处何地，都能让你轻松找到最佳路线。Strava 还能让你看到其他人在相同或类似路线上的表现，帮你匹配有相似骑车习惯的人，对健身状况进行对比，跟踪各自的进步，并相互勉励。

2014 年，丽萨在 Strava 软件上请求关注戴夫，获得了允许。在 Strava 上相互点赞和开玩笑后，他们又在社交媒体上建立了联系，通过长途通话深化友谊。戴夫随后去澳大利亚旅行。到 2016 年，他们结婚了。戴夫选择的求婚办法是骑车走过一条精心策划的路线，让 Strava 的地图上显示出“Marry Me Liisa”（嫁给我吧，丽萨）的字样。[①]

像 Strava 这样的平台真是杰出的发明，给我们的生活带来了知识和欢乐。原本会非常孤独的老年人，如今也可以通过社交媒体与朋友和家人密切联系。[②]

通信联系的增加还产生了前所未有的广泛经济影响。如果你是一位生活在中国、印度或非洲小村庄的渔民，你会如何选择到哪里去卖鱼？在过去，你只能做个猜测，然后去某个市场，接受在当地所能得到的任何价格。由于各个市场相距较远，并基本上同时进行交易，为了更好的价格而在不同市场间转移是不太可行的。但如今，你可以给亲朋好友打电话询问某个市场的价格，如果某个市场上的卖家太多，另一个市场卖家很少，将有助于卖家选择需要增加供应的市场。这真会带来改变吗？的确如此，人际联系是个巨大的平衡器。罗伯·詹森分析了印度南方的市场在移动电话服务推出前后的情况。[③]发现在有手机之前，沙丁鱼价格在各个市场间有很大的差异，某个市场为每公斤4卢比，而在同一地区的另一个市场上，同一天相同类型和品质的鱼可以卖到每公斤10卢比以上。一个市场上的鱼供不应求，另一个市场上却正在变质腐烂。各个市场间的价差过去经常能达到每公斤8卢比左右。而在该地区推出手机服务后，各个市场间的价差收窄到不足每公斤2卢比。

技术的进步改变了我们生活的世界，产生了复杂的后果。[④]技术进步带来了有史以来最快速的极端贫困人口的减少，但也导致劳动力的重置，扩大了高等教育的工资溢价，从而加剧了不平等。技术变革还让人们可以在更远的距离上建立和维持联系，并对选择与谁交友更为主动。理解技术变革趋势如何影响我们的人际网络，需要弄清楚这些网络形成的过程和原因。

网络的形成

了解人类网络的形成过程是最早吸引我加入这个研究领域的原因。我们为什么会处在人类网络中的不同位置？我们形成的是不是一个“正确”的网络——对社群和社会是不是最优的结果？[⑤]

我们之前已经探讨过网络形成中的某些重要方面：中心度带来中心度，推动我们形成有强烈同质性特征的网络的各种力量等。但网络形成中还有一个关键的部分，是理解技术因素发挥作用的基础。

外部效应在截至目前的所有论述中扮演了一个核心角色：从疫苗接种到金融传染以及社会学习等。它让我们对人类网络的研究变得更加有趣，也凸显了重要性。因此在分析网络形成过程的时候，外部效应也将成为一个关键所在，这并不令人意外。

在网络形成中，许多外部效应发挥了积极的作用。我可以从个人经历说起。为了添补上大学的费用，我从高中到大学打了很多工。大多数工作不需要什么技能，我能够被雇用，正是因为不需要什么培训，我又有时间参加。我在当地的商店当勤杂工，在仓库给卡车装卸货物，在社区医疗诊所当守夜人，在银行做文件归档，等等。我得到的报酬通常是最低工资，离职时与入职时相比，我通常也不会增加什么技能。但在大学毕业季前的那个夏天，事情有了变化。我的本科生导师得知他的一位前同事在负责芝加哥商品交易所（一个期货市场）的一个研究团队，这一人际关系使我得到了面试机会，并带来了工作岗位。我不但获得了更高的薪水，而且在短时间内学到了大量的东西。观察到市场如何运转、成长和改变，以及在哪里存在不足的这段亲身经历，对我决定成为一名经济学家至关重要。这就是一个极为正面的外部效应：我的导师与前同事的友谊是我得到那份工作及此后有更多作为的关键。

如果再追溯到更多年以前，当我的导师决定与那位前同事建立友谊时，他是否会考虑到数年以后将使我的人生走上不同道路的可能性？当然不会。

要点在于，我们的人际关系带来的信息和通道可能对周围的其他人有价值，而这种好处在我们自己建立和维持关系的决策中并不起主要作用。例如，我们在社会学习过程中看到，我们的人际关系越多样和广泛，整个社群的学习速度就越快，人们的消息就更灵通。但在交朋友的时候，我们并没有把这些效应都考虑进来。我去参加一场研讨会或阅读一本书，通常是因为对某个题目感兴趣并希望深入学习，而未必是缘于我预期自己迟早会把这些知识传递给其他人。如果我们是为了增进自己所在社群中的交流与知识传播而选择交友，则应该同更多的人建立联系。

以上案例表明，个人建立人际联系的激励与社会的最优选择之间存在更为普遍的矛盾。这也是我在人类网络领域的第一项研究议题（与经济学家亚瑟·沃林斯基合作）。网络环境中无所不在的外部效应使人们经常形成并非最优的网络：大家没有把人际关系带来的所有影响都纳入决策中，在许多情况下，另外的网络结构会使所有人的状况都得到改善。[⑥]

该结论不仅针对人们应该有多少数量的人际关系和交流，还涉及其多样性。能够抵制同质性倾向的人可以克服我们见到的同质性造成的分隔障碍，使其所在社群的信息内容变得更为丰富。然而在差异悬殊的人们之间架设桥梁和开展交流可能是费时费力的事情，这是网络形成中的普遍趋势。在发展更多人际联系具有正面的外部效应时，人们往往会在联系的数量和多样性上投入不足。假如我们都建立更多和更为多样化的人际联系，这将促进整个社会的信息丰富度及流动，所有人都将因此获益。[⑦]

出于同样的原因，负外部效应会导致相反的结果：人们拥有的人际联系多于社会最优水平。一个简单的例子是人们发生无防护措施的性行为，从而引发性病传播的频率。如本书第 3 章所述，与更多伙伴发生更多无防护措施的性行为不只会给直接接触的伙伴带来危险，还将增加整个网络的传导性，让传染发挥乘数效应。

在知道这些基本趋势后，我们能更清晰地看到技术变革的影响。技术可以通过两种主要方式改变人们建立联系的激励。[⑧]第一种是让人们能更为便利地在远程建立和维持联系，这对有正面外部效应的情况通常是好事：技术能帮助人们建立更多的人际联系。鉴于人们对社会联系的投资往往不足，能促进交流的任何事物都可以带来好处。可是技术也能带来不利的影响。技术进步让人们更容易与自己观点相似的人及组织建立联系，从而导致同质性加剧。正如戴夫与丽萨的故事那样，这可以产生美妙的结局，然而它也可能导致我们的人际网络更加分裂。迎合特定利益和观点的小众媒体出口与新闻服务将因此获得运营空间，扭曲信息的流动。人们可以调整各自的人际联系，组成一个个更为紧密的回声仓，与观念接近的人相互交流，让他们的视角变得更加狭隘。[9]

我们可以看看在其中发挥作用的某些力量。首先是经济全球化：技术进步让国际贸易变得更便捷，我们的全球网络比过去任何时候都要稠密许多。这产生了正面的外部效应：如今的世界比历史上任何时候都和平得多。

贸易网络：要贸易，不要开战

> 政治的秘密？那就是跟俄国签个好的条约。
>
> ——奥托·冯·俾斯麦

在 1871 年结束同丹麦、奥地利和法国的战争后，俾斯麦将德意志各国围绕普鲁士统一起来。接下来他开始了全球化的早期尝试，以组建联盟来维持和平作为公开的目标。德国同奥匈帝国和意大利结成的三角联盟，以及同俄国达成的互不侵犯条约，至少在欧洲带来了短期的相对和平，但后来崩溃，最终陷入了第一次世界大战的严重暴力冲突。

直至第二次世界大战中的野蛮状态结束之后，符合历史标准的和平局面才终于出现。在过去 70 年中，两个国家在任何年份处于战争状态的平均概率，只有 19 世纪和 20 世纪上半叶的十分之一！尽管我们经历了朝鲜、越南、阿富汗、刚果、科威特和伊拉克等地的战争，但国家之间爆发战争的频率以几乎任何标准来看都有大幅下降。

从图 9.1 可以看到，1820—1949 年，每年各对国家之间发生战争的平均次数为 0.00059，而在 1950—2000 年仅为 0.00006，几乎减到了原来的十分之一。⑩

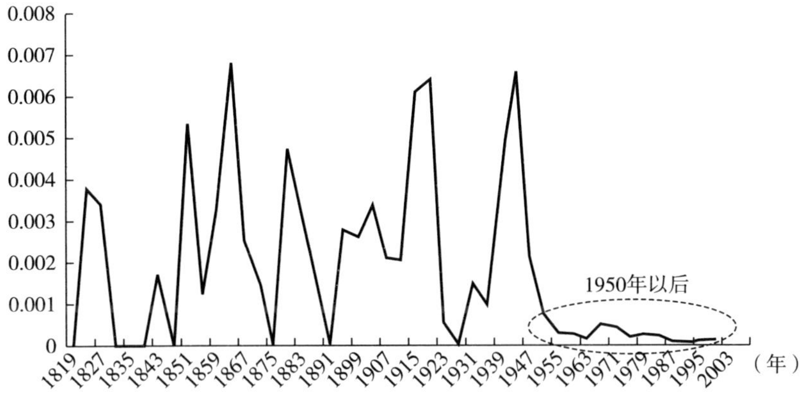

图 9.1　1820—2000 年每年每对国家的平均战争次数。数据来自 Jackson and Nei（2015）。

那么，和平状态在我们的时代大大增加的原因何在？我和经济学家、自己以前的学生斯蒂芬·奈共同探讨了这个问题。

俾斯麦组建的联盟，以及直到二战时期组建的许多联盟（特别是潜在敌对国之间的）都属于权宜之计。它们没有更深的经济联系来巩固。国际贸易的确在增长，但大多数国家的经济仍然只依赖于少数几个贸易伙伴。

然而国际贸易在 20 世纪下半叶呈现指数式快速增长，不仅在绝对数量上，也显示为它与全球生产总值的比例。图 9. 2 描绘了国际贸易的发展历程。[11]

贸易随着许多国家的收入提高而增长，新兴的中产阶级有能力购买更多样化的产品。由于海运技术的进步、港口的扩张和集装箱的采用等，运输成本持续下降，大大促进了贸易的扩张。

除贸易总量的增长外，如今许多大国的重要贸易伙伴国的数量也大为增加，而且这种状况很可能会长期持续。表 9. 1 显示了从俾斯麦时代到 20 世纪 70 年代初期，各国平均拥有多少贸易伙伴国及其随时间的变化。另外自 20 世纪 70 年代以来，这个数字的涨势更为迅速。

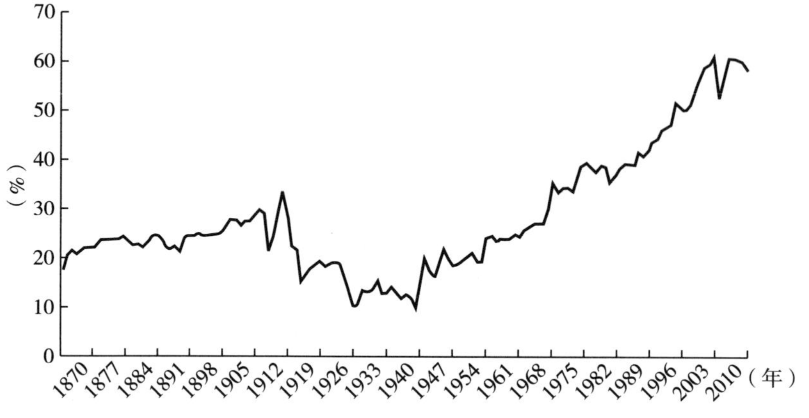

图 9. 2　全球贸易额占全球 GDP 的百分比。全球贸易额为出口加上进口，若考虑出口额或进口额可以减半计算。

表 9. 1　每个国家的平均贸易伙伴国数量

	1870	1913	1950	1973
伙伴国数量（大于等于 0. 5%）	2. 8	10. 1	10. 3	17. 0
伙伴国数量（大于等于 1%）	3. 6	14. 2	20. 3	34. 0

注：贸易伙伴国的定义为，两个国家的贸易额至少达到其中一国 GDP 的 0. 5%（下一行的标准为 1%）。

资料来源：Jackson and Nei（2015）。

这里的关键在于，贸易网络与国家联盟网络的发展基本上是同步的。

从拿破仑战争结束（约1816年）直到1950年，每个国家在一个时点上平均来说有2.5个盟国。此外，这些联盟的持续较为短暂。任何时点的任意联盟只有略高于三分之二的概率能维持到五年以上。大多数结盟是权宜之计，没有贸易关系作为支撑，当情况恶化时很容易被破坏。[12]到1951年后，每个国家的盟国数量增加到之前的4倍以上，达到10.5个。更关键的是，这些联盟关系相当稳固：如今的任意联盟有95%的概率能维持到五年以上。[13]图9.3描绘了部分联盟网络在某些重要时点的状况。

贸易联盟和军事联盟都逐渐变得更加稠密和稳固，对应着战争的大幅减少。另外在过去30年中爆发的大多数战争中，至少有一方是贸易小国。主要的贸易伙伴国不会轻易兵戎相见。

重要贸易伙伴国的数量增加10个，会让一国在任何时点陷入战争的概率减半；相互贸易水平比平均值高出一个标准差的两个国家，陷入战争的概率只有平均水平的十七分之一。[14]

我们还不能确定贸易与和平之间惊人的相关关系有因果联系。我们无法对有贸易和无贸易的并行世界开展可控实验，来观察结果。在这段时期还有太多其他因素在发生改变：国际政治版图、民主国家的数量，以及核武器的存在，等等。所有这些变化都可能促进世界和平。但正如我与斯蒂芬·奈发现的那样，冲突的时机和其他细节表明，其他这些因素都不能真正解释我们观察到的全部现象，更加稠密的贸易网络似乎才是推动和平的最主要力量。[15]

由于世界和平的重要性，即使我们对因果关系不能确定，了解到相关性及运用常识也是值得做的。有着密切经济联系的两个国家彼此间发生战争的动力要小得多，相互提供防护的激励则要大得多。欧盟就带来了与欧洲历史显著不同的最为和平的时代。

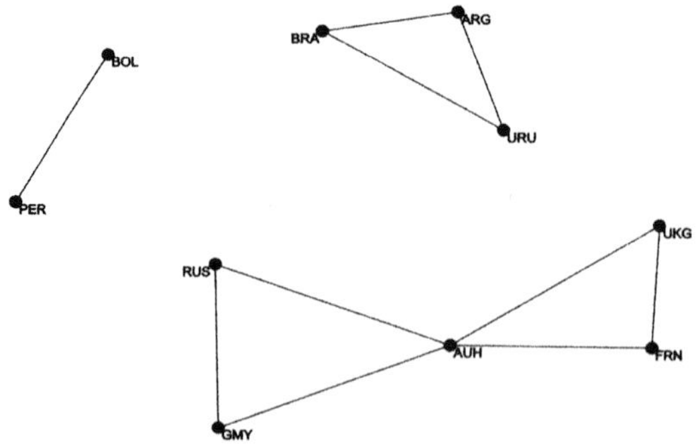

（a）1875年

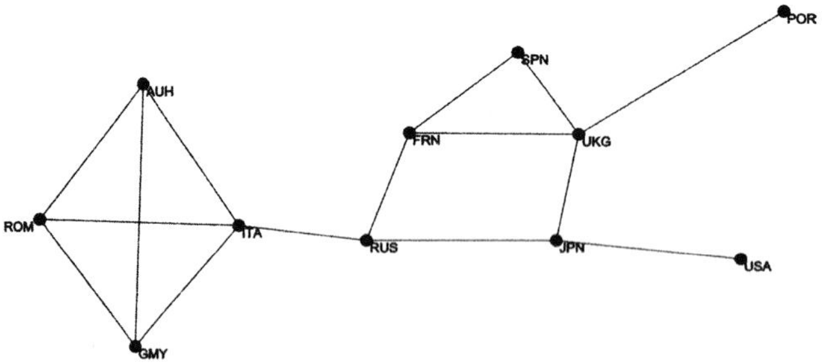

（b）1910年

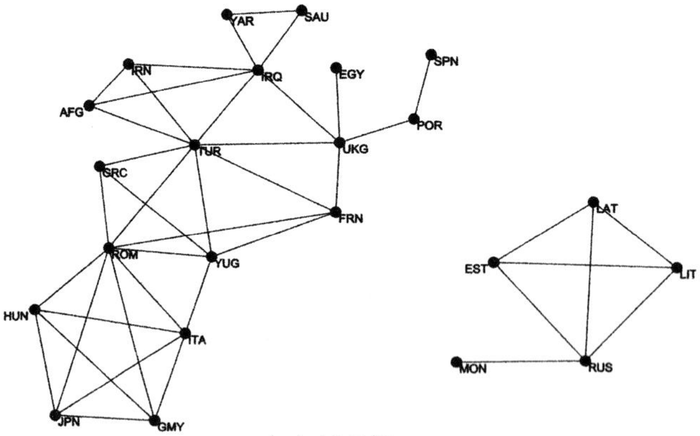

（c）1940年

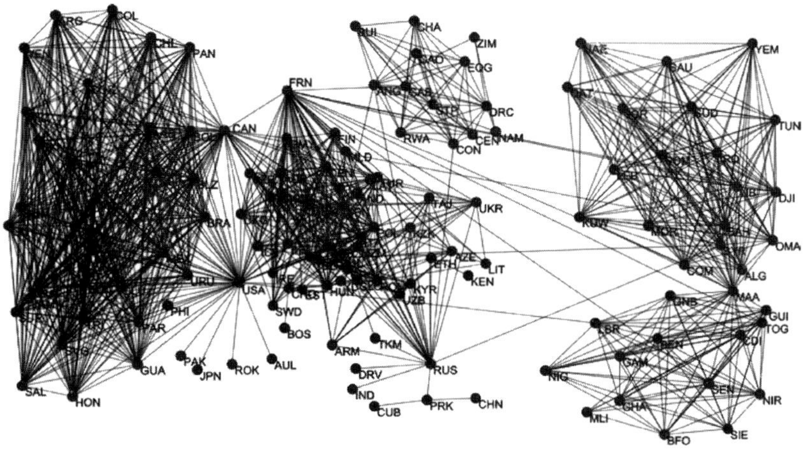

（d）2000年

图9.3　军事联盟的演化。与历史相比，当代的网络稠密度大幅增加。

如果你希望给非洲和中东的战争冲突找到解决药方，那么结论很清楚：促进经济增长和地区贸易网络发展，尤其是加强潜在对手之间的贸易。这样的任务并不轻松，但很明确。而依靠反复订立条约，哪怕有强大的第三方加入，却没有繁荣的贸易作为支撑，也始终是脆弱的和平。

在历史上的多个世纪中，我们看到过孤立主义倾向的危险轮回。因此，贸易网络与世界和平的关系，或许应该是本书中最为重要的启示之一。

连线：同质性与极端化的加剧

全球化意味着我们必须反复检视自己的某些观念，并借鉴其他国家和其他文化的观念，对它们开放心胸。这对普通人来说并不容易。

——赫比·汉考克，美国音乐家

有迹象表明，全球许多地方的极端化加剧（如图 7.4 所示）并非偶然，而是与导致社会固化和不平等恶化并改变着人们交流方式的若干共同因素有关。例如，要分析互联网如何左右政治局势，一个办法是追踪不同地方的互联网普及时间以及这些地方的政治生活如何受到影响。

安雅·普拉默正是以此分析美国不同区域的互联网服务如何影响政治选择的两极分化。普拉默利用一个地区的国会选举投票状况测算其极端化程度，结果表明，当某个地方从没有互联网连接变成完全覆盖互联网服务之后，在其他条件相同时，当地政治的极端化程度会提高 22%。[16]

但这并不证明互联网的出现就是极端化加剧的原因。比如，互联网普及可能是由于该地区经济状况的改变所致，而经济变化也影响了政治极端程度。

不过，有其他研究在观察互联网在不同地方的普及时借助了随机因素，例如由于决定通行权规则的改变影响哪些地方能够铺设光缆，或者由于监管规则变化的拖延影响不同地方的互联网建设进度。基于此类近似随机因素影响互联网普及的研究找到了明确证据，表明确实存在因果联系。例如，雷克斯等人（2015）的研究发现，互联网接入的增加会加强对党派倾向性较强的信息的关注，从而导致政治极端化加剧。[17]波伊等人（2016）则通过对意大利特兰托的类似研究发现，互联网服务的普及显著提升了选民参与率，改变了党派的相对得票份额。

信念的极端化是个复杂现象，只把责任归于互联网接入有失偏颇。另一种技术因素或许同样发挥了重要作用。在互联网出现前几十年，有线电视使新闻信息的来源大为丰富，世界各地的人们早已成为不同意识形态的争夺对象。[18]有线电视的推进让更有针对性、更具意识形态倾向的新闻媒体能以更低的成本抵达更遥远的受众，找到能够供养它们的人群。[19]这与同质性相互作用，如果某个群体的人们都消费同样来源的新闻，然后彼此讨论，狭隘的信息输入与回声效应相结合，将使这个社群形成更强烈的共识，并让不同群体间的观点差异更为悬殊。我们再次看到，给人类网络带来巨大影响的同质性效应在政治极端化中发挥了关键作用。

正如本书第 7 章所述，文化基因、观念和流言能够非常快地传播，而人们对复杂和主观话题的信念的改变却可能非常缓慢，两者对比鲜明。这表明，连通性和同质性提高带来的变化可能进一步激发已经有强烈信念的人，而不是去显著扭转人们的看法。当其他人持有类似观点时，人们的信心会增强，但往往会高估有多少人赞同自己的主张。[20]同质性的强化会导致人群坚定自己的决心。

我们已经看到，同质性增强带来了广泛、深远且更为普遍的后果，包括社会固化和不平等的加剧。

破坏性

除提高连通性和同质性之外，人类网络的变化还可能具有破坏性，例如造成习俗和文化的撕裂。

过去一百年是人类历史上人口从农村向城市转移速度最快的时期。两个世纪前只有 2% 的世界人口是城市居民。一个世纪前，该比例提高至 15%，1950 年提高至 30%，2008 年则是 50%，如今已超过 54% 并在继续提升。按照目前的趋势，到 21 世纪中叶将攀升至三分之二以上。

尽管这一趋势在欧洲和北美的部分地区有所放缓（部分原因是留在农村地区的人口已太少），但在亚洲和非洲的大部分地区仍在加速。

我们不难理解这种现象为什么发生：在城市能找到工作。随着农业在世界经济中贡献的萎缩，与其他许多人比邻而居给产品和服务生产带来的优势会导致人口的聚集。

某个国家的生产率与城市化率之间的联系非常突出。图 9.4 显示了部分国家的情况——全球所有国家的图形有着类似的分布，只是拥挤得多，不易分辨。对于数据库中包含的全部 179 个国家而言，一国的生产率与城市化率的相关系数达到 0.72。[21]

当然，这种关联并不表明把城市建起来就能让一个国家变得更富裕。新建与快速成长的城市经常伴随着棚户区和贫困现象。[22]但这种关联确实告诉我们，全球经济不可阻挡的变化很可能会带来更深入的城市化。[23]

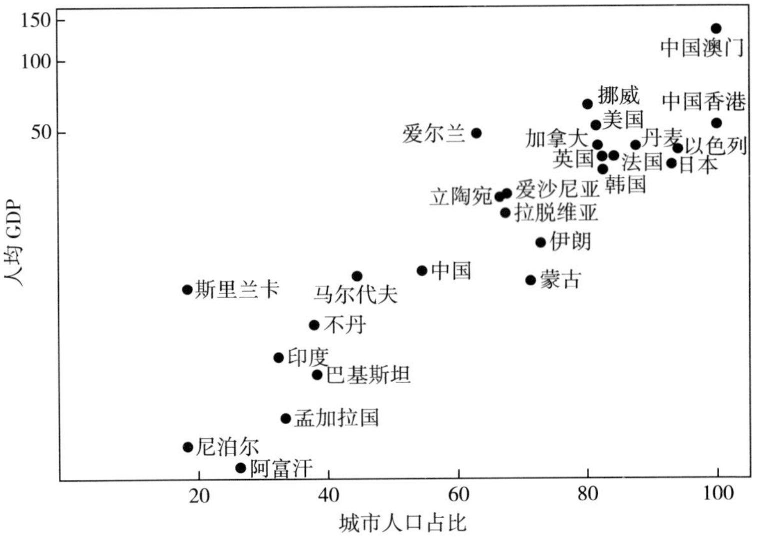

图 9.4　城市化率与生产率的关联。图中包含部分亚洲、欧洲和北美洲经济体。英国和法国位置重叠，难以分辨。人均 GDP 单位为千美元，取对数坐标。数据来自世界银行 2014 年世界发展指数。

城市人群与农村人群有着不同的网络结构。在世界上的许多乡村地区，人们通常结成紧密的社群，依赖自己、家人和朋友来满足大部分（即使并非全部）需求。而在城市化与市场接入改善后，许多需求将通过交易实现，而不再是彼此帮忙或者联合生产，不再像以前那样种植自己的作物、互相之间借钱等。

数十年前，超过四分之三的中国人住在农村，如今有超过一半进入城市。经济发展的同时，人口结构也在改变。除生活在城市的人口以外，还有许多在乡下居住却在城里工作的人。[24]这种剧烈变化导致许多家庭被撕裂。

对数亿有儒家传统的中国人来说，孝顺父母是最重要的品行之一。元朝的郭居敬编著了一本经典的民间故事集《二十四孝》，描写子女应该如何善待自己的老人——从扼虎救父，到啮齿痛心、弃官寻母等。下面是其中一则故事：

> 晋朝的王祥生母早丧，继母朱氏多次在他父亲面前说他的坏话，因此使他失去了父亲的宠爱。王祥的继母喜欢吃鲜鱼，有年天寒地冻，他就解开衣服卧在冰上，想化开冰去捕鱼。忽然冰自行融化，跃出两条鲤鱼。王祥把鱼带回家，用来侍奉其继母。[25]

在不断增长的老年人当中，许多人没有退休金，子女的支持将比过去变得更加要紧。由于家庭的撕裂仍在继续增加，政府也干预进来。很多年前，中国就通过了多项要求赡养老人的法律，最近做了修订，并加以严格执行。例如新修订的《中华人民共和国老年人权益保障法》第十四条规定，“赡养人应当履行对老年人经济上供养、生活上照料和精神上慰藉的义务，照顾老年人的特殊需要”。[26]

这一法律修订后已出现了若干诉讼案件。例如，修订刚完成几个月，有位 77 岁的老太太同女儿发生了肢体冲突，于是起诉她女儿未履行赡养义务。法院做出了对母亲有利的判决，要求她女儿及其丈夫不仅要在经济上供养母亲，而且每两个月至少应该去探访一次。这些探访的气氛未必会很友好，但判决传递的信息非常明确。

我们在自己研究的印度村庄里也看到了类似效应。[27]在我们绘制了社交网络图谱的75个村庄中，有43个在2007—2010年引入了小额信贷，其余32个则没有。与没有引入小额信贷的村庄相比，引入信贷的村庄的网络稠密度的降幅要多出约15个百分点。人们开始更多从银行借钱，更少去麻烦自己的朋友。这还带来了广泛的外溢效应，人与人之间提供建议的交流网络也出现类似的萎缩。外溢还影响了住在可以得到信贷的村庄但没有参与小额信贷的人，甚至两个都决定不参与小额信贷的人之间的联系也在走向消失。因此，市场的出现不仅取代了我们希望它取代的某些联系，也导致了这些村里的社交活动的整体下滑。

对于长期以来靠社会与家庭纽带维持生存和文化的社会来说，人际网络的这种天翻地覆（而非渐进式）的改变可能具有极大的破坏性。我们并不认为社会应该停止进步。但事实的确表明，人们在哪里生活与如何生活的巨大变化可能导致人际网络的颠倒错乱，给那些依旧靠非正式联系维系主要生计的人们制造困难。

更多的变化

技术将继续进步并改造我们的人类网络。人类已经多次“重新连线”：通过纸媒、信件、火车、电报、越洋旅行、电话、互联网，以及社交媒体等。或许只是因为傲慢，才让我们误以为当前正改变自己生活的潮流是真正革命性和独一无二的。

无论如何，变化是真实的，正如我们所见的贸易网络与军事联盟的发展。但人类的行为依旧可以预测。在一段时间内，人类网络依然将容易辨识，并会展示出规律性。在社会演变中我们看到很多东西变“多”了：更稠密的网络，更多的同质性，更强的两极分化，更快的信息扩散与传染。我们也已看到，网络连接的微小变化可能造成巨大的后果。即使结构相同，仅仅是人际网络范围的改变也可能给传染、社会固化和极端化带来深远影响。

有很多理由让我们保持乐观。经济生产率正处在历史最高点，世界许多地区正在摆脱极端贫困，战争大大减少。人们的寿命变长了，并更多享受人生。但前方也有挑战。我们的互动交流网络依然存在分隔，尽管远距离连接的能力在提高，某些裂痕却在扩大。由此导致的社会固化与不平等加剧，加上极端化的增强，可能造成局势极不稳定。

我们需要更好地理解不断强化的经济连接带来的收益与风险，并着手应对而非漠视这些风险。我们需要认识到人类网络在疾病传播中具有高度的连通性，包括某些尚未遇到但可能比最糟糕的想象场景传播更快、更广的疾病。我们还需要认识到生活中存在的大量外部效应，并了解人类网络如何塑造社会的习俗与行为，包括腐败和犯罪。

我们需要跟同质性带来的破坏性副作用斗争，强化收集、传播准确而深入的信息的激励，并学会如何更好地过滤噪音。通过对人类网络的深入理解，借助更好的连通性来改善我们的集体智慧和生产率，而不是让社会更加分裂。

注　释

第 1 章　引言：网络与人类行为

① 有关社交媒体与通信联络在卷入“阿拉伯之春”运动的各国中的作用，可参阅 Brummitt、Barnett and D'Souza（2015）。

② 这句话广为传播，并经常被当成孔子的名言，但并没有证据表明是出自他的著述。邢亦青告诉我，中文里最接近此说法的是来自 1060 年写成的《新唐书》：“世上本无事，庸人自扰之。”但无论这句话源自何处，它还是揭示了这里要阐述的主题：简单的事情如何轻易变得很复杂。

③ 数学表达式为 2^{435}，大致相当于 10^{131}。

④ 我们已知的宇宙（大致在 900 亿光年范围内）中的所有原子的数量大致为 2^{275}。

⑤ 本书第 5 章将详细介绍这一学生网络。数据来自 Add 健康研究项目（Add Health Study，针对青春期到成人健康的一个国家长期研究项目），由 Kathleen Mullan Harris 主持，J. Richard Udry、Peter S. Bearman 与 Kathleen Mullan Harris 设计（University of North Carolina at Chapel Hill），由尤妮丝·肯尼迪·施莱弗国家儿童健康与人类发展研究所（Eunice Kennedy Shriver，National Institute of Child Health and Human Development）提供资助（P01-HD31921），以及来自 23 家其他联邦机构和基金会的联合资助。特别感谢 Ronald R. Rindfuss 与 Barbara Entwisle 对初始研究设计的支持。该项目的网站上有如何获取数据资料的信息（http：//www. cpc. unc. edu/addhealth）。本书的分析并未接受该项目资金（P01-HD31921）的直接支持。

⑥ 由于人际网络涉及的范围极广，有各种来自不同视角的背景材料可参考。教材包括：Wasserman and Faust（1994，社会学，统计学）；Watts（1999，复杂系统，社会学）；Diestel（2000，图论）；Bollabás（2001，随机图论）；

Goyal（2007，经济学）；Vega Redondo（2007，复杂系统，经济学）；Jackson（2008a，经济学，社会学，图论，复杂系统）；Easley and Kleinberg（2010，经济学，计算机科学，复杂系统）；Barabási（2016，物理学，复杂系统）；Borgatti，Everett，Johnson（2016，物理学，数据收集，分析）。还有几本面向大众介绍人类网络对我们生活的重要性的出色作品，如 Barabási（2003），Watts（2004），Christakis and Fowler（2009），Ferguson（2018）。本书将对这一广泛领域中的某些概念做综合与提炼，另外也会涉及没有在上述著作中出现的若干主题和应用，以及其他重要的经济和社会发展趋势。在此过程中将发展和强调某些新的理念。在本书的撰写中，我不可避免地要大量依赖自己的研究，但重点还是大家对人类网络的集体认识。

⑦ 学者用以描述人类交流网络的一个共同术语是“社交网络”（social networks）。这个词汇同时还有着更为普及的通俗含义，意指网络平台及其相关的各类社交媒体。其实人类天然属于互相交流与协作的物种，社交网络从史前便已出现，其内涵远远超过现代交流平台。因此，笔者对于这两个说法——人类网络与社交网络——不做区别。

第2章 权势和影响力：网络中的核心位置

① 参阅 Adrija Roychowdhury，“How Mahatma Gandhi Drew Inspiration from the American Independence Struggle,” *The Indian Express*，2016年7月4日。

② 仅耐克公司在当时就给他支付了4.8亿美元。

③ 这里忽略了关系一个人为什么能影响以及动员那么多其他人的个性和其他因素。除在人类网络中的位置外，还有许多特征可能使某人成为重要的意见领袖——这一课题在 Katz and Lazarsfeld（1955）的开创性成果后已得到广泛研究。可参阅：Rogers（1995），Valente and Pumpuang（2007），Valente（2012）及其详细的参考文献，以及 Gladwell（2000）。

④ 尽管本章及之后各章并未强调，但应该明确指出，我们考察的联系和网络的类型会根据环境发生变化。例如，一位政治家制定法律的能力取决于同其他议员的联系，而他动员选民的能力则取决于同媒体、党派和职员的联系（及这些人的人际联系）。由于在人际网络中有联系的两个人并不总是真正的“朋友”关系，在网络研究用语中经常称之为“邻居”，但本书中不做区分。关于不同人际网络的区别和相互作用，可参阅 Ferguson（2018）。

⑤ 参阅 Feld（1991）。

⑥ 参阅 Coleman（1961）。

⑦ 该案例中的人际网络有两个（内部相连的）部分。没有在本书中展示的更大的网络部分表现出了类似的现象：在 146 个女生的朋友关系网络中，80 人拥有的朋友人数少于自己的朋友平均拥有的朋友人数，25 人的朋友人数与自己的朋友的朋友人数相同，41 人的朋友人数超过其朋友的朋友人数。

⑧ 对人们的观点的估计出现偏差的类似案例，可参阅 Lerman、Yan and Wu（2015）。我们还可以从知名博客上看到类似现象（如 Kevin Schaul 2015 年 10 月 9 日发表在 *Washington Post* 上的博客，"A Quick Puzzle to Tell Whether You Know What People Are Thinking"），以及参考有关的实验结果（Kearns、Judd、Tan and Wortman，2009）。

⑨ 参阅 Perkins、Meilman、Leichliter、Cashin and Presley（1999）。

⑩ 参阅 Perkins、Haines and Rice（2005）的表 2。

⑪ 参阅 Valente、Unger and Johnson（2005）。

⑫ 参阅 Tucker et al.（2013）。关于人气度与其他特征或行为存在相关的其他案例，参阅 Eom and Jo（2014）。

⑬ 有关这两种效应的更广泛讨论，可参阅 Jackson（2016）。

⑭ 通过仔细观察，我们可以估计反馈效应的大小：某个人的行为在多大程度上因为发生的社会环境的不同而出现差异。对若干受社会影响的行为来说，这类效应大于 2（参阅 Glaeser、Sacerdote and Scheinkman，2003）。本书第 8 章还将讨论此类效应对一系列行为的影响，从犯罪和逃税，到坚持上学和寻找工作。

⑮ 参阅 Hodas、Kooti and Lerman（2013）。

⑯ 参阅 Frederick（2012）。

⑰ 这一引言有不同版本出自不同人物。例如，一个接近的说法是"如果足够长时间地拷问数据，它会坦白一切"，源于 Darrell Huff 在 1954 年的著作《如何用统计数字撒谎》（*How to Lie with Statistics*）。不管 Huff 有没有说过，那本书里其实没有这句话。不过该书的内容确实证明了以上说法的真实性与重要性。对这里的论述而言，关键在于很多事情都具有多面性，从不同角度看会有极大的不同。

⑱ 这个典故来自喜剧节目《周六夜现场》（*Saturday Night Live*）中的若干小

品，其中有典型的芝加哥体育迷在争论对不同项目的当地体育明星的崇拜。

⑲ 有关这类比较的意义，我们可以看到马蒂斯的《蓝色的裸体（关于比斯克拉的回忆）》［*Blue Nude*（*Memory of Biskra*）］给毕加索带来了触动，并影响了他的作品《亚维农的少女》。塞巴斯蒂安·斯密（Sebastian Smee）的《竞争的艺术》（*The Art of the Rivalry*）深入描述了他们之间的竞争与艺术上的相互影响。

⑳ 这里有个细微的区别，我们可能做重复计算。例如艾拉的7个朋友中有一个是南希，这样我们就把南希算成了她自己的二度朋友。重复计算实际上让数学处理变得更容易了一些，因为我们只需要追踪每一步的联系数量，而无须考虑已经计算在内的人。重复计算造成的影响可参阅 Banerjee、Chandrasekhar、Duflo and Jackson（2013，2015）。

㉑ 如果你对图中的数字感兴趣，可以提示下，中心度数值的平方之和为1，因此中心度数字的向量在标准数学意义上是归一化的（L2 或欧几里得范数）。

㉒ 他们的算法还包括某些偶然的随机跳跃到新的节点，重新开始整个游走过程，以避免不会长期陷入某些彼此指向的网页构成的局部区域。

㉓ 随着计算力与互联网经验的进步，包括谷歌在内的搜索引擎一直在快速演进。这些引擎如今包含了有关用户和不同网页的丰富得多的信息，以及对人们喜欢如何漫游网络和真正希望搜寻何种内容的更为定制化的信息。此外，互联网在今天是个移动的靶标，内容经常发生改变。但无论如何，网页分级的概念是个重要突破，很好地包含了网络信息。

㉔ 除搜索引擎和信息传播外，追踪一度联系之外的更多联系在其他许多场景中同样重要。对中心度的这类迭代计算和特征向量方法，在谷歌出现前几十年就已经在社交网络的研究中广泛采用，20世纪50年代的先驱者是 Leo Katz，70年代 Phil Bonacich 对此类方法做了规范。特征向量中心度的多种版本被用于寻找犯罪活动网络中的“核心成员”，因为犯罪具有社交特征：人们通过彼此交往了解到犯罪机会，并形成相互鼓励，这类网络中最核心的人对其他人的参与有着最大的影响力（可参阅 Lindquist and Zenou，2014）。此类中心度指标还用于对投资者之间的交流的研究，以预测哪位投资者能在股市中获得最高回报（Ozsoylev、Walden、Yavuz and Bildik，2014）。

㉕ 例如，关于简单的培训在这种情况下可能发挥的作用等，可参阅 Karlan and

Valdivia（2011）。

㉖ 这里需要小心，不能把情况描述得过于乐观。对任何运转良好的大型创新，同样能找到糟糕的案例。全球各地都有相关的报道：某些人借了太多钱，因此毁掉了财务和人生，比如因为太多的信用卡债务而宣布个人破产的情形。小额贷款的高偿还率已吸引许多公司进入这个业务，某些带着很进取的策略，道德动机较少，与发达国家的信用卡和小额贷款差不多。对小额贷款在多大程度上改善了借款人的生活，已经有人展开过讨论。生产率的显著提高可能需要多年才能展现，并难以从其他趋势和项目中分解出来，因此尽管小额贷款在世界各国快速普及，获取这些服务的人的财富或收入是否有明显提高，证据却并不统一（Banerjee and Duflo，2014；Crépon、Devoto、Duflo and Parienté，2015）。但总之，贷款的提供依然能帮助人们熨平消费和支出，这对极端贫困的人群尤其具有意义。

㉗ 参阅 Schaner（2015），例如关于家庭资金收入的变化会如何影响其支出。

㉘ 自助团体是这些村里的非正式群体，往往开设联合的银行账户，并经常向团体缴款，然后从团体得到各种形式的轮流式付款或贷款。

㉙ 相反，在纽约、伦敦、悉尼或北京这种大城市里，人们可能跟某些人面对面交流，跟其他人通过社交媒体或电话交流，其熟人可能遍布整个城市乃至更大的世界。对如此大规模而多样化的网络做较完整的描述几乎不可能，而在小村子里则是可行的。我们通过一系列有关居民间彼此交流方式的问题来测量人际网络：资金借贷、提供建议、煤油的借贷（用于烹饪和取暖）、紧急救助等。这些村庄平均有超过 200 个家庭，每个家庭以这些方式平均同 15 个其他家庭交往，但彼此差异很大，度小于 10 或高于 20 的家庭数量都不少。

㉚ 实际上，最终的小额贷款参与率同初始种子的中心度的直接关系图显示出不显著的轻微负向关系特征。在控制各村庄的若干特征后，依然没有显著相关性。该研究的详细内容可以参阅 Banerjee、Chandrasekhar、Duflo and Jackson（2013）的补充资料表 S3。

㉛ 如果是有关人们不熟悉的某种新产品，他们在做决定前希望看其他人怎么做，那么这些种子的人气度会重要得多。这方面的研究可参阅 Cai、de Janvry and Sadoulet（2015），Kim et al.（2015）。

㉜ 还有许多其他因素可能影响参与率，包括朋友的参与决策。在统计数据分

析中，我们仔细控制了这些因素的影响。有关细节和技术处理，可参阅 Banerjee、Chandrasekhar、Duflo and Jackson（2013）。

㉝ 有关的计算细节，可参阅 Banerjee、Chandrasekhar、Duflo and Jackson（2015）。

㉞ 这一指标在估计传播概率和迭代次数上更具灵活性，因此在预测上理应比其他指标更好。但即使在分析消息传播前固定传播概率和迭代次数，该指标在这些村庄里的结果也表现更好。为了限制传播中心度相对于其他指标的优势，我们根据某些基本网络特征固定了家庭之间的交流频率（使得信息刚好能传播到网络中的所有人），根据研究中人们接触到小额贷款的时间固定了迭代次数。即使如此，传播中心度的表现也超过其他指标［可参阅 Banerjee、Chandrasekhar、Duflo and Jackson（2013）补充材料表 S2 的第 10 列］。更多的差异可比较该表底部的 R^2（衡量不同村庄的小额贷款参与率有多大比例能被各种中心度指标解释）。事实表明，传播中心度增加的 R^2 是特征变量中心度的 3 倍以上。

㉟“政治帮手”（political lieutenant）这个说法来自 Dale Kent（1978）。Kent 在 20 世纪 70 年代对数据的仔细整理给这里的人际网络分析奠定了基础。后来的研究（John Padgett and Christopher Ansell，1993）对这些数据做了拓展，并对其中的网络深入分析。这里的图示中的数据来自 Ronald Breiger and Pip Pattison（1986），其中借鉴了 Padgett 的研究的数据，还包括 Padgett 的研究中的另一个家族集合。我对引用的数据做了相应更新，包括在美第奇的对立派一边的阿尔比齐家族与佩鲁齐家族及加斯科尼家族的婚姻和商业联系。

㊱ 这个观点来自 Padgett and Ansell（1993）。该研究认为：美第奇家族的政治控制力由精英网络的分裂所致，只有该家族能够居间协调。另可参阅 Burt（1992，2000，2005）。

㊲ 普奇家族是美第奇的强烈支持者，尤其是给流亡中的科西莫及其家人提供了援助。因此尽管有关数据没有包含他们之间的正式的商业或联姻联系，他们依然维持着稳固的联盟。另外我在美第奇家族一边加入了萨尔维亚蒂家族和巴尔巴多里家族——由于他们在冲突中的最终站位。如果放弃他们，而把普奇家族的联系加进来，会让美第奇的星形状态更为突出。

㊳ 美第奇一派与对立寡头之间的差别在 1434 年 9 月底最终摊牌时表露无遗，也就是科西莫返回佛罗伦萨之前。里纳尔多·阿尔比齐试图组织人马接管

即将坚定地倒向美第奇家族的政府。他呼吁包括斯特罗齐家族在内的其他家族派出武装力量，但由于这些家族之间要相互商议，反应很混乱。相反，科西莫即使在流亡之中，也能借助自己的核心位置轻松聚集起武装力量保卫新的执政团。

㊴ 来自 Jac Anthonisse（1971）和 Linton Freeman（1977）。关于尼克松和福特的人际网络的分析可参阅 Ferguson（2018）。

㊵ 参阅 Barabási and Albert（1999），Price（1976），Krapivsky、Redner and Leyvraz（2000），Mitzenmacher（2004），Jackson and Rogers（2007a），Clauset、Shalizi and Newman（2009）。他们分析互联网上"Notre Dame"域名的不同网页有多少链接时已发现了该现象。另外参阅 Albert、Jeong and Barabási（1999）。

㊶ 例如从专利数据看，与联系较多的人（在过去与多少人有过联合专利）联合申报专利，相对与联系较少的人联合申报专利，成功的概率更高。可参阅 Akcigit、Caicedo、Miguelez、Stantcheva and Sterzi（2016）。

㊷ 参阅 Jackson and Rogers（2007a）。另一种可能性是，人们只是拷贝其他人的链接，或把随机与喜好因素给混合了。有关研究可参阅 Kleinberg、Kumar、Raghavan、Rajagopalan and Tomkins（1999），Kumar、Raghavan、Rajagopalan、Sivakumar、Tomkins and Upfal（2000），Pennock、Flake、Lawrence、Glover and Giles（2002），Vázquez（2003）。这会导致类似的分布结果，但在其他网络特征上存在差异。

㊸ 可参阅 Fafchamps、van der Leij and Goyal（2010），Chaney（2014），Jackson and Rogers（2007a）。

㊹ 参阅 Jackson and Rogers（2007a）。

㊺ 除这里提到的之外，还有许多其他测量中心度的指标。某些在概念上相似，但计算方法略有不同，其他涉及另外的概念。对数学更感兴趣的读者可以参阅 Borgatti（2005）；Jackson（2008a，2017）；Bloch、Jackson and Tebaldi（2016）；Jackson（2017）。

㊻ 这同时涉及所谓"紧密中心度"（closeness centrality）的指标，反映某人同他人的密切程度。

第 3 章　扩散和传染

① Katharine Dean et al.（2010）认为，黑死病在中世纪的传播或许主要是通过

跳蚤和虱子，它们的宿主以人类为主，不太依赖老鼠和其他动物。当时的卫生状况使得跳蚤和虱子十分常见，并能轻易找到新的宿主。这一疾病在现代的病例较为罕见，更多是因为人与有跳蚤寄生的动物接触，或人与人比较密切的接触所致。而身上经常带有跳蚤和虱子的人数大大减少，使这些寄生虫更难以直接在人与人之间传播。

② 参阅 Marvel、Martin、Doering、Lusseau and Newman（2013）。

③ 该图的数据来自 Peter Bearman、James Moody and Katherine Stovel（2004），其中涉及 Add Health 数据库（即本书第 1 章引用的 the National Longitudinal Adolescent Health data set）。本图与该研究中的图 2 略有差异。

④ 具体而言，分支是指网络中的一个部分，其中的每个节点都能通过网络中的路径到达彼此，其最大范围是指该分支中的所有节点的每个连接（也即分支中的节点的所有相邻节点）都包含在该分支中。

⑤ 人类网络通常只有一个巨型分支。有两个巨型分支要求每个分支里都有很多人，而这两个分支如果要彼此分开，一个分支中的任何人都不能与另一分支中的任何人有连接。当人数较多时，这是很难做到的。只需要一个跨越分支的连接，就能将两个分支合二为一。

⑥ 这里忽略了时间因素。某些人际关系发生前，其他一些就结束了，因此对疾病在该网络中的传播方向肯定有某些限制。若考虑时间因素可能迟滞传染过程，但未必能避免巨型分支中的很多人依然被传染。更多研究可参阅 Johansen（2004），Wu et al.（2010），Barabási（2011），Pfitzner、Scholtes、Tessone、Garras and Schweitzer（2013），Akbarpour and Jackson（2018）。

⑦ 根据人口样本以及检测和定义采用的技术，对该病毒普及程度的估计有很大悬殊，并由于很多人对自己被感染一无所知而变得更复杂。性行为活跃人群中曾经被感染的比例估计远远超过 50%，有关研究可参阅 Revzina and DiClemente（2005）。

⑧ 有关背景可参阅 Stanley（1971）。

⑨ 大 50 式步枪因为 1874 年的一次战斗变得声名狼藉，大约 30 名野牛猎人在得克萨斯州潘汉德镇的阿多比墙（Adobe Walls）贸易站对抗几百名科曼奇族（Comanche）、夏安族（Cheyenne）和基奥瓦族（Kiowa）的战士。战斗第三天，一位名为比利·迪克逊（Billy Dixon）的猎人在大约 1 538 码之外射杀了一位印第安首领（他自称是出于运气），从而迫使印第安人结束了

战斗。

⑩ 参阅 Althaus（2014）。

⑪ 这类高阶计算结果是从人群中的大量异质性特征中抽象出来的，学校内的再生数可能远高于普通人群。大致测算通常是根据对较大人群长期病例数的观察，而更详细的信息则可以用于防疫政策的设计。对我们的讨论而言，高阶数字能反映本质信息。

⑫ 疾病的再生数可能在某个人群或某些地方大于1，而在其他人群或地方则不同，这依然可能导致其蔓延到很大部分人群，并跨越边界。更详细的讨论可参阅 Jackson and López Pintado（2013）。

⑬ 西季威克发现在设计对社会福利水平的测算时，外部效应不可回避。早期的哲学家，包括约翰·穆勒和杰雷米·边沁等人，在设计测算社会福利的方法时试图处理外部效应，但没能给出清晰的表述。亚当·斯密（1776）与阿尔弗雷德·马歇尔（1890）在讨论市场效率时涉及这类问题，但基本回避了外部效应——尽管马歇尔对西季威克及其作品很熟悉。马歇尔似乎对政府做任何事情的能力都不够信任，他回避外部效应的议题或许并不奇怪，因为克服外部效应往往需要采取监管、税收或其他政府干预措施。庇古是许多经济学家熟悉的与外部效应有关的名字，他在1920年的一篇文章里直接提出了该议题。有趣的是，这或许是他对阿林·杨的评论的答复，杨在1913年指出庇古的早期著述（*Wealth and Welfare*, by A. C. Pigou, M. A.，London：Macmillan，1912）忽略了这类效应，并建议更全面地将其纳入理论思考（参阅 Young，第676页）——我还要感谢阿罗提示我注意杨的文章。但直到20世纪60年代，随着罗纳德·科斯以及布坎南和斯塔布尔宾（James Buchanan and Craig Stubblebine）的两篇文章发表，外部效应才真正形成现代理论（Coase，1960；Buchanan and Stubblebine，1962）。涉及这类概念的中间研究成果还包括 Frank Knight（1924）、Tibor Scitovsky（1954）等。对此的精彩介绍可参阅 Kenneth Arrow（1969）。

⑭ 外部效应的这一定义是较为广泛和现代版本的，并不要求某人的行为对其他人的影响是有意而为，并适用于所有类型的行为，从抽烟到工厂排污等。既包括正面外部效应，如有人提出了网络安全方面的公共密钥加密创意；也包括负面外部效应，如有人在体育竞赛中舞弊。很多外部效应是偶然的，也并非初始行为的原因，例如抽烟造成的外部影响等。但也有些情况存在

故意的外部效应，例如有人编写软件，让别人免费试用。这使定义有些模糊，例如有人击打他人，就并非我们想用外部效应概念表达的意思，却符合这里的定义。本书将坚持采用范围可能过于广泛的定义，以简化叙述，并覆盖网络中可能出现的各种类型的外部效应机制。

⑮ 网络环境中有多种类型的外部效应，应注意不要与特定类型的所谓“网络外部效应”相混淆。该术语是指，例如某个人使用某项新技术所能获得的消费价值，取决于有多少其他人也在使用该技术。网络外部效应对网络而言当然很重要，但还有其他各种类型的外部效应需要我们关注。

⑯ 参阅 Pew Research Center Internet Project Survey，2013 年 8 月 7 日到 9 月 16 日，http：//www.pewresearch.org/fact-tank/2014/02/03/what-people-like-dislike-about-facebook/。

⑰ 参阅 Ugander、Karrer、Backstrom and Marlow（2011）。

⑱ 参阅 Backstrom、Boldi、Rosa、Ugander and Vigna（2012）。

⑲ 最早的数学研究是 Ray Solomonoff and Anatol Rapoport（1951），继而在 20 世纪 50 年代后期到 60 年代早期由数学家在奠定随机图理论时做了更深入的研究，参阅 Paul Erdös and Alfréd Rényi（1959，1960）。另外的更不为人知的独立研究成果包括 Edgar Gilbert（1959）。

⑳ 更详细的后续研究参阅 Travers and Milgram（1969）。

㉑ 参阅 Dodds、Muhamad and Watts（2003）。

㉒ 这一问题的答案很重要，但此处只是介绍了其基本思想。更详细的讨论和数学细节，可参阅 Watts（1999）和 Jackson（2008）。

㉓ 更普遍地说，在脸书网站外，对某人认识的人（指在过去两年有过联系并能相互联络）的数量的估计差异很大，根据估计采用的技术和样本，其上限约为数百人到数千人。可参阅 McCarty、Killworth、Bernard and Johnsen（2001），McCormick、Salganik and Zheng（2010）。

㉔ 如果考虑到友谊悖论，可能连接到更多的朋友。若考虑到戴安娜的朋友可能彼此也是朋友的比率，则会降低连接到的人数。因此这里的估算基本上是正确的。对数学感兴趣的读者而言，这种简化计算有两个问题。第一是我们高估了相邻点扩张的速率，因为不是每一步到达的每一个朋友都是“新”朋友，有人在之前已经到达了。例如，某个用户的朋友的朋友也是该用户的朋友。如果戴安娜与艾米丽和丽萨是朋友，那么在走出长度为 2 的连

接路径时，如果艾米丽和丽萨也是朋友，由于她们已经包含在戴安娜的200位朋友之中了，她们在第二步连接中就不应该重复计算。所以，计算每个人每一步有200位朋友，通常会包含部分重复统计。但即使我们做个较为保守的近似计算，把每一步连接到的新朋友的数量减半，降为100，那么在四步连接后依然能得到：200×100×100×100 = 2亿。更准确的模拟可以假设开始阶段连接到的新朋友数量较多，之后减少，但通常大多数新朋友还是在最后一步出现，因为大多数人是在最后一步才能到达。到第五步，我们能到达7.2亿人。由此可以理解为什么学者的研究发现任何两位活跃用户的平均距离为4.7（Ugander Karrer、Backstrom and Marlow，2011）。简化计算的第二个问题是假设每个朋友在下一步会带来相同数量的新朋友，但人群中有着巨大异质性，有人可能有500位新朋友，有人几乎没有。在巨大网络和平均度的影响下，这种差异基本可以抵消。相关的网络模型研究可参阅 Erdös and Rényi（1959，1960）；Jackson（2008b）等。即使对于脸书网站这样丰富和全球化的网络而言，大数定律依然适用，忽略个体差异的近似计算能得到非常准确的结果。

㉕ “A Few Things You（Probably）Don’t Know About Thanksgiving,” Becky Little, *National Geographic*，2016年11月21日。

㉖ 更多的对比可参阅 Marvel、Martin、Doering、Lusseau and Newman（2013）。

㉗ Cesaretti Lobo、Bettencourt、Ortman and Smith（2016）指出，中世纪城市在社会和空间结构上同现代城市有许多共同特征。但中世纪的人口与现代相比城市化率低得多，旅行也少得多。更多内容可参阅 Ferguson（2018）。

㉘ 参阅 Valentine（2006）。

㉙ 详细讨论可参阅 Altizer et al.（2006）。

㉚ 参阅 Jared Diamond（1997）。

㉛ 参阅 Shulman、Shulman and Sims（2009）。

㉜ 参阅 Schmitt and Nordyke（2001）。

㉝ 参阅 Randy Shilts 的著作 *And the Band Played On*（1987）。

㉞ 参阅 Lau et al.（2017）。

㉟ 参阅 Godfrey、Moore、Nelson and Bull（2010）。

㊱ 图片来自 Barbulat/Shutterstock. com（Vectorstock），有授权。

㊲ 这里可能有其他因素与度存在关联，例如大蜥蜴的领地大小，或许与该动

物染上壁虱的概率有关。在缺乏可控实验时，我们不能排除所有其他可能的解释，但螨虫感染与度不存在相关，却与领地和身体大小存在相关的事实，能支持我们的解释。

㊳ 参阅 Godfrey（2013）。

㊴ 参阅 Christakis and Fowler（2010）。

㊵ 度数较高并不总是对传染有害。Duboscq、Romano、Sueur and MacIntosh（2016）发现，社会交往较多的日本猕猴身上的虱子数量较少，而且是一种季节现象。猕猴之间的一个重要社会交往是彼此梳理毛发，帮助清除对方身上的虱子卵——真正的友谊不过如此。因此社会交往不只会造成虱子传播，也会帮助将其清除。度数较高意味着让其他猴子梳理的次数更多，虱子数量因此下降。

㊶ 参阅 Bajardi et al.（2011）。

㊷ 参阅 Cowling et al.（2010）。

㊸ 参阅 Donald G. McNeil Jr.，"In Reaction to Zika Outbreak，Echoes of Polio Global Health，" *The New York Times*，2016 年 8 月 29 日。

㊹ 参阅 Ferguson et al.（2006）。

㊺ 超级碗通常是美国每年观看人数最多的节目：2016 年有超过三分之一的美国人观看电视直播。但尽管超级碗有部分国际观众，却不足以和国际足联的世界杯决赛或奥运会开幕式（纪录由北京奥运会保持）相比，它们的观众数量还可能高出一个数量级。超级碗主要还是美国的国内赛事。

第 4 章　密而不能倒：金融网络

① 世界上的主要咖啡生产国（年产量超过 3 000 万磅）有 30 多个。知名全球连锁店，如星巴克与咖世家等，通过转移采购地来防范可能造成短期供应短缺的政治危机或灾难天气。世界大宗商品价格存在波动现象（咖啡也不例外），对努力为消费者持续供应咖啡的企业而言，更好的策略是能够从多个国家采购，而非锁定在一个地区，受制于当地特有的生产周期。

② 这只是希拉·拉莫斯的故事的一部分，来自 Paul Kiel 的报道。更完整的介绍可以参阅"The Great American Foreclosure Story：The Struggle for Justice and a Place to Call Home，" ProPublica，2012。

③ 房利美是联邦国民抵押贷款协会（FNMA，Federal National Mortgage Association）的俗称。房地美的正式名称是联邦住房抵押贷款公司（FHLMC，Federal Home Loan Mortgage Corporation)。“两房”从美国各地收购贷款，将其打包成抵押贷款支持证券及更普遍的担保债务凭证。美国抵押贷款市场中还有第三个主要参与者，即吉利美（Ginnie Mae）——政府国民抵押贷款协会（GNMA，Government National Mortgage Association）——由政府运营，专门负责给退伍军人或低收入住房和其他政府项目的贷款。该机构的规模同样很大，也有自己的问题，但与这里的讨论关系不大。

④ 信用违约掉期是各种金融机构购买的一种主要保险类型，当担保债务凭证（如抵押贷款支持证券）未能偿付时，确保自己能得到还款。例如，若有人要从雷曼兄弟购买一笔抵押贷款支持证券，他们可以去美国国际集团购买这类保险，以防范看似不太可能的雷曼兄弟欠账的情形。

⑤ 对此的详细讨论，可参阅 Elliott、Golub and Jackson（2014）。

⑥ 有利的交易包括：与其他银行之间的短期借贷（因为彼此的存款都存在波动），当某家银行对特定货币的风险出现波动时开展外汇交易，以及更长期的联合投资。因为各家银行可能有自己的地域优势，从而导致其贷款和其他投资组合过分偏向本地。人们可以购买不同银行的股份，即使银行本身的投资不够分散化，通过持有多家银行的股份也可以帮助分散风险，那为什么我们还需要关心某家银行的资产组合是否失衡？其实在没有市场摩擦和破产成本的情况下，银行本身的投资不够分散化并不会构成问题。然而，破产成本对经济运行是真实的损失：在破产清理时，有价值的资源会闲置或利用不足，并将花费大量的时间和法律成本。正是这些成本的存在，使我们希望避免任何企业失去偿还能力，也使破产传染的损失可能变得特别严重。

⑦ 这并不表示图（c）就是安全的情形。该图中的每家银行依然只有四到六家连接，仍存在不小的风险敞口，可能导致几家银行同时违约，并连累其他银行。

⑧ 这种现象还可能带来道德连坐。当雷曼兄弟破产时，除了与之有业务往来的企业外，其他与雷曼兄弟看起来相似的企业也突然陷入不确定之中。事实上，全球各地的银行都收紧了相互之间的短期（隔夜）贷款，通常这种借贷用于满足资本准备金要求（监管规定要求的现金持有数量）和其他短期资金平衡。当时没有人知道哪家银行安全，哪家会有问题。随着隔夜贷款交易消失，市场必须靠各国的中央银行扶持。

⑨ 参阅 Bloom（2009）等。

⑩ 详细内容可参阅 Shiller（2015）等。

⑪ 显赫人物的表态可能引发恐慌。如果有许多人关注的某人说自己对某家银行或金融机构丧失了信心，即使你并不相信他，但你可能担心其他许多关注此人的人会相信。有关显赫人物影响其他人行为的能力的更多研究，可参阅 Acemoglu and Jackson（2014）。

⑫ 参阅 Branch（2002）。

⑬ 在损失的 44% 之中，有 16% 是与破产本身有关的法律成本和其他损失，另外 28% 是资产价值的损失（投资贬值），由破产触发，或者由于急于抛售资产所致。因此，至少 16% 是破产造成的损失，其余 28% 中也有部分是因为破产导致的资产抛售所致。

⑭ 参阅 https://www5.fdic.gov/hsob/HSOBRpt.asp。

⑮ 支持和反对分业经营的争论，主要集中在利益冲突与规模经济和范围经济之间的权衡上。让这些企业通过买卖证券去挣钱，同时又让它们管理其他人的资金，可能诱使它们鼓励客户去购买与该金融企业有利益关系的证券，或者取得相对于其他投资者的买卖下单意向的信息优势。规模经济与范围经济的议题将在下文介绍。

⑯ 有关核心－外围式金融网络的更多背景和参考资料，可参阅 Wang（2017），Farboodi（2017），Hugonnier、Lester and Weill（2014），Fricke and Lux（2014），van der Leij、in't Veld、Daan and Hommes（2016），Gofman（2011），Babus and Hu（2017）。

⑰ 大多数业务集中在少数银行还会涉及其他许多问题，这里并未介绍，例如少数企业支配某个产业带来的过大市场支配力会影响价格决定和利润攫取，这些企业利用实力进行跨越市场和交易边界的操纵等。

⑱ 参阅 Uzzi（1997）。

⑲ 图中的箭头实际上包含了间接风险敞口，有关的研究方法可参阅 Elliott、Golub and Jackson（2014）。

⑳ 关于亚洲金融危机的讨论可参阅 Baig and Goldfajn（1999）。关于跨国金融危机和传染的更多背景，可参阅 Reinhart and Rogoff（2009），Kindelberger（2000），Neal and Weidenmier（2003），Kaminsky、Reinhart and Vegh（2003）。

㉑ Battiston 等人（2016）的研究提到金融网络监管中有关的一个挑战：金融市场中存在的相变和突然连锁效应，意味着在测算某人对某项投资的风险敞口时，很小的偏离可能导致对潜在连锁崩溃的严重低估。

㉒ 对金融市场的激励问题的更多讨论，可参阅 Admati and Hellwig（2013），Admati（2016）。

㉓ 有关背景可参阅 Lucas（2013）。

㉔ 除移动目标带来的监管挑战外，对任何给定金融机构可以用其资金做哪些业务设置任何限制还面临其他问题。限制投资会使被监管企业的投资组合分散度减少。欧洲的许多银行就受制于投资方面的某些限制，结果使部分银行持有了大量希腊主权债务，因为这是许可的投资，并有相对较高的利率。对投资的监管和限制还可能导致投资相关性，因为被监管企业倾向于投资范围更有限的类似资产。如果这些有限的投资选项受到负面冲击，许多金融机构可能同时丧失清偿能力。

㉕ 真正的爆裂是从 2007 年开始，并持续到 2008 年。首先是抵押贷款、次级借款和建筑公司的破产：American Freedom Mortgage、Mortgage Lenders Network USA、DR Horton、Countrywide Financial、New Century Financial、American Home Mortgage Investment Corp.、Ameriquest……，然后是商业银行和投资银行的破产：BNP Paribas、Northern Rock、IndyMac、Bear Stearns……，之后是房利美和房地美被接管，很快更多商业银行和投资银行被出售或者破产：Meryl Lynch、Lehman Brothers、Washington Mutual。还有 AIG 在多次救助中获得了政府的大笔援助。到 2008 年秋季，美国国会最终通过了 7 000 亿美元的问题资产救助计划，以较高价值收购了有问题的银行资产。到当年 11 月，美联储承诺另外拿出 8 000 亿美元购买更多资产，其中过半用于购买房利美和房地美的不良抵押贷款。

㉖ 还有些因素与不同金融机构尤其是银行的投资有关。某些机构由于监管要求只能持有特定资产类型，其投资组合受到限制（见本章注释 24）。此外它们往往存在相互竞争，如果某家机构的投资业绩更好，则能吸引更多的顾客与投资者。这促使它们相互模仿——持有类似的投资组合，让银行能稳定自己的客户基础，因为顾客不太能看出各银行的区别。此外还存在从众心理，可能导致金融机构趋向相同的投资。更多内容见本书第 7 章，以及 Scharfstein and Stein（1990），Froot、Scharfstein and Stein（1992）。

㉗ 参阅2011年的政府官方版本。

㉘ 包括 Bank of America、Barclays、BNP Paribas、Citigroup、Deutsche Bank、Goldman Sachs、HSBC、Morgan Stanley、Royal Bank of Scotland、Société Générale，等等。

㉙ 该委员会有6名成员由民主党任命，4名成员由共和党任命，很自然，他们对于监管或缺乏监管在危机爆发原因中的责任，以及明确危机责任的各种细节存在分歧。但总之，他们都认为，潜在的传染是危机的核心内容与促成政府干预的重要因素。例如，异议报告（dissenting report）在介绍政府接管房利美和房地美的重要性时陈述如下（第432页）："一家银行不能把所有资产都用于持有通用电气或美国电话电报公司发行的债务，却可以全部持有房利美或房地美的债务。美国和全球其他许多投资者同样如此，他们认为政府扶持企业（即房利美和房地美）的债务是绝对安全的，因此在自己的投资组合里占有很大比重。政策制定者确信，许多金融机构面对的这一交易对手风险意味着，任何减记政府扶持企业债务的行动都会造成金融体系内的一连串倒闭。此外，政府扶持企业债务还被用于短期借贷市场上的抵押品，因此其违约可能造成比之前更为严重的突然的大规模信贷紧缩。"

第5章 同质性：人以群分

① 某些迦提并不完全属于一个种姓。例如，在历史上包含工匠和士兵等成分的一个宗族就跨越两个瓦尔纳，但在19世纪被强行并入一个种姓。

② 相关资料来自 India Human Development Survey（IHDS），conducted by the National Council for Applied Economic Research（NCAER）and the University of Maryland。可参阅 http：//ihds. info/。

③ 参阅 Maurizio Mazzocco and Shiv Saini（2012）。准确估计家庭和村庄范围的收入与消费往往有难度（Ravallion and Chaudhuri，1997），但即使以混杂的数据来看，当地通常没有实现完全的风险分担（Townsend，1994；Fafchamps and Lund，2003；Kinnan and Townsend，2012；Samphantharak and Townsend，2018）。有学者深入考察了特定的网络结构，以了解这种风险分担的机制并提供直观解释（Atila Ambrus、Markus Mobius and Adam Szeidl，2014）。例如，群体里的密切联系让村民能互相帮助，以对付特质性的冲击。但当更大冲击到来，尤其是影响整个群体时，他们则需要依赖与其他群体的关系

获取帮助。群体之间缺乏联系的情况此时会造成不便：没有跨越种姓界限的充足社会资本来帮助各个群体应对收入的重大冲击。以上情况并非印度村庄独有，比如有大量证据显示（Blundell、Pistaferri and Preston，2008），美国最贫困人群在应对收入冲击时也有类似困难。风险分担缺乏效率的现象为何相当顽固，可参阅 Xing（2016）。

④ 西班牙裔和其他族群在该学校组成了一个较小的学生群体，在这个例子中他们的连接更为紧密。学生交往的紧密程度随群体规模变化，较小的群体有时没有其他选择，只能在内部密切联系。参阅 Currarini、Jackson and Pin（2009，2010）。

⑤ 在近期的荷兰青少年脸书网站朋友关系中也呈现同一模式。有研究发现，核心朋友群组中的同质性比整体人群更显著，种族同质性比性别同质性更显著（Hofstra、Corten、van Tubergen and Ellisond，2016）。

⑥ 参阅 Fryer（2007）。

⑦ 这些数字的非对称是由于白人群体比黑人群体大得多。不同性别表现出的模式也不同，因为黑人男性与白人女性的配对远远多于相反情形。

⑧ 对这方面大量文献的概述，可参阅 McPherson、Smith-Lovin and Cook（2001）。对更近期研究的介绍，可参阅 Jackson、Rogers and Zenou（2017）。有关朋友中遗传相似性的近期研究，可参阅 Christakis and Fowler（2014），Domingue、Belsky、Fletcher、Conley、Boardman and Harris（2018）。

⑨ 来自 Verbrugge（1977）。该作者分析了 240 种不同类别，如按 10 岁划分的年龄组、不同宗教信仰、职业等。然后计算最紧密朋友关系的概率比率，例如，某个天主教徒把天主教徒作为最好朋友的比率，与非天主教徒把天主教徒作为最好朋友的比率的对比。如果该比率为 1，则不存在同质性倾向，无论自己是不是天主教徒，都以同等的态度把天主教徒当作最好的朋友。实际结果中，底特律天主教徒的该比率为 6.3，德国诺伊施塔特（Neustadt）为 6.8，这表明相比非天主教徒，天主教徒把天主教徒作为最好朋友的比率高出约 6 倍。该作者在她分析的 240 种类型中发现所有的结交概率比率均大于 1，其中 225 组有统计显著性（15 个没有显著性的类型都是较小的子样本），概率比率范围为 2.2 ~ 81。极端的 81 对应一个年龄组别：25 岁以下的人把 25 岁以下的人当作最好朋友的概率，是 25 岁以上人的 81 倍。

⑩ 这只是在东非地区，整个大裂谷其实还延伸到了黎巴嫩，并影响马拉维、

布隆迪、乌干达、卢旺达和赞比亚的部分地区。

⑪ 参阅 Apicella et al. (2012)。

⑫ 例如，有关婚姻中的同质性效应随教育水平提升的现象，可参阅 Chiappori、Salanié and Weiss (2017)。

⑬ 参阅 Pew Research (2016)。

⑭ 此处的讨论基于如下研究 Skopek、Schulz and Blossfeld (2010)。

⑮ 参阅 Skopek、Schulz and Blossfeld (2010) 的表 4。当面对有相似教育程度的男性时，女性的回复率比正常值高 33%；面对较低教育程度的男性时，则比正常值低 36%。面对有相似教育程度的女性时，男性的回复率比正常值高 21%；面对较低教育程度的女性时，只比正常值低 9%。

⑯ 参阅 Ken-Hou Lin and Jennifer Lundquist (2013)。

⑰ 来自 PRRI American Values Survey of 2013。可参阅 Robert P. Jones，"Self-Segregation: Why It's So Hard for Whites to Understand Ferguson," *The Atlantic*, 2014 年 8 月 21 日；Christopher Ingraham，"Three Quarters of Whites Don't Have Any Non-White Friends," *Washington Post*，2014 年 8 月 25 日。

⑱ 参阅 Bailey、Cao、Kuchler、Stroebel and Wong (2017) 的图 13 和表 7。

⑲ 参阅 Kenney (2000)，Hwang and Horowitt (2012) 等。

⑳ 如果对这个例子有兴趣，可在 Vi Hart 与 Nicky Case 开发的网站上找到大量模拟案例：http://ncase.me/polygons/。

㉑ 有关临界点的分析，可参阅 Granovetter (1978)，Rogers (1995)，Gladwell (2000)，Jackson and Yariv (2011)。

㉒ 参阅 Card、Mas and Rothstein (2008)。

㉓ 参阅 Easterly (2009)。

㉔ 还有其他因素将在本书第 8 章展开讨论。

㉕ 我以前的一位学生邢亦青与我 (Jackson and Xing，2014) 共同研究了人们预测其他人行为的能力是否与他们的母国有关。我们借用了美国和印度的样本，把人们随机与一位伙伴配对，让他们协商处理如何分配一笔资金：每个人同时阐述是否平分资金，如果不平分，则谁应该获得更大部分。只有当双方的要求一致时，他们才可能得到这笔钱，因此能够预测对方的要求是很重要的。结果，只有 34% 的印度人要求平分，而美国人的比例是 83%。最重要的是，人们在预测自己国家人群的行为时要准确得多，与自己国家

的人配对时得到的总收入也更多。我自己对此的判断也存在偏差，我原本以为平分资金是非常自然的选择，因此各国之间的差异应该很小。这个偏差很典型，许多人预测错误是因为他们以为其他人群会像自己所在的群体那样行动。别的研究者也发现不同文化群体之间存在显著差异。例如由 Joe Henrich 带领的一组经济学家和人类学家检测过不同社群和国家的利他主义行为的水平（Henrich et al.，2001），发现在缺乏市场接入的文化中利己行为的倾向更为突出，接入市场实际上会带来更多的利他主义（亲社会）行为。他们的解释是，市场的运转需要利他主义与合作。

㉖ 朋友行为之间的相似性在商业领域同样存在。Kreditech 是一家位于汉堡的给欧洲部分地区提供小额贷款的公司，它要求借款申请人提供社交账户的信息。如果看到申请人有朋友曾对该公司的贷款违约，则很可能会拒绝这位申请人。如果看到申请人的朋友有很好的工作岗位，则更容易批准贷款。参阅“Lenders Are Turning to Social Media to Assess Borrowers,” *The Economist*，2013 年 2 月 9 日。

㉗ 有人分析了数百万西班牙人的注册记录，以跟踪移民在爆炸事件发生前后的位置与搬迁情况（Edling、Rydgren and Sandell，2016）。结果发现本土西班牙人不愿意与移民做邻居，阿拉伯人也存在内部彼此靠近的趋势。这些研究者采用了一个数值从 0 到 1 的隔离指标，1 代表完全隔离，0 代表完全融合。阿拉伯人群体在 2000 年时的隔离指数约为 0.7，到爆炸前已降至 0.58。此后迅速回弹，到 2006 年接近 0.63，可能还需要好几年才能恢复爆炸前的下降趋势。

㉘ 参阅 http://www.prisonexp.org/the-story/。有关该实验条件的详细介绍可参阅 Haney、Banks and Zimbardo（1973）。

㉙ 另外可参阅 Haney、Banks and Zimbardo（1973）。该实验的顾问 Carlo Prescott 在一篇评论中提出，实验中的守卫做那些事情是受到了鼓励（*Stanford Daily*，2005 年 4 月 28 日）。当然，这里的要点是说实验对象在很短时间内就进入了其角色，而且两个群体表现出了界限分明的对立。

㉚ 参阅 Alesina and Zhuravskaya（2011）。

㉛ GDP 是 2000 年购买力平价国际元（按购买力平价调整的美元）。对数据感兴趣的读者可以在我的网站上找到绘制这些图示的文件，但数据来源及详细的变量定义来自 Alesina and Zhuravskaya（2011）。

㉜ 有人或许会问，族群隔离究竟是一个国家发展不力的真正原因，还是发展不力的一个副产品？运转不佳的国家可能鼓励人们以族群界限隔离，或者维持隔离。本图无法显示任何因果联系。我们也不能开展严格可控的实验检测此类理论，因为不可能创造某些隔离的国家和某些没有隔离的国家，把它们放到相同条件下观察其演化过程。但尽管无法做此类实验，依然有研究找到证据表明图中的相关性有因果联系（Alesina and Zhuravskaya，2011）。这些学者利用了处理此类数据的一种常见技术——工具变量。有关的详细内容可以参阅我的网站上提供的本书附录（第5章的部分）。

㉝ 这还能帮助我们在网络中导航。可查询本书网站附录，及参阅 Duncan Watts（2004），第5章。

第6章 社会固化与不平等：网络反馈和贫困陷阱

① 对不了解奥林匹亚啤酒（Olympia Beer）或自流井的人需要提示下，这是种由于自然压力涌出的水流，通常位于含水层，由于存在合适角度，不费力气就能提供水源。

② 参阅 Claire Vaye Watkins，“The Ivy League Was Another Planet，” *The New York Times*，2013年3月28日。

③ 参阅 https：//www. theodysseyonline. com/@ alonaking。

④ 测量社会流动性（固化）水平的办法很多：儿童的教育、收入、财富、社会阶层、寿命等与父母的关联性，还可以测算父子、母女、母子的关系等。对这类指标的大量研究发现了与我们介绍的情况类似的模式：显著的相关性，各国之间有较大差异，当然根据具体测量的内容也存在较大程度的区别。经济学家采用“弹性”概念，用百分比代表事物的变化，以便在各种情形下加以对比。这里的数字是通过对如下等式估算得出的：$ln(Incomechild) = \alpha + \beta ln(Incomeparent) + error$，因此，$Incomechild = factor \times Incomeparent$。针对儿子和女儿得出的数字差不多。可参阅 Lee and Solon（2009）。

⑤ 这里反映的是代际的收入关联性，而非财富关联性。财富继承是代际财富关联性的一个直接作用渠道，而收入关联性还涉及财富转移之外的很多因素。

⑥ 参阅“The American Dream? Social Mobility and Equality in the US & EU，” Dalia Research，2017年3月1日。另一项研究发现相比若干欧洲国家美国也有类似更加乐观的态度（Alesina、Stantcheva and Teso，2018），而且某些社会

流动性最低的州的乐观情绪最高，人们对流动性的感知同他们的政治观、对政府的感知和对再分配的态度有关。

⑦ 你或许注意到盖茨比的角色与这个图不是很相符。小说中的盖茨比尽管是当私酒贩子，但毕竟变得非常富有，因此在经济上具有很强的流动性。他未能实现的是爬上特定的社会阶梯。但“了不起的盖茨比曲线”这个名字很吸引人，并确实联系到美国的社会固化现象。如今的固化已超过社会阶层的范围，扩大到经济领域。

⑧ 关于丹麦的情况，参阅 Calvó-Armengol and Jackson（2009）。美国的情况可参阅 Huang（2013）。大学入学率分别为美国 43%、丹麦 39%。来自：http://www.russellsage.org/research/chartbook/percentage-population-select-countries-bachelors-degrees-or-higher-age（访问时间：2016 年 12 月 6 日）。

⑨ 如果想了解更多细节，我在网站附录中介绍了基尼系数的其他两个思考方法，以及对不平等的其他测算办法。

⑩ 还有其他理解和展示基尼系数的方法，感兴趣的读者可以查询本书的在线附录。这里介绍的解释是我从 Sam Bowles 那里学到的，比通常的解释要简单明了得多。

⑪ 在许多国家，收集整体国民的准确收入信息相当困难。图 6.3 参考了若干不同研究成果，并依据当地政府的报告，因此在解释时需要小心。此外，基尼系数还取决于是否考虑了税收和福利项目。如果某个国家对高收入征收较高税收，给穷人提供较多补贴，那么税前收入与税后收入会有很大差别。某些欧洲国家若计算税后收入，会比计算税前收入大幅降低基尼系数。美国的基尼系数计算如果包括税收和转移支付，会降低约 10 个百分点。还有，基尼系数把一个复杂现象抽象成一个数字，并未完整描述全部图景，如不平等只是因为较低阶层极端贫困，还是因为中等阶层也相对贫困等。但总之，这些数字能让我们对收入分配的不平等程度有个大致印象。

⑫ 参阅 Lindert and Williamson（2012）。

⑬ 参阅 Haden（1995），Hayden（1997）。

⑭ 参阅 Bowles、Smith and Mulder（2010）。

⑮ 尽管世界许多国家的不平等程度在恶化，但各国之间的不平等在缩小，因为主要发展中国家总体上正变得更加富裕（虽然国内不平等在加剧）。更多背景情况可参阅本书的在线附录。

⑯ 关于教育和生产率在20世纪的变化的综述，可参阅 Goldin and Katz（2009）。

⑰ 阿西莫格鲁等人的直接估计是10%（Acemoglu et al.，2016），但考虑到经济中其他部分的溢出效应后，估计值增加了一倍。另有研究估计，制造业的工作岗位减少有87%来自技术变化，仅有13%来自生产搬离美国（Hicks and Devaraj，2015）。

⑱ 部分信息技术混合在服务业之中。已经有人建议增加涉及生产活动的产业部门的数量，以适应现代经济活动的更为丰富的范围。

⑲ 参阅 Acemoglu and Autor（2011），第1051页；Goldin and Katz（2009）。

⑳ 参阅 Piketty（2014），表7.2和表7.3。

㉑ 参阅 Krugman（2014）。

㉒ 顶层1%人群的工资增长是由于技术变革极大地提高了顶层人士的生产率和影响范围，而非高层经理人应该获得多少收入的社会习俗的改变或故意操纵所致，这方面的证明可参阅 Kaplan and Rauh（2013）。顶层1%人群包括数百万从事大量不同工作的人。

㉓ 尤其是对处于收入分配最底层五分之一的家庭来说，只有不到30%的子女获得大学学位。相反，最高层五分之一的家庭有超过80%的子女获得大学学位。参阅 Chetty and Hendren（2015）。

㉔ 参阅 American Academy of Arts and Sciences，"A Primer on the College Student Journey，" 2016。

㉕ 最具竞争力的大学中有超过70%的学生来自最富裕的四分之一人群，仅有3%来自最贫困的四分之一人群。数据来自 Jack Kent Cooke Foundation 发布的一份报告：Giancola and Kahlenberg（2016）。

㉖ 参阅 Chetty、Friedman、Saez、Turner and Yagan（2017）。

㉗ 这是在毕业十年后测算的，针对有过联邦财政资助的学生。

㉘ 参阅 Hart and Risley（1995）。

㉙ 差距不仅是在同幼儿谈话上面。Flavio Cunha 分析了母亲花费多少时间与孩子一起做各种事情："在儿童难过时给予安慰，转动幼儿的手脚来陪同玩耍，跟孩子说话，跟孩子玩捉迷藏，给孩子唱歌，给孩子讲故事，给孩子念书，带孩子出去到院子、公园和游乐场玩耍。"通常来说，母亲每天花费四到五个小时来陪孩子做这些事情，但根据母亲的身份存在差异。有至少

两年大学学位的母亲相比于高中辍学的母亲，每天会多花费 40 分钟以上来陪孩子。参阅 Cunha（2016）。

㉚ 参阅 Heckman（2012）。关于早期干预的长期效果的背景和证据，以及补充资料，可参阅 Currie（2001），Garces、Thomas and Currie（2002），Aizer and Cunha（2012），Felfe and Lalive（2018）。

㉛ 参阅 Boneva and Rauh（2015），图 4。

㉜ 参阅 Boneva and Rauh（2015），图 5。

㉝ 参阅 Hoxby and Avery（2013），图 2。

㉞ 参阅 Giancola and Kahlenberg（2016）。

㉟ 参阅 Cunha、Heckman、Lochner and Masterov（2006，第 703 页），Carneiro and Heckman（2002）。

㊱ 这是针对依赖家庭供养的学生，数据来自 Figure O in American Academy of Arts and Sciences，“A Primer on the College Student Journey，” 2016。

㊲ 参阅 Claire Vaye Watkins，“The Ivy League Was Another Planet”。

㊳ 有关社会资本定义的更多背景资料，可参阅 Jackson（2017）。

㊴ 这里忽略了某些资本形式。例如“身体资本”，它是指一个人的身体健康和力量，取决于热量摄入、锻炼、基因、医疗服务等因素。身体资本在某些场合非常重要，如渔猎采集社会，但对我们的讨论关系不大。我们还忽略了“文化资本”，其定义较为棘手，因为文化是个有多种解释的内涵丰富的概念（Bourdieu and Passeron，1970）。这里的讨论不要求明确列出文化资本，但它具有潜在影响。

㊵ 社会资本有过很多定义，在过去的一个多世纪间断式出现，例如在如下文献中：Dasgupta and Serageldin（2001），Sobel（2002），Jackson（2017）。最早两个采用与本书类似的方式明确定义社会资本的学者是 Pierre Bourdieu 和 Glenn Loury。Bourdieu（1986）的定义是：“与维持相互认识的人的或多或少的制度化关系的长期网络有关的实际或潜在资源。” Loury（1977）的定义是：“因此或许应该采用‘社会资本’的概念代表社会地位对于促进获取标准的人力资本特征的影响。” 我们的定义超越了 Loury，让社会资本的用途不限于获取人力资本，例如，打电话请求朋友提供一笔贷款。关于社会资本的其他来源和测算方式，可参阅 Jackson（2017）。

㊶ 在我们关于中心度测算的讨论中，特征向量中心度和传播中心度等概念能

够反映中心度忽略的社会资本的某些特性。

㊷ 来自 2014 American Community Survey，U. S. Census Bureau。

㊸ 参阅 Bischoff and Reardon（2014）。我们姑且把收入水平低于中位数三分之二的家庭称为“贫困”，把高于中位数 1.5 倍的称为“富裕”。如果某个社区中大多数家庭属于贫穷，则称其为贫困社区；如果大多数家庭属于富裕，则称其为富裕社区。1970 年，美国有 7% 的家庭居住在贫困社区，8% 居住在富裕社区，其余则在混合社区。事实上，65% 的家庭所在社区的中位数收入在全美中位数收入的 80% ~125%。到 2009 年，则有 15% 的家庭居住在贫困社区，18% 居住在富裕社区，仅有 42% 的家庭居住在中位数收入相当于全美中位数收入 80% ~125% 的社区。有关更详细的测算地理隔离的方法，可参阅 Echenique and Fryer Jr.（2007）。

㊹ 分析短期效果的早期研究对于精神健康之外是否有显著影响结论不一。可参阅 Clampet-Lundquist and Massey（2008），Ludwig et al.（2008），de Souza Briggs、Popkin and Goering（2010），Fryer Jr. and Katz（2013）。如今能够测量出更长期的效果，并找到了该项目的影响的明确证据。可参阅 Chetty and Hendren（2015），Chetty、Hendren and Katz（2016b）。

㊺ 这些数字中可能存在某些选择效应，因为由各个家庭选择是否搬家，而且某些确实没有搬走。我们必须考虑到此类效应，例如更关心子女的家庭更有可能利用代金券搬家。为避免其影响，有学者对比了搬家的家庭中兄弟姐妹的情况，从不同年龄的孩子来看对他们的影响是否存在不同（Chetty and Hendren，2015），以检查这些效应是否有因果联系及估计是否恰当。

㊻ 其中包括 Pierre Bourdieu、James Coleman、Glenn Loury、Douglas Massey、Elinor Ostrom、Robert Putnam、William Julius Wilson，以及其他许多学者。研究文献极其丰富，很难做简要概括。对于不同领域和视角的若干经典成果的总结，可参阅 Bourdieu and Passeron（1970），Loury（1977），Coleman and Hoffer（1987），Ostrom（1990），Massey and Denton（1993），Putnam（2000），Wilson（2012）。

㊼ 参阅 Britton et al.（2016）。

㊽ Chetty、Friedman、Saez、Turner and Yagan（2017）通过美国的数据发现，家庭背景对子女高等教育的影响比英国略大一些。

㊾ 来自 *The New York Times*，2013 年 1 月 27 日。引文来自 John Sullivan。

㊿ 参阅 Kasinitz and Rosenberg（1996）。

51 同上。

52 这就是后来成为美国国务卿的那位舒尔茨。他同中国达成了涉及台湾问题的关键和解协议，是说服里根总统与戈尔巴乔夫开展广泛对话的重要推手，给冷战的解冻和结束搭好了舞台。在成为政治家之前，舒尔茨在 20 世纪 50 年代到 70 年代早期是麻省理工学院与芝加哥大学的经济学家。

53 参阅 Myers and Shultz（1951）。

54 参阅 Rees et al.（1970）。

55 参阅 Myers and Shultz（1951），Rees et al.（1970），Granovetter（1973），Montgomery（1991），Ioannides and Datcher-Loury（2004）。

56 参阅 Calvó-Armengol and Jackson（2004，2007，2009）；Jackson（2007）。

57 更多工作机遇和报价带来更好的价格，这一逻辑在经济学中并不新鲜，例如对拍卖的研究等。有学者以此解释不同种族的工资差异，包括 Arrow and Borzekowski（2004），Smith（2000）。还可以用来解释残疾人在汽车维修中付出的价格更高，因为他们找的报价较少（去多家店铺询价对他们来说更耗时），同时修理店也预见了这一点，参阅 Gneezy、List and Price（2012）。

58 参阅 Calvó-Armengol and Jackson（2004，2007）。在这些场合下还有其他微妙的影响，朋友能提供关于工作的信息，但也在为工作竞争。我与合作者在研究中极力处理的很多技术细节就是要把这些效应排除掉。该效应在数据中是能看到的。Beaman（2012）发现，如果难民被安置到有母国来的其他许多居民的社区，如果他们能停留一段时间，那么这将增加其就业，因为同乡带来了有关工作的信息。但如果其他人与他们是同时期抵达，由于大家要竞争就业岗位，则对他们有不利影响。有关的详细分析可参阅 Munshi（2003），Patacchini and Zenou（2012）。

59 为什么英语里用“面团”（doughboys）表示“步兵”，有个理论把这追溯到 1846—1848 年的美墨战争时期。当时在尘土飞扬的小路上推进的步兵身上全是泥土，看起来很像墨西哥北部的土坯房子（adobe house）。而“adobe”一词的谐音后来演化成了“doughboy”一词。参阅 http://www.worldwar1.com/dbc/origindb.htm。

60 参阅 Marmaros and Sacerdote（2002）。

61 对经历过论文被期刊拒绝的读者来说，请记住：格兰诺维特的文章“The

Strength of Weak Ties” 最早投稿到《美国社会学评论》(*American Sociological Review*),被拒。两位审稿人的意见包括:“不应发表。我郑重地提出如下理由,那是我心中立即浮现的无数拒绝理由中的一小部分”;“我发现作者的研究过于初级……把自己局限在若干陈旧而平淡的论题里”。参阅 https://scatter.files.wordpress.com/2014/10/granovetter-rejection.pdf。

62 参阅 Granovetter(1973,1995)。

63 Bramoullé and Rogers(2010)发现,更受欢迎的学生的同质性倾向较低。如果某个学生只有一次被人当作朋友,则有 75% 的可能性是被同性提名。如果某个学生被 10 名其他学生当作朋友,那么被同性提名的可能性只有 51%。这符合朋友关系较少时平均来说更为密切的日常观察。

64 就单一关系而言,紧密的关系相比疏远的关系与未来就业的关联度明显更突出,有关证据可参阅 Gee、Jones and Burke(2017)。

65 参阅 Lalanne and Seabright(2016)。

66 参阅 Lalanne and Seabright(2016),Weichselbaumer and Winter-Ebmer(2005),England(2017)。

67 参阅 Beaman、Keleher and Magruder(2016),Mengel(2015)。

68 参阅 Fernandez、Castilla and Moore(2000)。

69 参阅 Fernandez、Castilla and Moore(2000),Dhillon、Iversion and Torsvik(2013)等。

70 参阅 Pallais and Sands(2016)。

71 这两位学者还发现,被推荐的员工如果与推荐人搭档完成需要团队合作的任务,表现会更好(另外可参阅 Brown、Setren and Topa,2012)。他们没有发现被推荐员工因为顾虑推荐人的声誉而更加努力的证据。但其他一些研究发现,如果被推荐者干活不力,雇主可以惩罚推荐人,例如一家孟加拉国服装厂的案例(参见 Heath,即将出版),结果表明被推荐人的行动确实会顾及推荐人的声誉。还有研究发现(Beaman and Magruder,2012),如果报酬是基于被推荐员工的业绩,那么被推荐人的素质会更高。

72 阿尔弗雷德死于早期的接种尝试。参阅 Susan Flantzer,“Smallpox Knew No Class Boundaries”,来自 The Site for Royal News and Discussion,http://www.unofficialroyalty.com/royal-illnesses-and-deaths/smallpox-knew-no-class-boundaries/。

⑬ 游戏一词并不代表轻视此案例，因为退出决策不是闹着玩的。这个术语其实来自“博弈论”这一数学分支。社会科学家利用该理论理解人们在彼此的决策互相影响时如何做决定。

⑭ 更多内容可参阅 Morris（2000）；Jackson（2007，2008）；Jackson and Zenou（2014）；Jackson and Storms（2017）。

⑮ 参阅 Calvó-Armengol and Jackson（2009）。

⑯ 关于这些趋势的更多内容，可参阅 Abramitzky（2011，2018）。

⑰ 针对发达国家的少部分工作岗位被外包出去的问题，我们可以设计出对全球都真正有益的政策：推行全球性的劳动标准。世界各国的劳动力成本相差极其悬殊，尤其是非熟练劳动力，有时能达到 20 倍甚至更多。部分差距与劳动标准不统一有关，以及缺乏对工作安全、工作时限、最低工资、福利水平和一般工作条件等规定的执行。优先执行全球最低劳动标准将减缓我们介绍的某些趋势，并且可能远比贸易壁垒更能促进生产率的进步。

⑱ 关于劳动力构成变化的课题，David Autor 有个精彩的 TED 演讲：“Will Automation Take Away All Our Jobs?” Ideas. Ted. com，2017 年 3 月 29 日。

⑲ 参阅 Peter S. Goodman，“Free Cash in Finland，Must Be Jobless，” *The New York Times*，2016 年 12 月 17 日；“Not Finnished：The Lapsing of Finland's Universal Basic Income Trial，” *The Economist*，2018 年 4 月 26 日。

⑳ 此类基本收入政策的成本并非难以想象。以伊拉克战争和阿富汗战争花掉的成本（保守估计约为 2.4 万亿美元），就能给美国收入最低的 20% 人群提供为期八年每年 5 000 美元的收入。对四口之家而言，这相当于每年 2 万美元的无税现金收入。如果再考虑到由此导致的其他福利项目的节约，净成本还会低很多。因此这类政策虽然激进，但并非没有可行性。

㉑ 参阅 Thaler and Sunstein（2008）。

㉒ 参阅对社会学家 Sean Reardon 的访谈：“The Gravity of Inequality，” *Stanford Magazine*，2016 年 12 月 15 日。

㉓ 参阅 Nguyen（2008），Jensen（2010），Attanasio and Kaufmann（2013），Kaufmann（2014）。

㉔ 参阅 David Leonhardt，“Make Colleges Diverse，” *The New York Times*，2016 年 12 月 13 日。

㉕ 参阅 Carrell and Sacerdote（2017）等。

⑯ 还有，创新中心会吸引更多业务和投资，以及提供进一步增长驱动力的高素质劳动力。我们看到世界各地出现了吸引投资和带来新增长的多个城市区域：硅谷、首尔、波士顿、多伦多、台北、香港、新加坡、班加罗尔、阿姆斯特丹、慕尼黑、斯德哥尔摩、上海……

第 7 章　集体的智慧及愚蠢

① 其数量级确实为千万亿。

② 有关人类的独特之处与集体智慧的讨论，可参阅 Henrich（2015）。

③ 参阅 Susan Pater，“How Much Does Your Animal Weigh?,” University of Arizona Cooperative Extension。

④ 参阅 Galton（1907），Surowiecki（2005）。

⑤ 最早的文章只介绍了猜测值的中位数与部分分布，几周后与期刊的通信中报告说平均值为 1 197。

⑥ 关于观点多样性对群体得出正确看法作用的更多讨论，可参阅 Surowiecki（2005），Page（2008）。

⑦ 集体表现与个体表现的对比是社会心理学的基本内容之一，在许多案例中集体的表现胜过个人，包括在某些情况下集体比其中最优秀个体的任务完成情况更好，当然也取决于集体如何组织。更多的背景和参考文献，可参阅 Davis（1992），Hinsz、Tindale and Vollrath（1997），Hogg and Tindale（2008）。

⑧ 这并不必然等于平均信念，而是与竞猜者对风险的态度有关。参阅 Manski（2006），Wolfers and Zitzewitz（2006），Gjerstad（2004）。

⑨ 关于预测市场的更多背景分析，可参阅 Wolfers and Zitzewitz（2004），Hahn and Tetlock（2006），Arrow et al.（2008）。

⑩ 关于这个案例及其他病态市场的情况，参阅 Roth（2007）。

⑪ 更多内容可参阅 Page（2008，2017），以及 Garry Kasparov and Daniel King, *Kasparov Against the World: The Story of the Greatest Online Challenge*。

⑫ 后来发现，心理学家 John R. P. French 曾描述过同一模型，图论学家 Frank Harary 也做过简要研究（French，1956；Harary，1959）。德格鲁特重新提出了这个模型，并开始了更详细的分析。独立的重新发现往往代表有着不错的创意。

⑬ 有关的计算细节可参阅 Jackson（2008）。

⑭ 有更多数学背景的读者请注意，德格鲁特模型要取得共识需要两个条件，

一是任何人的信息都能通过网络中的路径流动到其他任何人，二是所谓非周期性条件：网络中的所有定向周期的最小公约数为 1。详细内容可参阅 Golub and Jackson（2010）。

⑮ 这里假设把特征向量中心度标准化（使其总和为 1），如不是，则除以特征向量中心度的总和。

⑯ 此类重复计算也被称为“相关性忽略”（correlation neglect），对投票和其他行为有重要影响。可参阅 Demarzo、Vayanos and Zweibel（2003），Glaeser and Sunstein（2009），Levy and Razin（2015）。

⑰ 参阅 Chandrasekhar、Larreguy and Xandri（2015）。

⑱ 参阅 Choi、Gale and Kariv（2005），Mobius、Phan and Szeidl（2015），Enke and Zimmermann（2015），Brandts、Giritligil and Weber（2015），Battiston and Stanca（2015）。

⑲ 参阅 Bailey、Cao、Kuchler and Stroebel（2016）。

⑳ 参阅 Choi、Gale and Kariv（2005）等。

㉑ 要充分解释一个网络是否平衡，我们需要考虑每个人如何同其他人交流，以及在更新自己的观点时如何权衡其他人的观点。对此的完整叙述可参阅 Golub and Jackson（2010）。人们的信念趋同的速度还取决于网络结构与权重（Golub and Jackson，2012）。

㉒ 关于不同网络结构与意见领袖的优点，可参阅 Katz and Lazarsfeld（1955），Jackson and Wolinsky（1996），Bala and Goyal（1998），Golub and Jackson（2010，2012），Galeotti and Goyal（2010），Molavi、Tahbaz-Salehi and Jadbabaie（2018）。

㉓ 参阅 Lazarsfeld、Berelson and Gaudet（1948）。

㉔ 参阅 Katz and Lazarsfeld（1955）。

㉕ 参阅 Gladwell（2000）。

㉖ 参阅“Thirty Years Later：1982 Bordeaux No Single Vintage Did More to Change the World of Wine than 1982，” Wine Spectator blogs，posted March 26，2012。

㉗ 参阅 Andrew Edgecliffe-Johnson，“Robert Parker，the American Bacchus，” *Financial Times*，2012 年 12 月 14 日。我和 Nicolas Carayol 核实了 19 位知名葡萄酒专家的准确度和排名（Carayol and Jackson，2017），发现准确度和影响力存在某些有意思的细微差异。

㉘ 参阅 McCoy（2014）。

㉙ 这里忽略了个人口味，那将导致对葡萄酒、餐厅和电影等事物的看法更加多样化。虽然对某些产品的个人评价存在差异，但依然可能有某些可以交流的共同基本评价。关于此类产品的评级形成了较大产业，表明倾听其他人的意见确有其价值。

㉚ 这类评价存在许多问题。例如，许多产品评价体系使评级分布出现了严重倾斜，大多数时候给出极好的分数，偶尔有差评，中间分数很少。某些喜爱或厌恶某个产品的人可能有写评价的动力，而感觉一般般的人则不太愿意花时间去评价。花费大量时间写很多评价的少数人也可能带来偏差，包括被人收买的情况。参阅 Duan、Gu and Whinston（2008），Fradkin、Grewal、Holtz and Pearson（2015），Tadelis（2016），Nei（2017）。

㉛ Deer 后来公布了更多关于该研究在细节与道德和数据上存在的缺陷。可参阅“How the Vaccine Crisis Was Meant to Make Money,” *British Medical Journal*，2011 年 1 月 11 日。

㉜ Brian Deer 的批评是在医学委员会开始对该研究的调查后发布的。

㉝ 对关于这个议题的许多研究成果的综述，参阅 Gerber and Offit（2009）。

㉞ 世界卫生组织统计数据。

㉟ 参阅 Carrillo-Santisteve and Lopalco（2012）。

㊱ 经常有人把“谎言已传过半个地球，真相还在穿鞋”这句话当作马克·吐温的言论，但他的著述中其实找不到。这里的斯威夫特的句子来自 1710 年的一篇文章，发表于 *The Examiner*。有关的详细案例参阅 Vosoughi、Roy and Aral（2018）。

㊲ 2016 年 12 月 23 日，Twitter。

㊳ 1938 年 10 月 31 日。

㊴ 参阅 Bartholomew（2001）。

㊵ 参阅 http://news.bbc.co.uk/2/hi/health/2284783.stm，2002 年 9 月 27 日。

㊶ 参阅“Extinction of Blondes Vastly Overreported,” *Washington Post*，2002 年 10 月 2 日。

㊷ 参阅“Evaluating Information: The Cornerstone of Civic Online Reasoning,” Executive Summary, Stanford History Education Group。研究者分析了 12 个州的超过 7 800 名学生。

㊸ 参阅 Malcom Moore，“World War 2 Anniversary：The Scoop，” *The Telegraph*，2009 年 8 月 30 日；“Obituary：Clare Hollingworth，” BBC，2017 年 1 月 10 日；Margalit Fox，“Clare Hollingworth，Reporter Who Broke News of World War II，Dies at 105，” *The New York Times*，2017 年 1 月 10 日。

㊹ 除时间因素外，新闻生产还面临收入如何产生的根本变革。互联网给新闻服务带来了若干挑战，由于印刷版销量下降，来自分类广告的收入大跌。在线广告和在线订阅的收入尚未弥补传统收入的减少。有关背景可以参阅：Waldman（2011）；Hamilton（2016）；the Reuters Institute Digital News Report 2017（http：//po. st/lfJFXh）；Pew Research Center“Newspaper industry estimated advertising and circulation revenue”（2017 年 6 月 1 日，http：//www. journalism. org/chart/newspaper-industry-estimated-advertising-and-circulation-revenue/）。

㊺ 来自 Waldman and the Working Group on Information Needs of Communities（2011）。

㊻ 联邦调查局的媒体发布称：“上大支流煤矿的前任主管因为与联邦调查有关的原因被判入狱。” 来自 U. S. Attorney's Office，Southern District of West Virginia，January 17，2013；U. S. Department of Labor，Mine Safety and Health Administration，Coal Mine Safety and Health report of the Fatal Underground Mine Explosion April 5，2010，Upper Big Branch Mine-South，Performance Coal Company Montcoal，Raleigh County，West Virginia，ID No. 46-08436。

㊼ 即使在本次调查后，也仅有两名雇员每人被判不到五年的刑期，该公司的前任 CEO 因为故意合谋违反健康和安全生产标准被判轻罪，只获得了一年的刑期。

㊽ 来自 American Society for News Editors Newsroom Employment Census projections，1978 – 2014，Pew Research Center 的报告“State of the News Media 2016”。

㊾ 参阅 Waldman and the Working Group on Information Needs of Communities（2011），第 10 页。

㊿ 该研究为 Kaplan and Hale（2010）。可以在本书在线附录中找到一个半小时地方新闻内容的具体分类（Section 9. 4）。

51 参阅 Hamilton（2016）。

㊾ 参阅 Teemu Henriksson，“Full Highlights of World Press Trends 2016 Survey，” World Association of Newspapers and News Publishers。

㊿ 参阅 Waldman and the Working Group on Information Needs of Communities（2011），第 12 页。

54 参阅 Gentzkow、Shapiro and Taddy（2016）。

55 同上，图 4。

56 其他有关证明，可参阅 Prummer（2016）。

57 这些记录的开发者是 Renzo Lucioni，修订者是 Peter Aldhous。我根据研究需要做了些调整。

58 在决定两位参议员的连线时，要考虑他们在各项法案中做出相同选项的投票所占比例以及所在的年份（参阅 Randy Olson 的博客 http：//www.randalolson.com/blog/，2013 年 12 月 21 日）。例如把连线标准设置为一半，意味着有连线的两位参议员投出的相同选项多于不同选项。我尽量采用了距离本章涉及的分析最近的数据（2015），然后追溯到 1990 年的可比数据。希望了解细节的读者可以在本书网站上查阅这些图示背后的编码、数据等。

59 2015 年，该算法把两位茶党议员 Marco Rubio 和 Ted Cruz 放到最上部，把反对茶党的 Lindsey Graham 放到最下部。

60 我分析的数据与之不同，但可以从 Lucioni 的网站上找到对此处论述的启发之处：https：//renzo.lucioni.xyz/senate-voting-relationships/。其他测算方法和类似趋势的介绍，可参阅 Moody and Mucha（2013）。

61 参阅 Jackson（2008b）以及 Golub and Jackson（2012）第 VII 部分。

62 这里假设网络不是完全零散化的，而且没有哪个部分比其他部分明显更稠密。例如，若营销部门的每个人都与其他几十位员工有联系，而生产部门的人只和一两个人有联系，这种扩散或许就不会发生。但那只是由于网络的不同部分有不同的扩散特征，而非因为同质性的影响。

63 这一对比的更多技术细节可参阅 Golub and Jackson（2012）。

64 参阅 Lena H. Sun，“Anti-Vaccine Activists Spark a State's Worst Measles Outbreak in Decades，” *Washington Post*，2017 年 5 月 5 日。

65 参阅 Barnes et al.（2016）。

66 同上。

第8章　我们的朋友与局部网络结构的影响

① 参阅 Hölldobler and Wilson（1990）的书 *The Ants*。

② 参阅 Prabhakar、Dektar and Gordon（2012）。

③ 参阅 Bjorn Carey，“Stanford Researchers Discover the ‘Anternet’，” *Stanford Report*，2012 年 8 月 24 日。

④ 关于文化与进化的详细讨论，参阅 Boyd and Richerson（1988），Richerson and Boyd（2008），Tomasello（2009）。

⑤ 参阅 Coffman、Featherstone and Kessler（2016）。

⑥ 参阅 Manski（1993），Aral、Muchnik and Sundararajan（2009）。

⑦ 参阅 Gilchrist and Sands（2016）。这可能低估了社会影响，因为某些原本会在第一个周末去看电影的纽约人没有去，这可能导致纽约存在被暂时压制的需求。参阅 Moretti（2011）。

⑧ 参阅 Lerner and Malmendier（2013）。

⑨ 参阅 Kloumann、Adamic、Kleinberg and Wu（2015）。

⑩ 参阅 Duflo and Saez（2003）。

⑪ 参阅 Vosoughi、Roy and Aral（2018）。

⑫ 只利用股票的数据难以直接检测出此类信息效应，但某些研究找到了部分证据：Bikhchandani and Sharma（2000），Hirshleifer and Hong Teoh（2003）。如果你把人们放到实验室中，控制信息流动，观察人们的买卖，就会看到明显的从众行为。参阅 Anderson and Holt（1997），Hung and Plott（2001）。

⑬ 这个引语的来源存在争议。孔夫子是否真正说过这个并不清楚，但普遍认为是他的意思。英文流传的更有可能是来自《论语》的引文的变体。该书是孔子的追随者在他去世后编写的，本身也很有故事。

⑭ 羊群效应的逻辑分析来自以下研究：Abhijit Banerjee（1992），Sushil Bikhchandani、David Hirshleifer and Ivo Welch（1992）。

⑮ 参阅 Foster and Rosenzweig（1995），Conley and Udry（2010）。

⑯ 参阅 Leduc、Jackson and Johari（2016）。

⑰ 参阅 Smith and Sorensen（2000），Acemoglu、Dahleh、Lobel and Ozdaglar（2011）。

⑱ 参阅 Elaine McArdle，“How to Eat at Sushi Dai，Tokyo：Tips and Guide to Getting a Seat at Sushi Dai，Tsukiji Fish Market，” 2016 年 6 月 30 日，https：//

www.thewholeworldisaplayground.com/how-to-eat-seat-sushi-dai-tokyo-tips-guide/。

⑲ 看起来，鱼的供应商利用了我们缺乏鉴别力的弱点。在对洛杉矶（以寿司出名）的寿司店的一项调查中，一组研究人员收集了26家餐厅的364个鱼肉寿司样本（Willette et al.，2017），包含不同地区、价格区间和评级水平，并跨越四年时间。研究者利用鱼肉样本的DNA（脱氧核糖核酸）分析来检测餐厅供应的鱼类是否符合菜单上的说法。结果发现每家餐厅都至少卖给他们一只不在宣传之列的寿司，总体来说，47%的寿司打上了错误的标签！某些品种的寿司基本上始终是张冠李戴，通常是用看起来差不多的鱼类代替。例如，89%的红鲷鱼和93%的黄金鲅鱼是用其他鱼类代替的，鲭鱼则只有8%出错。我们不能光怪罪餐厅，因为它们只是供应链的一部分，但很明显，供应链上的某些地方和某些人在持续利用消费者难以分辨鱼肉类别的弱点。

⑳ 关于习俗的更多分析，可参阅Young（1996）。驾驶习惯是个很有意思的案例，因为某些国家曾经在一夜之间改变过靠左行或靠右行的规矩。现有的地区间差异往往有水体或大山的阻隔，这使驾驶习惯相反的国家之间汽车往来很少。

㉑ 参阅Glaeser、Sacerdote and Scheinkman（2003），Martinelli、Parker、Pérez-Gea and Rodrigo（2015），Su and Wu（2016）。

㉒ 参阅Fisman and Miguel（2007）。

㉓ 科威特的腐败指数为-1.1，未显示在本图中，因为该国每名外交官的罚单数高达250张，远远超出其他国家。科威特是个真正的例外，不仅在于其罚单数巨大，而且腐败严重度也低于平均水平。这里引用的数据（源自Fisman and Miguel）显示科威特的腐败水平似乎不符合其他许多指数的结果——它们显示科威特的腐败状况接近于印度、巴西、保加利亚及其他腐败非常严重的国家。但这里提到的各种数字仍把科威特包含在内，并且依然表明一国的腐败程度与它的外交官积累的罚单数有显著相关关系。例如，在23张与12张罚单的对比中，科威特是列入较为廉洁的国家里。如果把该国排除，对比会更加强烈，较为廉洁的国家的平均罚单数将降至8张！

㉔ 这还关系“传递性”的概念：如果A认识B，B认识C，那么A是否认识C？

㉕ 参阅Chandrasekhar and Jackson（2016）。

㉖ 这方面的案例可参阅 Watts（1999）。关于数据集的聚集系数的更多描述可参阅 Jackson and Rogers（2007a）。

㉗ 参阅 Chandrasekhar and Jackson（2016）。

㉘ 参阅 Jackson and Rogers（2007a）。

㉙ 在某些情况下，新产品的推广也可以不需要这类强化。例如，我们在印度村庄的小额贷款推广中就没有发现社会强化效应（Banerjee、Chandrasekhar、Duflo and Jackson，2013）。原因似乎在于，小额贷款是村民已经比较熟悉的事物，并能够自己做出决策，他们需要知道的其实是如何可以得到小额贷款的信息。这种简单的知晓在传播时更类似于疾病，并不依赖聚集或其他本地强化机制来推动。

㉚ 参阅 Goel et al.（2016）。

㉛ 参阅 Beaman、BenYishay、Magruder and Mobarak（2015）。Damon Centola（2011）利用与健康网站有关的超过 1 500 人的在线社群，来检测当人们需要多个朋友采取行动自己才采取行动时，网络中会出现什么样的扩散模式。他让部分参与者在高度聚集的网络中彼此相连，其余参与者则在较为稀疏的网络中相连。每个参与者都能得到某些新的“健康伙伴”，会了解到伙伴正在做的事情。研究者再播下种子信息，让某人获得参与一个健康论坛的机会。每当有人参加论坛时，他的健康伙伴将得知他已参加的消息。因此如果你的多个伙伴参与了该论坛，你会得到多个消息。研究者发现，该论坛在聚集网络中的扩散速率比随机网络高出 42%。这似乎表明多次的刺激对促使人们采取行动是非常重要的。即使聚集网络中人们之间的平均距离更远，相比非聚集网络而言，其扩散速度也会更快，并且会传递给更多的人。

㉜“纳什均衡”的概念适用于我提到的合作问题中的多重均衡。约翰·纳什证明，此类均衡在很多类型的环境下存在。这一概念已成为现代经济学的基本分析工具之一。

㉝ 这一“加持”定义及背后的博弈理论来自 Jackson、Rodriguez Barraquer and Tan（2012）。有人或许好奇，有共同的朋友与聚集现象之间有何联系。这两者都涉及网络中的三角关系，因此联系紧密。如果有大量关系获得加持，则网络中存在许多三角关系，网络会倾向于高度聚集。但加持与聚集在概念上也存在区别。例如在印度的村庄里，超过 90% 的关系存在加持，但聚集系数通常只有 0.2 ~ 0.3。当我们想到有加持的关系时，是指一个关系，

即网络中的一个连接（有共同的朋友加持）。聚集则要求某个人的众多朋友中有一定比例彼此也是朋友。加持与聚集在推动人们的行为方面也发挥非常不同的作用。加持通过证人、保证人或执行人的角色发挥作用，即某个关系的第三方。聚集则可以保证人们通过协同行动影响其他人。后一点可参阅 Coleman（1988）。

㉞ 在某些时候，核心家庭需要的卡路里会超过自己的生产量。可参阅 Hill and Hurtado（2017）。

㉟ 参阅 Kaplan、Hill、Lancaster and Hurtado（2000），以及 Hill（2002）等。

㊱ 有关人类合作的综合论述，可参阅 Seabright（2010）。

㊲ 参阅 Jackson、Rodriguez Barraquer and Tan（2012），Feinberg、Willer and Schultz（2014），Ali and Miller（2016）。Coleman（1988）研究了此类交流中的一个不同方面，分析聚集如何能帮助某个人的两位朋友联合起来制裁他，与我们介绍的机制有所不同。有关的区别可参阅 Jackson、Rodriguez Barraquer and Tan（2012）。

㊳ 参阅 Jackson、Rodriguez Barraquer and Tan（2012）。

㊴ 这里引用的百分比来自我们研究中的第二波数据（Banerjee、Chandrasekhar、Duflo and Jackson，2016）。不管是分析钱款、煤油或大米的借贷，还是提供帮助或建议，提供相互支持的比例都类似。有趣的是，对比没有激励因素的更纯粹的社会交流的情况（如互相之间到家里拜访），后者提供支持的比率明显更低。还有，93% 的支持比率可能有低估，因为通过调查收集网络信息时可能漏掉某些关系连接，特别是调查没有覆盖到所有人的时候。

㊵ 参阅 Banerjee and Duflo（2012）。

㊶ 参阅 Breza and Chandrasekhar（2016）。

㊷ 参阅 Uzzi（1996），第 679—680 页。

㊸ 有关社群执行对交易的法律执行的补充作用，可参阅 Jackson and Xing（2018）。

㊹ 参阅 Fisman、Shi、Wang and Xu（2018）。

㊺ 参阅 Fisman、Shi、Wang and Xu（2017）。

㊻ 参阅 Shi and Rao（2010）。也可参阅 Xie（2017）。

㊼ 对这些对立因素的分析，可参阅 Bandiera、Barnakay and Rasul（2009），Beaman and Magruder（2012）等。

㊽ 参阅 Backstrom and Kleinberg（2014）。

㊾ 参阅 Easley and Kleinberg（2010），Uzzi（1997）。有关社会嵌入的经典论文，参见 Granovetter（1973）。

㊿ 为此计算采用了递归定义，并追踪了曾保持活跃最多达 12 个月的关系。

第 9 章　全球化：变化中的人类网络

① 参阅 Caitlin Giddings，“This Couple Found Love Across the Globe Through Strava：The Incredible Story of How a Competitive Cycling App United Two Riders from Across the World，” *Bicycling Magazine*，2016 年 1 月 25 日。

② 参阅 Alex Shashkevich，“Oldest Adults May Have Much to Gain from Social Technology，According to Stanford Research，” *Stanford News*，2016 年 11 月 28 日。

③ 参阅 Jensen（2007）。在手机引入前，不同市场的价格与平均价的标准差为 60% ~70%，引入后缩小到 15% 以内。

④ 更广泛的介绍可参阅 Friedman（2016）。有关互联网对生产率和就业影响的例子，可参阅 Hjort and Poulsen（2018）。

⑤ 网络形成的课题已有广泛的研究。出于这里的叙述需要，我只集中介绍几个重要的观点，学术成果中还有其他很多内容。更为技术性的细节讨论和大量参考文献可参阅 Jackson（2008），Jackson、Rogers and Zenou（2017）。

⑥ 参阅 Jackson and Wolinsky（1996）。

⑦ 为了阐述基本观点，我在这里忽略了一些细节。在某些情况下，外部效应与建立关系的激励相互作用方式可能较为复杂，有关网络形成的许多研究涉及这些内容。更多的技术性讨论可以参阅 Jackson（2003，2008a，2014）。

⑧ 还有第三种相当重要的方式，在本书在线附录中做了介绍。网络形成与反馈有关，某个人的朋友越多，就越容易遇到更多人，由于他们能带来的外部效应，成为其他人的朋友的吸引力会越大。这一反馈可能导致网络形成中的不平等现象：有较多朋友的人会交到更多朋友。

⑨ 如第 7 章所述，对于人们的观点形成这类事务而言，更为重要的或许是人们与其他人的联系的相对数量，而非绝对数量（细节描述可参阅 Golub and Jackson，2012）。如果新建立的关系的同质性较强，则人类网络会变得更具同质性。即使网络变得更为密集，观点的极端化也将维持甚至加剧。

⑩ 战争概率的减少对于时间分界点划分在何处具有稳健性，参阅 Jackson and Nei（2015）。1820—1959 年的概率为 0.00056，1960—2000 年为 0.00005；

1820—1969 年的概率为 0.00053，1970—2000 年为 0.00005。以每个国家（而非每对国家）卷入的战争计算，1820—1959 年的概率为 0.012，1960—2000 年为 0.004。若根据全部“国家间军事冲突”（Militarized Interstate Disputes，MID2s - MID5s），而不只是战争（MID5s，至少 1 000 人死亡）计算，则 1820—1959 年爆发冲突的概率为每对国家 0.006，1960—2000 年为 0.003。然而，冲突变化在统计上是否显著取决于假设采用哪种随机过程产生冲突。在某些过程中，需要数量多得多的数据才能确认。参阅 Clauset（2017）。

⑪ 1870—1949 年数据来自 Klasing and Milionis（2014）；1950—1959 年数据来自 Penn World Trade Tables Version 8.1；1960—2015 年数据来自 World Bank World Development Indicators。

⑫ 事实上，如果忽略第二次世界大战时期，1816—1940 年的联盟数量仅为每个国家 1.7 个。

⑬ 参阅 Jackson and Nei（2015）。

⑭ 更详细的分析参阅 Jackson and Nei（2015），Li et al.（2017）。

⑮ 参阅 Jackson and Nei（2015）。

⑯ 参阅 Prummer（2016）。更多背景研究可参阅 Hampton and Wellman（2003），Rainie and Wellman（2014），Sunstein（2018）。

⑰ 另外可参阅 Davis and Dunaway（2016）。

⑱ 参阅 Gentzkow、Shapiro and Taddy（2016），Boxell、Shapiro and Shapiro（2017），Fiorina（2017），Gentzkow（2017）。关于如何测算极端化、极端化的加剧程度及其原因，学者中间还有大量分歧——或许也存在极端化。

⑲ 参阅 Gentzkow、Shapiro and Taddy（2016）。

⑳ 这在心理学上被称为“错误共识效应”（参阅 Ross、Greene and House，1977）。由于人们的朋友经常会影响他们对其他人想法的估计，这可能因为同质性而变得更严重。

㉑ 我要感谢 Jasmin Droege 的博客提示了这些数据：“Urbanization vs GDP per Capita Revisited,” 2016 年 4 月 11 日。

㉒ 参阅 Barnhardt、Field and Pande（2016）等。

㉓ 最终，技术或许能方便人们远程开展工作，这是种相反的作用。但由于人们越来越依赖他人提供自己消费的产品和服务，依然可能有某些聚集现象，

无论是郊区、城区还是不断扩展的大都市区。

㉔ 某些人在城市的工作和生活没有得到正式批准。中国的户口制度把居民家庭登记在国内的固定区域，以防止人们过快地涌入城市，这给部分居民迁入城市带来了麻烦。

㉕ 英文引文来自 David K. Jordan（1973）。

㉖ 修订时间为 2012 年夏季。

㉗ 参阅 Banerjee、Chandrasekhar、Duflo and Jackson（2018）。

参考文献

Abramitzky, Ran (2011). "Lessons from the Kibbutz on the Equality–Incentives Trade-off." *The Journal of Economic Perspectives,* Vol. 25, pp. 185–207.

——— (2018). *The Mystery of the Kibbutz: Egalitarian Principles in a Capitalist World.* Princeton, N.J.: Princeton University Press.

Abramitzky, Ran, Leah Boustan, and Katherine Eriksson (2016). "Cultural Assimilation During the Age of Mass Migration." National Bureau of Economic Research Working Paper No. 22381.

Acemoglu, Daron, and David Autor (2011). "Chapter 12: Skills, Tasks and Technologies: Implications for Employment and Earnings." In *Handbook of Labor Economics,* Vol. 4B, pp. 1043–1171.

Acemoglu, Daron, David Autor, David Dorn, Gordon H. Hanson, and Brendan Price (2016). "Import Competition and the Great US Employment Sag of the 2000s." *Journal of Labor Economics,* Vol. 34, pp. S141–S198.

Acemoglu, Daron, Munther A. Dahleh, Ilan Lobel, and Asuman Ozdaglar (2011). "Bayesian Learning in Social Networks." *The Review of Economic Studies,* Vol. 78, pp. 1201–36.

Acemoglu, Daron, and Matthew O. Jackson (2014). "History, Expectations, and Leadership in the Evolution of Social Norms." *The Review of Economic Studies,* Vol. 82, pp. 423–56.

Acemoglu, Daron, Asuman Ozdaglar, and Alireza Tahbaz-Salehi (2015). "Systemic Risk and Stability in Financial Networks." *The American Economic Review,* Vol. 105, pp. 564–608.

Acemoglu, Daron, and James A. Robinson (2012). *Why Nations Fail: The Origins of Power, Prosperity, and Poverty.* New York: Crown Business.

——— (2015). "The Rise and Decline of General Laws of Capitalism." *The Journal of Economic Perspectives,* Vol. 29, pp. 3–28.

Adamic, Lada, Thomas Lento, Eytan Adar, and Pauline Ng (2014). "The Evolution of Memes on Facebook." *Facebook Data Science,* January 8.

Admati, Anat R. (2016). "It Takes a Village to Maintain a Dangerous Financial System." Available at SSRN: http://ssrn.com/abstract=2787177.

Admati, Anat R., and Martin F. Hellwig (2013). *The Banker's New Clothes: What's Wrong with Banking and What to Do About It*. Princeton, N.J.: Princeton University Press.

Agan, Amanda Y., and Sonja B. Starr (2016). "Ban the Box, Criminal Records, and Statistical Discrimination: A Field Experiment." University of Michigan Law and Economics Research Paper No. 16-012.

Agostinelli, G., J. M. Brown, and W. R. Miller (1995). "Effects of Normative Feedback on Consumption Among Heavy Drinking College Students." *Journal of Drug Education*, Vol. 25:1, pp. 31–40.

Aizer, Anna, and Flavio Cunha (2012). "The Production of Human Capital: Endowments, Investments and Fertility." National Bureau of Economic Research Working Paper No. 18429.

Akbarpour, Mohammad, and Matthew O. Jackson (2018). "Diffusion in Networks and the Virtue of Burstiness." *Proceedings of the National Academy of Sciences*, Vol. 115 (30), pp. E6996–7004.

Akbarpour, Mohammad, Suraj Malladi, and Amin Saberi (2017). "Diffusion, Seeding and the Value of Network Information." Mimeo, Stanford University.

Akcigit, Ufuk, Santiago Caicedo, Ernest Miguelez, Stefanie Stantcheva, and Valerio Sterzi (2016). "Dancing with the Stars: Interactions and Human Capital Accumulation." Mimeo, University of Chicago.

Albert, Réka, Hawoong Jeong, and Albert-László Barabási (1999). "Internet: Diameter of the World-wide Web." *Nature*, Vol. 401, pp. 130–31.

Aldrich, Daniel P. (2012). "Social, Not Physical, Infrastructure: The Critical Role of Civil Society After the 1923 Tokyo Earthquake." *Disasters*, Vol. 36, pp. 398–419.

Alesina, Alberto, Stefanie Stantcheva, and Edoardo Teso (2018). "Intergenerational Mobility and Preferences for Redistribution." *The American Economic Review*, Vol. 108, pp. 521–54.

Alesina, Alberto, and Ekaterina Zhuravskaya (2011). "Segregation and the Quality of Government in a Cross Section of Countries." *The American Economic Review*, Vol. 101, pp. 1872–1911.

Ali, Mir M., and Debra S. Dwyer (2011). "Estimating Peer Effects in Sexual Behavior Among Adolescents." *Journal of Adolescence*, Vol. 34, pp. 183–90.

Ali, S. Nageeb, and David A. Miller. (2016). "Ostracism and Forgiveness." *The American Economic Review*, Vol. 106 (8), pp. 2329–48.

Allcott, Hunt, Dean Karlan, Marcus M. Möbius, Tanya S. Rosenblat, and Adam Szeidl (2007). "Community Size and Network Closure." *The American Economic Review*, Vol. 97, pp. 80–85.

Allport, Gordon W. (1954). *The Nature of Prejudice*. Garden City, NY: Doubleday.

Althaus, Christian L. (2014). "Estimating the Reproduction Number of Ebola Virus (EBOV) During the 2014 Outbreak in West Africa." *PLOS Currents*, Vol. 2 (1), pp. 1–9.

Altizer, Sonia, Andrew Dobson, Parviez Hosseini, Peter Hudson, Mercedes Pascual, and Pejman Rohani (2006). "Seasonality and the Dynamics of Infectious Diseases." *Ecology Letters*, Vol. 9, pp. 467–84.

Altonji, Joseph G., and Rebecca M. Blank (1999). "Race and Gender in the Labor Market." *Handbook of Labor Economics*, Vol. 3, pp. 3143–3259.

Amaral, Luıs A. Nunes, Antonio Scala, Marc Barthelemy, and H. Eugene Stanley (2000). "Classes of Small-World Networks." *Proceedings of the National Academy of Sciences*, Vol. 97, pp. 11149–52.

Ambrus, Attila, Markus Mobius, and Adam Szeidl (2014). "Consumption Risk-Sharing in Social Networks." *The American Economic Review*, Vol. 104, pp. 149–82.

Anderson, Katharine A. (2017). "Skill Networks and Measures of Complex Human Capital." *Proceedings of the National Academy of Sciences*, 114 (48), pp. 12720–24.

Anderson, Lisa R., and Charles A. Holt (1997). "Information Cascades in the Laboratory." *The American Economic Review*, Vol. 87, pp. 847–62.

Angrist, Joshua D., and Kevin Lang (2004). "Does School Integration Generate Peer Effects? Evidence from Boston's Metco Program." *The American Economic Review*, Vol. 94, pp. 1613–34.

Anthonisse, Jac M. (1971). "The Rush in a Directed Graph." Stichting Mathematisch Centrum, Mathematische Besliskunde, BN 9/71.

Apicella, Coren L., Frank W. Marlowe, James H. Fowler, and Nicholas A. Christakis (2012). "Social Networks and Cooperation in Hunter-Gatherers." *Nature*, Vol. 481:7382, pp. 497–501.

Aral, Sinan, Lev Muchnik, and Arun Sundararajan (2009). "Distinguishing Influence-Based Contagion from Homophily-Driven Diffusion in Dynamic Networks." *Proceedings of the National Academy of Sciences*, Vol. 106, pp. 21544–49.

——— (2013). "Engineering Social Contagions: Optimal Network Seeding in the Presence of Homophily." *Network Science*, Vol. 1, pp. 125–53.

Aral, Sinan, and Christos Nicolaides (2017). "Exercise Contagion in a Global Social Network." *Nature Communications*, Vol. 8, article no. 14753.

Arrow, Kenneth J. (1969). "The Organization of Economic Activity: Issues Pertinent to the Choice of Market Versus Nonmarket Allocation." U.S. Joint Economic Committee of Congress, 91st Congress, 1st Session.

Washington, D.C.: U.S. Government Printing Office, Vol. 1, pp. 59–73.
——— (1998). "What Has Economics to Say About Racial Discrimination?" *The Journal of Economic Perspectives,* Vol. 12, pp. 91–100.
——— (2000). "Observations on Social Capital." In *Social Capital: A Multifaceted Perspective,* Vol. 6, pp. 3–5. Washington, D.C.: World Bank Publications.
Arrow, Kenneth J., and Ron Borzekowski (2004). "Limited Network Connections and the Distribution of Wages." FEDS Working Paper No. 2004-41.
Arrow, Kenneth J., Robert Forsythe, Michael Gorham, Robert Hahn, Robin Hanson, John O. Ledyard, Saul Levmore, Robert Litan, Paul Milgrom, Forrest D. Nelson, George R. Neumann, Marco Ottaviani, Thomas C. Schelling, Robert J. Shiller, Vernon L. Smith, Erik Snowberg, Cass R. Sunstein, Paul C. Tetlock, Philip E. Tetlock, Hal R. Varian, Justin Wolfers, and Eric Zitzewitz (2008). "The Promise of Prediction Markets." *Science,* Vol. 320, pp. 877–78.
Atkeson, Andrew, and Patrick J. Kehoe (1993). "Industry Evolution and Transition: The Role of Information Capital." Federal Reserve Bank of Minneapolis, Research Department Staff Report No. 162, pp. 1–31.
Atkinson, Anthony B., and Salvatore Morelli (2014). "Chartbook of Economic Inequality." Society for the Study of Economic Inequality Working Paper No. 2014-324.
Attanasio, Orazio, and Katja Kaufmann (2013). "Educational Choices, Subjective Expectations, and Credit Constraints." National Bureau of Economic Research Working Paper No. 15087.
Auerbach, Alan J., and Kevin Hassett (2015). "Capital Taxation in the Twenty-First Century." *The American Economic Review,* Vol. 105, pp. 38–42.
Austen-Smith, David, and Roland G. Fryer, Jr. (2005). "An Economic Analysis of Acting White." *The Quarterly Journal of Economics,* Vol. 120, pp. 551–83.
Babus, Ana, and Tai-Wei Hu (2017). "Endogenous Intermediation in Over-the-Counter Markets." *Journal of Financial Economics,* Vol. 125, pp. 200–215.
Backstrom, Lars, Paolo Boldi, Marco Rosa, Johan Ugander, and Sebastiano Vigna (2012). "Four Degrees of Separation." In *Proceedings of the 4th Annual ACM Web Science Conference,* pp. 33–42.
Backstrom, Lars, and Jon Kleinberg (2014). "Romantic Partnerships and the Dispersion of Social Ties: A Network Analysis of Relationship Status on Facebook." In *Proceedings of the 17th ACM Conference on Computer Supported Cooperative Work & Social Computing,* pp. 831–41.

Badev, Anton (2017). "Discrete Games in Endogenous Networks: Theory and Policy." arXiv preprint arXiv: 1705.03137.

Baig, Taimur, and Ilan Goldfajn (1999). "Financial Market Contagion in the Asian Crisis." *IMF Staff Papers*, Vol. 46 (2), pp. 167–95.

Bailey, Mike, Rachel Cao, Theresa Kuchler, and Johannes Stroebel (2016). "The Economics Effects of Social Networks: Evidence from the Housing Market." Available at SSRN: https://ssrn.com/abstract=2753881.

Bailey, Mike, Rachel Cao, Theresa Kuchler, Johannes Stroebel, and Arlene Wong (2017). "Measuring Social Connectedness." National Bureau of Economic Research Working Paper No. 23608.

Bajardi, Paolo, Chiara Poletto, Jose J. Ramasco, Michele Tizzoni, Vittoria Colizza, and Alessandro Vespignani (2011). "Human Mobility Networks, Travel Restrictions, and the Global Spread of 2009 H1N1 Pandemic." *PLoS ONE*, Vol. 6:1, Article number 16591.

Bala, Venkatesh, and Sanjeev Goyal (1998). "Learning From Neighbours." *The Review of Economic Studies*, Vol. 65(3), pp. 595–621.

Bandiera, Oriana, Iwan Barankay, and Imran Rasul (2009). "Social Connections and Incentives in the Workplace: Evidence from Personnel Data." *Econometrica*, Vol. 77, pp. 1047–94.

Banerjee, Abhijit V. (1992). "A Simple Model of Herd Behavior." *The Quarterly Journal of Economics*, pp. 797–817.

Banerjee, Abhijit V., Arun G. Chandrasekhar, Esther Duflo, and Matthew O. Jackson (2013). "Diffusion of Microfinance." *Science*, Vol. 341 (6144), Article number 1236498, doi: 10.1126/science.1236498.

——— (2015). "Gossip and Identifying Central Individuals in a Social Network." Available at SSRN: http://ssrn.com/abstract=2425379.

——— (2018). "Changes in Social Network Structure in Response to Exposure to Formal Credit Markets." Mimeo, Stanford University.

Banerjee, Abhijit V., and Esther Duflo (2012). *Poor Economics: A Radical Rethinking of the Way to Fight Global Poverty*. New York: PublicAffairs.

——— (2014). "Do Firms Want to Borrow More? Testing Credit Constraints Using a Directed Lending Program." *The Review of Economic Studies*, Vol. 81, pp. 572–607.

Banfi, Edward C. (1958). *The Moral Basis of a Backward Society*. New York: Free Press.

Barabási, Albert-László (2003). *Linked: The New Science of Networks*. New York: Basic Books.

——— (2011). *Bursts: The Hidden Patterns Behind Everything We Do, from Your E-mail to Bloody Crusades*. New York: Penguin.

——— (2016). *Network Science*. Cambridge, U.K.: Cambridge University Press.

Barabási, Albert-László (2003). *Linked: The New Science of Networks.* New York: Basic Books.

——— (2011). *Bursts: The Hidden Patterns Behind Everything We Do, from Your E-mail to Bloody Crusades.* New York: Penguin.

——— (2016). *Network Science.* Cambridge, U.K.: Cambridge University Press.

Barabási, Albert-László, and Réka Albert (1999). "Emergence of Scaling in Random Networks." *Science,* Vol. 286, p. 509.

Barbera, Salvador, and Matthew O. Jackson (2017). "A Model of Protests, Revolution, and Information." Available at SSRN: https://ssrn.com/abstract=2732864.

Barnes, Michele, Kolter Kalberg, Minling Pan, and PinSun Leung (2016). "When Is Brokerage Negatively Associated with Economic Benefits? Ethnic Diversity, Competition, and Common-Pool Resources." *Social Networks,* Vol. 45, pp. 55–65.

Barnes, Michele L., John Lynham, Kolter Kalberg, and PingSun Leung (2016). "Social Networks and Environmental Outcomes." *Proceedings of the National Academy of Sciences,* Vol. 113, pp. 6466–71.

Barnhardt, Sharon, Erica Field, and Rohini Pande (2016). "Moving to Opportunity or Isolation? Network Effects of a Randomized Housing Lottery in Urban India." *American Economic Journal: Applied Economics,* Vol. 9:1, pp. 1–32.

Bartholomew, Robert E. (2001). *Little Green Men, Meowing Nuns and Head-Hunting Panics: A Study of Mass Psychogenic Illness and Social Delusion.* Jefferson, NC: McFarland.

Bassok, Daphna, Jenna E. Finch, RaeHyuck Lee, Sean F. Reardon, and Jane Waldfogel (2016). "Socioeconomic Gaps in Early Childhood Experiences: 1998 to 2010." *AERA Open,* Vol. 2 (3), article no. 2332858416653924.

Battiston, Pietro, and Luca Stanca (2015). "Boundedly Rational Opinion Dynamics in Social Networks: Does Indegree Matter?" *Journal of Economic Behavior & Organization,* Vol. 119, pp. 400–421.

Battiston, Stefano, Guido Caldarelli, Robert M. May, Tarik Roukny, and Joseph E. Stiglitz (2016). "The Price of Complexity in Financial Networks." *Proceedings of the National Academy of Sciences,* 113 (36), pp. 10031–36.

Beaman, Lori A. (2012). "Social Networks and the Dynamics of Labour Market Outcomes: Evidence from Refugees Resettled in the U.S." *Review of Economic Studies,* Vol. 79:1, pp. 128–61.

Beaman, Lori A., Ariel BenYishay, Jeremy Magruder, and Ahmed Mushfiq Mobarak (2015). "Making Networks Work for Policy: Evidence from Agricultural Technology Adoption in Malawi." Working Paper, Northwestern University.

Beaman, Lori A., Niall Keleher, and Jeremy Magruder (2016). "Do Job Networks Disadvantage Women? Evidence from a Recruitment Experiment in Malawi." Unpublished, http://faculty.wcas.northwestern.edu/~lab823/BKM recruitment Oct2013. pdf.

Beaman, Lori A., and Jeremy Magruder (2012). "Who Gets the Job Referral? Evidence from a Social Networks Experiment." *The American Economic Review,* Vol. 102, pp. 3574–93.

Bearman, Peter S., James Moody, and Katherine Stovel (2004). "Chains of Affection: The Structure of Adolescent Romantic and Sexual Networks." *American Journal of Sociology,* Vol. 110:1, pp. 44–91.

Benhabib, Jess, Alberto Bisin, and Matthew O. Jackson (2011). *Handbook of Social Economics.* Amsterdam: North-Holland.

Benzell, Seth G., and Kevin Cooke (2016). "A Network of Thrones: Kinship and Conflict in Europe, 1495–1918." Manuscript, Boston University.

Berens, Guido, and Cees van Riel (2004). "Corporate Associations in the Academic Literature: Three Main Streams of Thought in the Reputation Measurement Literature." *Corporate Reputation Review,* Vol. 7, pp. 161–78.

Bertrand, Marianne, and Sendhil Mullainathan (2004). "Are Emily and Greg More Employable Than Lakisha and Jamal? A Field Experiment on Labor Market Discrimination." *The American Economic Review,* Vol. 94, pp. 991–1013.

Bikhchandani, Sushil, David Hirshleifer, and Ivo Welch (1992). "A Theory of Fads, Fashion, Custom, and Cultural Change as Informational Cascades." *Journal of Political Economy,* Vol. 100 (5), pp. 992–1026.

Bikhchandani, Sushil, and Sunil Sharma (2000). "Herd Behavior in Financial Markets." *IMF Economic Review,* Vol. 47, pp. 279–310.

Bischoff, Kendra, and Sean F. Reardon (2014). "Residential Segregation by Income, 1970–2009." In *Diversity and Disparities: America Enters a New Century.* New York: The Russell Sage Foundation.

Bisin, Alberto, and Thierry Verdier (2001). "The Economics of Cultural Transmission and the Dynamics of Preferences." *Journal of Economic Theory,* Vol. 97, pp. 298–319.

Blandy, Richard (1967). "Marshall on Human Capital: A Note." *Journal of Political Economy,* Vol. 75, pp. 874–75.

Blau, Peter M. (1987). "Contrasting Theoretical Perspectives." In *The Micro-Macro Link,* pp. 71–85. Berkeley: University of California Press.

Bloch, Francis, Garance Genicot, and Debraj Ray (2007). "Reciprocity in Groups and the Limits to Social Capital." *The American Economic Review,* Vol. 97, pp. 65–69.

Bloch, Francis, Matthew O. Jackson, and Pietro Tebaldi (2016). "Centrality Measures in Networks." Available at SSRN: http://ssrn.com /abstract=2749124.

Blondel, Vincent D., Jean-Loup Guillaume, Renaud Lambiotte, and Etienne Lefebvre (2008). "Fast Unfolding of Communities in Large Networks." *Journal of Statistical Mechanics: Theory and Experiment,* Vol. 100, article no. P10008.

Bloom, Nicholas (2009). "The Impact of Uncertainty Shocks." *Econometrica,* Vol. 77, pp. 623–85.

Blum, Avrim, John Hopcroft, and Ravindran Kannan (2016). *Foundations of Data Science.* Mimeo, Carnegie Mellon University.

Blume, Lawrence E., William A. Brock, Steven N. Durlauf, and Yannis M. Ioannides (2011). "Identification of Social Interactions." In *Handbook of Social Economics,* Vol. 1, pp. 853–964. Amsterdam: North-Holland.

Blumenstock, Joshua, and Xu Tan (2017). "Social Networks and Migration." Mimeo, University of Washington.

Blumer, Herbert (1958). "Race Prejudice as a Sense of Group Position." *Pacific Sociological Review,* Vol. 1:1, pp. 3–7.

Blundell, Richard, Luigi Pistaferri, and Ian Preston (2008). "Consumption Inequality and Partial Insurance." *The American Economic Review,* Vol. 98, pp. 1887–1921.

Bobo, Lawrence, Vincent L. Hutchings (1996). "Perceptions of Racial Group Competition: Extending Blumer's Theory of Group Position to a Multiracial Social Context." *American Sociological Review,* Vol. 61, pp. 951–72.

Bollobas, Bela (2001). *Random Graphs.* 2nd ed. Cambridge, U.K.: Cambridge University Press.

Boneva, Teodora, and Christopher Rauh (2015). "Parental Beliefs About Returns to Educational Investments—The Later the Better?" Available at SSRN: https://ssrn.com/abstract=2764288.

Borgatti, Stephen P. (2005). "Centrality and Network Flow." *Social Networks,* Vol. 27, pp. 55–71.

Borgatti, Stephen P., and Martin G. Everett (1992). "Notions of Position in Social Network Analysis." *Sociological Methodology,* pp. 1–35.

Borgatti, Stephen P., Martin G. Everett, and Jeffrey C. Johnson (2018). *Analyzing Social Networks.* Thousand Oaks, CA: Sage.

Borgatti, Stephen P., Candace Jones, and Martin G. Everett (1998). "Network Measures of Social Capital." *Connections,* Vol. 21, pp. 27–36.

Bourdieu, Pierre (1986). "The Forms of Capital" [In English]. In *Handbook of Theory and Research for the Sociology of Education,* pp. 241–58. Westport, CT: Greenwood Publishing Group.

Bourdieu, Pierre, and Jean Claude Passeron (1970). *La reproduction éléments*

pour une théorie du système d'enseignement. Paris: Les Éditions de Minuit.
Bourguignon, François, and Christian Morrisson (2002). "Inequality Among World Citizens: 1820–1992." *The American Economic Review*, Vol. 92, pp. 727–44.
Boustan, Leah Platt (2016). *Competition in the Promised Land: Black Migrants in Northern Cities and Labor Markets*. Princeton, N.J.: Princeton University Press.
Bowles, Samuel, Eric Alden Smith, and Monique Borgerhoff Mulder, eds. (2010). "Inter-generational Wealth Transmission and Inequality in Premodern Societies." *Special Issue of Current Anthropology*, Vol. 51:1.
Boxell, Levi, Matthew Gentzkow, and Jesse M. Shapiro (2017). "Greater Internet Use Is Not Associated with Faster Growth in Political Polarization Among U.S. Demographic Groups." *Proceedings of the National Academy of Sciences*, Vol. 114 (40), pp. 10612–17.
Boyd, Robert, and Peter J. Richerson (1988). *Culture and the Evolutionary Process*. Chicago: University of Chicago Press.
Bradbury, Katharine (2011). "Trends in U.S. Family Income Mobility, 1969–2006." Federal Reserve Bank of Boston, Working Paper No. 11-10.
Bramoullé, Yann, and Brian W. Rogers (2010). "Diversity and Popularity in Social Networks." CIRPEE Working Paper No. 09-03.
Branch, Ben (2002). "The Costs of Bankruptcy: A Review." *International Review of Financial Analysis*, Vol. 11:1, pp. 39–57.
Brandts, Jordi, Ayça Ebru Giritligil, and Roberto A. Weber (2015). "An Experimental Study of Persuasion Bias and Social Influence in Networks." *European Economic Review*, Vol. 80, pp. 214–229.
Breen, Richard, and Jan O. Jonsson (2005). "Inequality of Opportunity in Comparative Perspective: Recent Research on Educational Attainment and Social Mobility." *Annual Review of Soccology*, Vol. 31, pp. 223–43.
Breiger, Ronald, and Pip Pattison (1986). "Cumulated Social Roles: The Duality of Persons and Their Algebras." *Social Networks*, Vol. 8, pp. 215–56.
Breza, Emily, and Arun G. Chandrasekhar (2016). "Social Networks, Reputation and Commitment: Evidence from a Savings Monitors Experiment." National Bureau of Economic Research Working Paper No. 21169.
Britton, Jack, Lorraine Dearden, Neil Shephard, and Anna Vignoles (2016). "How English Domiciled Graduate Earnings Vary with Gender, Institution Attended, Subject and Socio-Economic Background." Technical Report, Institute for Fiscal Studies.
Broido, Anna D., and Aaron Clauset (2018). "Scale-Free Networks Are Rare." arXiv preprint arXiv: 1801.03400.
Brown, Meta, Elizabeth Setren, and Giorgio Topa (2012). "Do Informal Referrals Lead to Better Matches? Evidence from a Firm's Employee

Referral System." *FRB of New York Staff Report.*

Brummitt, Charles D., George Barnett, and Raissa M. D'Souza (2015). "Coupled Catastrophes: Sudden Shifts Cascade and Hop Among Interdependent Systems." *Journal of the Royal Society Interface,* Vol. 12:112, doi 10.1098/rsif.2015.0712.

Buchanan, James M., and Wm. Craig Stubblebine (1962). "Externality," *Economica,* Vol. 29:116, pp. 371–84.

Bullock, John G., Alan S. Gerber, Seth J. Hill, and Gregory A. Huber (2015). "Partisan Bias in Factual Beliefs about Politics." *Quarterly Journal of Political Science,* Vol. 10, pp. 519–78.

Bursztyn, Leonardo, Florian Ederer, Bruno Ferman, and Noam Yuchtman (2014). "Understanding Mechanisms Underlying Peer Effects: Evidence from a Field Experiment on Financial Decisions." *Econometrica,* Vol. 82, pp. 1273–1301.

Burt, Ronald S. (1992). *Structural Holes: The Social Structure of Competition.* Cambridge, Mass.: Harvard University Press.

——— (2000). "The Network Structure of Social Capital." *Research in Organizational Behavior,* Vol. 22, pp. 345–423.

——— (2005). *Brokerage and Closure: An Introduction to Social Capital.* Oxford, U.K.: Oxford University Press.

Cabrales, Antonio, Douglas Gale, and Piero Gottardi (2016). "Financial Contagion in Networks." In Bramoullé, Galeotti, and Rogers, eds., *The Oxford Handbook of the Economics of Networks.* Oxford, U.K.: Oxford University Press.

Cai, Jing, Alain de Janvry, and Elisabeth Sadoulet (2015). "Social Networks and the Decision to Insure." *American Economic Journal: Applied Economics,* Vol. 7:2, pp. 81–108.

Cai, Jing, and Adam Szeidl (2018). "Interfirm Relationships and Business Performance." *The Quarterly Journal of Economics.* Advance access: doi:10.1093/qje/qjx049.

Calvó-Armengol, Antoni, and Matthew O. Jackson (2004). "The Effects of Social Networks on Employment and Inequality." *The American Economic Review,* Vol. 94, pp. 426–54.

———(2007). "Networks in Labor Markets: Wage and Employment Dynamics and Inequality." *Journal of Economic Theory,* Vol. 132, pp. 27–46.

——— (2009). "Like Father, Like Son: Labor Market Networks and Social Mobility." *American Economic Journal: Microeconomics,* Vol. 1 (1), pp. 124–50.

Carayol, Nicolas, and Matthew O. Jackson (2017). "Evaluating the Underlying Qualities of Items and Raters from a Series of Reviews." Mimeo, Stanford University.

Card, David, and Laura Giuliano (2016). "Can Tracking Raise the Test Scores of High-Ability Minority Students?" *The American Economic Review,* Vol. 106, pp. 2783–2816.

Card, David, Alexandre Mas, and Jesse Rothstein (2008). "Tipping and the Dynamics of Segregation." *The Quarterly Journal of Economics,* Vol. 123 (1), pp. 177–218.

Carneiro, Pedro, and James J. Heckman (2002). "The Evidence on Credit Constraints in Post-Secondary Schooling." *The Economic Journal,* Vol. 112, pp. 705–34.

Carrell, Scott, and Bruce Sacerdote (2017). "Why Do College-Going Interventions Work?" *American Economic Journal: Applied Economics,* Vol. 9 (3), pp. 124–51.

Carrell, Scott E., Bruce I. Sacerdote, and James E. West (2013). "From Natural Variation to Optimal Policy? The Importance of Endogenous Peer Group Formation." *Econometrica,* Vol. 81, pp. 855–82.

Carrillo-Santisteve, P., and P. L. Lopalco (2012). "Measles Still Spreads in Europe: Who Is Responsible for the Failure to Vaccinate?" *Clinical Microbiology and Infection,* Vol. 18, pp. 50–56.

Carrington, William J., Enrica Detragiache, and Tara Vishwanath (1996). "Migration with Endogenous Moving Costs." *The American Economic Review,* Vol. 86, pp. 909–30.

Carter, Michael R., and Christopher B. Barrett (2006). "The Economics of Poverty Traps and Persistent Poverty: An Asset-Based Approach." *The Journal of Development Studies,* Vol. 42, pp. 178–99.

Carvalho, Vasco M. (2014). "From Micro to Macro Via Production Networks." *Journal of Economic Perspectives,* Vol. 28 (4), pp. 23–48.

Caulier, Jean-François, Ana Mauleon, and Vincent Vannetelbosch (2013). "Contractually Stable Networks." *International Journal of Game Theory,* Vol. 42 (2), pp. 483–99.

Centola, D. (2011). "An Experimental Study of Homophily in the Adoption of Health Behavior." *Science,* Vol. 334:6060, pp. 1269–72.

Centola, Damon, Víctor M. Eguíluz, and Michael W. Macy (2007). "Cascade Dynamics of Complex Propagation." *Physica A: Statistical Mechanics and Its Applications,* Vol. 374, pp. 449–56.

Cépon, Bruno, Florencia Devoto, Esther Duflo, and William Parienté (2015). "Estimating the Impact of Microcredit on Those Who Take It Up: Evidence from a Randomized Experiment in Morocco." *American Economic Journal: Applied Economics,* Vol. 7, pp. 123–50.

Cesaretti, Rudolf, José Lobo, Luís M.A. Bettencourt, Scott G. Ortman, and Michael E. Smith (2016). "Population-Area Relationship for Medieval European Cities." *PLoS ONE,* Vol. 11 (10), article no. e0162678.

Chandrasekhar, Arun, and Matthew O. Jackson (2013). "Tractable and Consistent Random Graph Models." Available at SSRN: http://ssrn.com/abstract=2150428.

——— (2016). "A Network Formation Model Based on Subgraphs." Available at SSRN: https://ssrn.com/abstract=2660381.

Chandrasekhar, Arun G., Horacio Larreguy, and Juan Pablo Xandri (2015). "Testing Models of Social Learning on Networks: Evidence from a Lab Experiment in the Field." National Bureau of Economic Research Paper No. 21468.

Chaney, Thomas (2014). "The Network Structure of International Trade." *The American Economic Review*, Vol. 104, pp. 3600–3634.

Chen, Wei, Zhenming Liu, Xiaorui Sun, and Yajun Wang (2010). "A Game-Theoretic Framework to Identify Overlapping Communities in Social Networks." *Data Mining and Knowledge Discovery*, Vol. 21, pp. 224–40.

Chen, Yan, and Sherry Xin Li (2009). "Group Identity and Social Preferences." *The American Economic Review*, Vol. 99, pp. 431–57.

Chetty, Raj, John N. Friedman, Emmanuel Saez, Nicholas Turner, and Danny Yagan (2017). "Mobility Report Cards: The Role of Colleges in Intergenerational Mobility," National Bureau of Economic Research Working Paper No. 23618.

Chetty, Raj, David Grusky, Maximilian Hell, Nathaniel Hendren, Robert Manduca, and Jimmy Narang (2017). "The Fading American Dream: Trends in Absolute Income Mobility Since 1940." *Science*, Vol. 356 (6336), pp. 398–406.

Chetty, Raj, and Nathaniel Hendren (2015). "The Impacts of Neighborhoods on Intergenerational Mobility: Childhood Exposure Effects and County-Level Estimates." Harvard University and National Bureau of Economic Research Working Paper No. 23001.

Chetty, Raj, Nathaniel Hendren, and Lawrence F. Katz (2016b). "The Effects of Exposure to Better Neighborhoods on Children: New Evidence from the Moving to Opportunity Experiment." *The American Economic Review*, Vol. 106, pp. 855–902.

Chiappori, Pierre-André, Bernard Salanié, and Yoram Weiss (2017). "Partner Choice, Investment in Children, and the Marital College Premium." *The American Economic Review*, Vol. 107 (8), pp. 2109–67.

Choi, S., D. Gale, and S. Kariv (2005). "Behavioral Aspects of Learning in Social Networks: An Experimental Study." *Advances in Applied Microeconomics: A Research Annual*, Vol. 13, pp. 25–61.

Christakis, Nicholas A., and James H. Fowler (2009). *Connected: The Surprising Power of Our Social Networks and How They Shape Our Lives*. New York:

Little, Brown.
——— (2010). "Social Network Sensors for Early Detection of Contagious Outbreaks." *PLoS ONE,* Vol. 5 (9), paper e12948.
——— (2014). "Friendship and Natural Selection." *Proceedings of the National Academy of Sciences,* Vol. 111, pp. 10796–801.
Clampet-Lundquist, Susan, and Douglas S. Massey (2008). "Neighborhood Effects on Economic Self-Sufficiency: A Reconsideration of the Moving to Opportunity Experiment." *American Journal of Sociology,* Vol. 114, pp. 107–143.
Clauset, Aaron (2018). "Trends and Fluctuations in the Severity of Interstate Wars." *Science Advances,* Vol. 4 (2), article no. eaao3580.
Clauset, Aaron, Mark E. J. Newman, and Cristopher Moore (2004). "Finding Community Structure in Very Large Networks." *Physical Review E,* Vol. 70, article no. 066111.
Clauset, Aaron, Cosma R. Shalizi, and Mark E. J. Newman (2009). "Power-Law Distributions in Empirical Data." *SIAM Review,* Vol. 51, pp. 661–703.
Clifford, Peter, and Aidan Sudbury (1973). "A Model for Spatial Conflict." *Biometrika,* Vol. 60, pp. 581–88.
Coase, Ronald H. (1960). "The Problem of Social Cost." *Journal of Law and Economics,* Vol. 3, pp. 1–44.
Coffman, Lucas C., Clayton R. Featherstone, and Judd B. Kessler (2016). "Can Social Information Affect What Job You Choose and Keep?" *American Economic Journal: Applied Economics,* Vol. 9 (1), pp. 96–117.
Coleman, James S. (1961). *The Adolescent Society.* New York: Free Press.
——— (1988). "Social Capital in the Creation of Human Capital." *American Journal of Sociology,* Vol. 94, pp. S95–S120.
Coleman, James S., and Thomas Hoffer (1987). *Public and Private High Schools: The Impact of Communities.* New York: Basic Books.
Coman, Alin, Ida Momennejad, Rae D. Drach, and Andra Geana (2016). "Mnemonic Convergence in Social Networks: The Emergent Properties of Cognition at a Collective Level." *Proceedings of the National Academy of Sciences,* 113 (29), pp. 8171–76.
Conley, Timothy G., and Christopher R. Udry (2010). "Learning About a New Technology: Pineapple in Ghana." *The American Economic Review,* Vol. 100, pp. 35–69.
Copic, Jernej, Matthew O. Jackson, and Alan Kirman (2009). "Identifying Community Structures from Network Data via Maximum Likelihood Methods." *The BE Journal of Theoretical Economics,* Vol. 9 (1), article no. 1935-1704.
Corak, Miles (2016). "Inequality from Generation to Generation: The

United States in Comparison." IZA Discussion Paper No. 9929.
Cowling, Benjamin J., Lincoln L. H. Lau, Peng Wu, Helen W. C. Wong, Vicky J. Fang, Steven Riley, and Hiroshi Nishiura (2010). "Entry Screening to Delay Local Transmission of 2009 Pandemic Influenza A (H1N1)." *BMC Infectious Diseases,* Vol. 10, pp. 1–4.
Cunha, Flavio (2016). "Gaps in Early Investments in Children." Preprint, Rice University.
Cunha, Flavio, James J. Heckman, Lance Lochner, and Dimitriy V. Masterov (2006). "Interpreting the Evidence on Life Cycle Skill Formation." *Handbook of the Economics of Education,* Vol. 1, pp. 697–812.
Currarini, Sergio, Matthew O. Jackson, and Paolo Pin (2009). "An Economic Model of Friendship: Homophily, Minorities, and Segregation." *Econometrica,* Vol. 77, pp. 1003–45.
——— (2010). "Identifying the Roles of Race-Based Choice and Chance in High School Friendship Network Formation." *Proceedings of the National Academy of Sciences,* Vol. 107, pp. 4857–61.
Currarini, Sergio, and Massimo Morelli (2000). "Network Formation with Sequential Demands." *Review of Economic Design,* Vol. 5, pp. 229–50.
Currie, Janet (2001). "Early Childhood Education Programs." *Journal of Economic Perspectives,* Vol. 15 (2), pp. 213–38.
Cushing, Frank H. (1981). *Zuñi: Selected Writings of Frank Hamilton Cushing.* Edited, with an introduction by Jesse Green. Lincoln: University of Nebraska Press.
Cutler, David M., and Edward L Glaeser (2010). "Social Interactions and Smoking." *Research Findings in the Economics of Aging,* pp. 123–41.
Dasgupta, Partha (2005). "Economics of Social Capital." *Economic Record,* Vol. 81 (s1), pp. 1–21.
Dasgupta, Partha, and Ismail Serageldin (2001). *Social Capital: A Multifaceted Perspective.* World Bank Publications.
Davidow, William H. (2011). *Overconnected: The Promise and Threat of the Internet.* San Francisco: Open Road Media.
Davis, James H. (1992). "Some Compelling Intuitions About Group Consensus Decisions, Theoretical and Empirical Research, and Interpersonal Aggregation Phenomena: Selected Examples 1950–1990." *Organizational Behavior and Human Decision Processes,* Vol. 52, pp. 3–38.
Davis, Nicholas T., and Johanna L. Dunaway (2016). "Party Polarization, Media Choice, and Mass Partisan-Ideological Sorting." *Public Opinion Quarterly,* Vol. 80 (s1), pp. 272–97.
Dawkins, Richard (1976). *The Selfish Gene.* Oxford, U.K.: Oxford University Press.
Dean, Katharine R., Fabienne Krauer, Lars Walløe, Ole Christian Lingjærde,

Barbara Bramanti, Nils Chr Stenseth, and Boris V. Schmid (2018). "Human Ectoparasites and the Spread of Plague in Europe During the Second Pandemic." *Proceedings of the National Academy of Sciences*, Vol. 115 (6), pp. 1304–09.

DeJong, William, Shari K. Schneider, Laura G. Towvim, Melissa J. Murphy, Emily E. Doerr, Neil R. Simonsen, Karen E. Mason, and Richard A. Scribner (2006). "A Multisite Randomized Trial of Social Norms Marketing Campaigns to Reduce College Student Drinking." *Journal of Studies on Alcohol*, Vol. 67, pp. 868–79.

DeMarzo, Peter M., Dimitri Vayanos, and Jeffrey Zwiebel (2003). "Persuasion Bias, Social Influence, and Unidimensional Opinions," *The Quarterly Journal of Economics*, Vol. 118 (3), pp. 909–968.

Demirer, Mert, Francis X. Diebold, Laura Liu, and Kamil Yilmaz (2018). "Estimating Global Bank Network Connectedness." *Journal of Applied Econometrics*, Vol. 33 (1), pp. 1–15.

de Souza Briggs, Xavier, Susan J. Popkin, and John Goering (2010). *Moving to Opportunity: The Story of an American Experiment to Fight Ghetto Poverty*. Oxford, UK: Oxford University Press.

Dhillon, Amrita, Vegard Iversen, and Gaute Torsvik (2013). "Employee Referral, Social Proximity, and Worker Discipline." Mimeo, University of Warwick.

Diamond, Jared (1997). *Guns, Germs, and Steel*. New York: W. W. Norton.

Diestel, R. (2000). "Graph Theory." *Graduate Texts in Mathematics*, 173. Berlin and Heidelberg: Springer-Verlag.

Dodds, Peter S., Roby Muhamad, and Duncan J. Watts (2003). "An Experimental Study of Search in Global Social Networks." *Science*, Vol. 301, pp. 827–29.

Doleac, Jennifer L., and Benjamin Hansen (2016). "Does Ban the Box Help or Hurt Low-Skilled Workers? Statistical Discrimination and Employment Outcomes When Criminal Histories Are Hidden." National Bureau of Economic Research Working Paper No. 22469.

Domingue, Benjamin W., Daniel W. Belsky, Jason M. Fletcher, Dalton Conley, Jason D. Boardman, and Kathleen Mullan Harris (2018). "The Social Genome of Friends and Schoolmates in the National Longitudinal Study of Adolescent to Adult Health." *Proceedings of the National Academy of Sciences*, Vol 115 (4), pp. 702–07.

Duan, Wenjing, Bin Gu, and Andrew B. Whinston (2008). "Do Online Reviews Matter?—An Empirical Investigation of Panel Data." *Decision Support Systems*, Vol. 45 (4), pp. 1007–16.

Dubois, Florent, and Christophe Muller (2016). "Segregation and the Perception of the Minority." Mimeo, University of Aix-Marseille.

Duboscq, Julie, Valeria Romano, Cédric Sueur, and Andrew J. J. MacIntosh (2016). "Network Centrality and Seasonality Interact to Predict Lice Load in a Social Primate." *Scientific Reports*, Vol. 6, article no. 22095.
Duflo, Esther, and Emanuel Saez (2003). "The Role of Information and Social Interactions in Retirement Plan Decisions: Evidence from a Randomized Experiment." *The Quarterly Journal of Economics*, Vol. 118 (3), pp. 815–42.
Dupont, Brandon (2007). "Bank Runs, Information and Contagion in the Panic of 1893." *Explorations in Economic History*, Vol. 44, pp. 411–31.
Durlauf, Steven N. (1996). "A Theory of Persistent Income Inequality." *Journal of Economic Growth*, Vol. 1, pp. 75–93.
Dutta, Bhaskar, and Matthew O. Jackson (2000). "The Stability and Efficiency of Directed Communication Networks." *Review of Economic Design*, Vol. 5, pp. 251–72.
Dutta, Bhaskar, and Suresh Mutuswami (1997). "Stable Networks." *Journal of Economic Theory*, Vol. 76, pp. 322–44.
Easley, David, and Jon Kleinberg (2010). *Networks, Crowds, and Markets: Reasoning About a Highly Connected World*. Cambridge, U.K.: Cambridge University Press.
Easterly, William (2009). "Empirics of Strategic Interdependence: The Case of the Racial Tipping Point," *The B.E. Journal of Macroeconomics*, Vol. 9 (1), article no. 25.
Eberhardt, Jennifer L., Phillip Atiba Goff, Valerie J. Purdie, and Paul G. Davies (2004). "Seeing Black: Race, Crime, and Visual Processing," *Journal of Personality and Social Psychology*, Vol. 87, p. 876.
Echenique, Federico, and Roland G. Fryer, Jr. (2007). "A Measure of Segregation Based on Social Interactions." *The Quarterly Journal of Economics*, Vol. 122 (2), pp. 441–85.
Eckel, Catherine C., and Philip J. Grossman (2005). "Managing Diversity by Creating Team Identity." *Journal of Economic Behavior & Organization*, Vol. 58, pp. 371–92.
Edling, Christofer, Jens Rydgren, and Rickard Sandell (2016). "Terrorism, Belief Formation, and Residential Integration: Population Dynamics in the Aftermath of the 2004 Madrid Terror Bombings." *American Behavioral Scientist*, Vol. 60 (10), pp. 1215–31.
Elliott, Matthew, Benjamin Golub, and Matthew O. Jackson (2014). "Financial Networks and Contagion." *The American Economic Review*, Vol. 104 (10), pp. 3115–53.
England, Paula (2017). *Comparable Worth: Theories and Evidence*. New York: Routledge.
Enke, Benjamin, and Florian Zimmermann (2017). "Correlation Neglect in Belief Formation." *Review of Economic Studies*, forthcoming.

Eom, Young-Ho, and Hang-Hyun Jo (2014). "Generalized Friendship Paradox in Complex Networks: The Case of Scientific Collaboration." *Scientific Reports,* Vol. 4, article no. 4603.

Epple, Dennis, and Richard Romano (2011). "Peer Effects in Education: A Survey of the Theory and Evidence." In *The Handbook of Social Economics,* Vol. 1., pp. 1053–1163, ed. Jess Benhabib, Alberto Bisin, and Matthew O. Jackson. Amsterdam: North-Holland.

Ercsey-Ravasz, Mária, Ryan N. Lichtenwalter, Nitesh V. Chawla, and Zoltán Toroczkai (2012). "Range-Limited Centrality Measures in Complex Networks." *Physical Review E,* Vol. 85, p. 066103.

Erdős, Paul, and Alfréd Rényi (1959). "On Random Graphs." *Publicationes Mathematicae Debrecen,* Vol. 6, p. 156.

——— (1960). "On the Evolution of Random Graphs." *Publ. Math. Inst. Hung. Acad. Sci,* Vol. 5, pp. 17–60.

Everett, Martin G., and Stephen P. Borgatti (1999). "The Centrality of Groups and Classes." *The Journal of Mathematical Sociology,* Vol. 23, pp. 181–201.

——— (2005). "Ego Network Betweenness." *Social Networks,* Vol. 27, pp. 31–38.

Everett, Martin G., and Thomas W. Valente (2016). "Bridging, Brokerage and Betweenness." *Social Networks,* Vol. 44, pp. 202–8.

Fafchamps, Marcel, and Flore Gubert (2007). "The Formation of Risk Sharing Networks." *Journal of Development Economics,* Vol. 83, pp. 326–50.

Fafchamps, Marcel, and Susan Lund (2003). "Risk-Sharing Networks in Rural Philippines." *Journal of Development Economics,* Vol. 71, pp. 261–87.

Fafchamps, Marcel, Marco J. van der Leij, and Sanjeev Goyal (2010). "Matching and Network Effects." *Journal of the European Economic Association,* Vol. 8, pp. 203–31.

Farboodi, Maryam (2014). "Intermediation and Voluntary Exposure to Counterparty Risk," Mimeo, Princeton University.

Feigenberg, Benjamin, Erica Field, and Rohini Pande (2013). "The Economic Returns to Social Interaction: Experimental Evidence from Microfinance." *The Review of Economic Studies,* Vol. 80 (4), pp. 1459–83.

Feinberg, Matthew, Robb Willer, and Michael Schultz (2014). "Gossip and Ostracism Promote Cooperation in Groups." *Psychological Science,* Vol. 25 (3), pp. 656–64.

Feld, Scott L. (1991). "Why Your Friends Have More Friends than You Do." *American Journal of Sociology,* Vol. 96 (6), pp. 1464–77.

Felfe, Christina, and Rafael Lalive (2018). "Does Early Childcare Affect Children's Development." Mimeo, University of Lausanne.

Ferguson, Neil M., Derek A. T. Cummings, Christophe Fraser, James C. Cajka, Philip C. Cooley, and Donald S. Burke (2006). "Strategies for Mitigating an Influenza Pandemic." *Nature,* Vol. 442, pp. 448–52.

Ferguson, Niall (2018). *The Square and the Tower: Networks, Hierarchies and the Struggle for Global Power*. London: Penguin.

Fernandez, Marilyn, and Laura Nichols (2002). "Bridging and Bonding Capital: Pluralist Ethnic Relations in Silicon Valley." *International Journal of Sociology and Social Policy,* Vol. 22, pp. 104–22.

Fernandez, Roberto M., Emilio J. Castilla, and Paul Moore (2000). "Social Capital at Work: Networks and Employment at a Phone Center." *American Journal of Sociology,* pp. 1288–1356.

Fichtner, Paula Sutter (1976). "Dynastic Marriage in Sixteenth-Century Habsburg Diplomacy and Statecraft: An Interdisciplinary Approach." *The American Historical Review,* Vol. 81, pp. 243–65.

Field, Erica, and Rohini Pande (2008). "Repayment Frequency and Default in Microfinance: Evidence from India." *Journal of the European Economic Association,* Vol. 6, pp. 501–9.

Fiorina, Morris P. (2017). "The Political Parties Have Sorted." Hoover Institution Essay on Contemporary Politics, Series No. 3.

Fisher, Len (2009). *The Perfect Swarm: The Science of Complexity in Everyday Life.* New York: Basic Books.

Fisman, Raymond, and Edward Miguel (2007). "Corruption, Norms, and Legal Enforcement: Evidence from Diplomatic Parking Tickets." *Journal of Political Economy,* Vol. 115, pp. 1020–48.

Fisman, Raymond, Jing Shi, Yongxiang Wang, and Rong Xu (2018). "Social Ties and Favoritism in Chinese Science." *Journal of Political Economy*, forthcoming.

Fleurbaey, Marc, and François Maniquet (2011). *A Theory of Fairness and Social Welfare.* Cambridge, U.K.: Cambridge University Press.

Fortunato, Santo (2010). "Community Detection in Graphs." *Physics Reports,* Vol. 486 (3–5), pp. 75–174.

Foster, Andrew D., and Mark R. Rosenzweig (1995). "Learning by Doing and Learning from Others: Human Capital and Technical Change in Agriculture." *Journal of Political Economy,* Vol. 103, pp. 1176–1209.

Fowler, James H., Christopher T. Dawes, and Nicholas A. Christakis (2009). "Model of Genetic Variation in Human Social Networks." *Proceedings of the National Academy of Sciences,* Vol. 106, pp. 1720–24.

Fradkin, Andrey, Elena Grewal, Dave Holtz, and Matthew Pearson (2015). "Bias and Reciprocity in Online Reviews: Evidence from Field Experiments on Airbnb." In *Proceedings of the Sixteenth ACM Conference on Economics and Computation,* pp. 641–641.

Frederick, Shane (2012). "Overestimating Others' Willingness to Pay." *Journal of Consumer Research,* Vol. 39 (1), pp. 1–21.

Freeman, Linton C. (1977). "A Set of Measures of Centrality Based on

Betweenness." *Sociometry*, Vol. 40 (1), pp. 35–41.
——— (1978). "Centrality in Social Networks Conceptual Clarification." *Social Networks*, Vol. 1, pp. 215–39.
French, J. R. (1956). "A Formal Theory of Social Power." *Psychological Review*, Vol. 63 (3), pp. 181–94.
Fricke, Daniel, and Thomas Lux (2014). "Core Periphery Structure in the Overnight Money Market: Evidence from the e-MID Trading Platform." *Computational Economics*, Vol. 45 (3), pp. 359–95.
Friedman, Thomas L. (2016). *Thank You for Being Late: An Optimist's Guide to Thriving in the Age of Accelerations*. New York: Farrar, Straus & Giroux.
Froot, Kenneth A., David S. Scharfstein, and Jeremy C. Stein (1992). "Herd on the Street: Informational Inefficiencies in a Market with Short-Term Speculation." *The Journal of Finance*, Vol. 47, pp. 1461–84.
Fryer, Roland G., Jr. (2007). "Guess Who's Been Coming to Dinner? Trends in Interracial Marriage over the 20th Century." *Journal of Economic Perspectives*, Vol. 21 (2), pp. 71–90.
Fryer, Roland G., Jr., Jacob K. Goeree, and Charles A. Holt (2005). "Experience-Based Discrimination: Classroom Games." *The Journal of Economic Education*, Vol. 36, pp. 160–70.
Fryer, Roland G., Jr., and Lawrence F. Katz (2013). "Achieving Escape Velocity: Neighborhood and School Interventions to Reduce Persistent Inequality." *The American Economic Review*, Vol. 103, pp. 232–37.
Fryer, Roland G., Jr., and Steven D. Levitt (2004). "The Causes and Consequences of Distinctively Black Names." *The Quarterly Journal of Economics*, pp. 767–805.
Fryer, Roland G., Jr., Steven D. Levitt, and John A. List (2015). "Parental Incentives and Early Childhood Achievement: A Field Experiment in Chicago Heights." National Bureau of Economic Research Working Paper No. 21477.
Gächter, Simon, and Jonathan F. Schulz (2016). "Intrinsic Honesty and the Prevalence of Rule Violations Across Societies." *Nature*, Vol. 531, pp. 496–99.
Gaertner, Samuel L., John F. Dovidio, Phyllis A. Anastasio, Betty A. Bachman, and Mary C. Rust (1993). "The Common Ingroup Identity Model: Recategorization and the Reduction of Intergroup Bias." *European Review of Social Psychology*, Vol. 4, pp. 1–26.
Gagnon, Julien, and Sanjeev Goyal (2017). "Networks, Markets, and Inequality." *The American Economic Review*, Vol. 107, pp. 1–30.
Gai, Prasanna, and Sujit Kapadia (2010). "Contagion in Financial Networks." *Proceedings of the Royal Society A*, Vol. 466, pp. 2401–23.
Galbiati, Roberto, and Giulio Zanella (2012). "The Tax Evasion Social Multi-

plier: Evidence from Italy." *Journal of Public Economics*, Vol. 96, pp. 485–94.
Galenianos, Manolis (2016). "Referral Networks and Inequality." SSRN Paper No. 2768083.
Galeotti, Andrea, and Sanjeev Goyal (2010). "The Law of the Few." *The American Economic Review*, Vol. 100 (4), pp. 1468–92.
Galeotti, Andrea, Sanjeev Goyal, Matthew O. Jackson, Fernando Vega-Redondo, and Leeat Yariv (2010). "Network Games." *The Review of Economic Studies*, Vol. 77 (1), pp. 218–44.
Galton, Francis (1901). "Vox Populi." *Nature*, Vol. 75 (7), pp. 450–51.
Garas, Antonios, Panos Argyrakis, Céline Rozenblat, Marco Tomassini, and Shlomo Havlin (2010). "Worldwide Spreading of Economic Crisis." *New Journal of Physics*, Vol. 12, article no. 113043.
Garces, Eliana, Duncan Thomas, and Janet Currie (2002). "Longer-Term Effects of Head Start." *The American Economic Review*, Vol. 92, pp. 999–1012.
Gee, Laura K., Jason Jones, and Moira Burke (2017). "Social Networks and Labor Markets: How Strong Ties Relate to Job Finding on Facebook's Social Network." *Journal of Labor Economics*, Vol. 35, pp. 485–518.
Gentzkow, Matthew (2017). "Polarization in 2016." Essay, Stanford University.
Gentzkow, Matthew, Jesse M. Shapiro, and Matt Taddy (2016). "Measuring Polarization in High-Dimensional Data: Method and Application to Congressional Speech." National Bureau of Economic Research Working Paper No. 22423.
Gerber, Jeffrey S., and Paul A. Offit (2009). "Vaccines and Autism: A Tale of Shifting Hypotheses." *Clinical Infectious Diseases*, Vol. 48, pp. 456–61.
Ghiglino, Christian, and Sanjeev Goyal (2010). "Keeping Up with the Neighbors: Social Interaction in a Market Economy." *Journal of the European Economic Association*, Vol. 8 (1), pp. 90–119.
Giancola, Jennifer, and Richard D. Kahlenberg (2016). "True Merit: Ensuring Our Brightest Students Have Access to Our Best Colleges and Universities." Jack Kent Cooke Foundation.
Gilbert, Edgar N. (1959). "Random Graphs." *The Annals of Mathematical Statistics*, Vol. 30, pp. 1141–44.
Gilchrist, Duncan Sheppard, and Emily Glassberg Sands (2016). "Something to Talk About: Social Spillovers in Movie Consumption." *Journal of Political Economy*, Vol. 124, pp. 1339–82.
Gilman, Eric, Shelley Clarke, Nigel Brothers, Joanna Alfaro-Shigueto, John Mandelman, Jeff Mangel, Samantha Petersen, Susanna Piovano, Nicola Thomson, Paul Dalzell, Miguel Donosol, Meidad Gorenh, and Tim Werner (2008). "Shark Interactions in Pelagic Longline Fisheries." *Marine Policy*, Vol. 32, pp. 1–18.

Gjerstad, Steven (2004). "Risk Aversion, Beliefs, and Prediction Market Equilibrium." Economic Science Laboratory Working Paper 04-17, University of Arizona.

Gladwell, Malcolm (2000). *The Tipping Point: How Little Things Can Make a Big Difference*. New York: Back Bay Books.

Glaeser, Edward L., Bruce I. Sacerdote, and Jose A. Scheinkman (2003). "The Social Multiplier." *Journal of the European Economic Association*, Vol. 1, pp. 345–53.

Glaeser, Edward L., and Cass R. Sunstein (2009). "Extremism and Social Learning." *Journal of Legal Analysis*, Vol. 1, pp. 263–324.

Glasserman, Paul, and H. Peyton Young (2016). "Contagion in Financial Networks." *Journal of Economic Literature*, Vol. 54 (3), pp. 779–831.

Gneezy, Uri, John List, and Michael K. Price (2012). "Toward an Understanding of Why People Discriminate: Evidence from a Series of Natural Field Experiments." National Bureau of Economic Research Working Paper No.17855.

Godfrey, Stephanie S. (2013). "Networks and the Ecology of Parasite Transmission: A Framework for Wildlife Parasitology." *International Journal for Parasitology: Parasites and Wildlife*, Vol. 2, pp. 235–45.

Godfrey, Stephanie S., Jennifer A. Moore, Nicola J. Nelson, and C. Michael Bull (2010). "Social Network Structure and Parasite Infection Patterns in a Territorial Reptile, the Tuatara (Sphenodon punctatus)." *International Journal for Parasitology*, Vol. 40 (13), pp. 1575–85.

Goel, Rahul, Sandeep Soni, Naman Goyal, John Paparrizos, Hanna Wallach, Fernando Diaz, and Jacob Eisenstein (2016). "The Social Dynamics of Language Change in Online Networks." In *International Conference on Social Informatics*, pp. 41–57. New York: Springer.

Goel, Sharad, Ashton Anderson, Jake Hofman, and Duncan J. Watts (2015). "The Structural Virality of Online Diffusion." *Management Science*, Vol. 62 (1), pp. 180–96.

Gofman, Michael (2011). "A Network-Based Analysis of Over-the-Counter Markets." Available at SSRN: https://dx.doi.org/10.2139/ssrn.1681151.

Goldin, Claudia D., and Lawrence F. Katz (2009). *The Race Between Education and Technology*. Cambridge, Mass.: Harvard University Press.

Golub, Benjamin, and Matthew O. Jackson (2010). "Naive Learning in Social Networks and the Wisdom of Crowds." *American Economic Journal: Microeconomics*, Vol. 2, pp. 112–49.

——— (2012). "How Homophily Affects the Speed of Learning and Best-Response Dynamics." *The Quarterly Journal of Economics*, Vol. 127, pp. 1287–1338.

Gould, Roger V., and Roberto M. Fernandez (1989). "Structures of Mediation: A Formal Approach to Brokerage in Transaction Networks." *Sociological Methodology*, Vol. 19, pp. 89–126.

Goyal, S. (2007). *Connections*. Princeton, N.J.: Princeton University Press.

Granovetter, Mark S. (1973). "The Strength of Weak Ties." *The American Journal of Sociology*, Vol. 78, pp. 1360–80.

——— (1978). "Threshold Models of Collective Behavior." *The American Journal of Sociology*, Vol. 83, pp. 1420–43.

——— (1985). "Economic Action and Social Structure: The Problem of Embeddedness." *The American Journal of Sociology*, Vol. 91, pp. 481–510.

——— (1995). *Getting a Job: A Study of Contacts and Careers*. 2nd ed. Chicago: University of Chicago Press.

Grinblatt, Mark, Matti Keloharju, and Seppo Ikäheimo (2008). "Social Influence and Consumption: Evidence from the Automobile Purchases of Neighbors." *The Review of Economics and Statistics*, Vol. 90, pp. 735–53.

Grusky, David B., and Manwai C. Ku (2008). "Gloom, Doom, and Inequality." In *Social Stratification: Class, Race, and Gender in Sociological Perspective*, Vol. 3, pp. 2–28.

Haden, Brian (1995). "Chapter 2: Pathways to Power: Principles for Creating Socioeconomic Inequalities." In T. Douglas Price and Gary M. Feinman, eds., *Fundamental Issues in Archaeology*, pp. 15–86. New York: Springer.

Hahn, Robert W., and Paul C. Tetlock (2006). *Information Markets: A New Way of Making Decisions*. New York: AEI-Brookings Joint Center for Regulatory Studies.

Haines, Michael, and S. F. Spear (1996). "Changing the Perception of the Norm: A Strategy to Decrease Binge Drinking Among College Students." *Journal of American College Health*, Vol. 45, pp. 134–40.

Hamilton James T. (2016). *Democracy's Detectives: The Economics of Investigative Journalism*. Cambridge, Mass.: Harvard University Press.

Hampton, Keith, and Barry Wellman (2003). "Neighboring in Netville: How the Internet Supports Community and Social Capital in a Wired Suburb." *City & Community*, Vol. 2, pp. 277–311.

Haney, Craig, Curtis Banks, and Philip Zimbardo (1973). "Interpersonal Dynamics in a Simulated Prison." *International Journal of Criminology and Penology*, Vol. 1, pp. 69–97.

Hanifan, Lyda J. (1916). "The Rural School Community Center." *The Annals of the American Academy of Political and Social Science*, Vol. 67, pp. 130–38.

——— (1920). *The Community Center*. London: Silver, Burdett.

Harary, Frank (1959). "A Criterion for Unanimity in French's Theory of Social Power," in D. Cartwright, ed., *Studies in Social Power*. Ann Arbor: University of Michigan Press.

Hart, Betty, and Todd R. Risley (1995). *Meaningful Differences in the Every-*

day Experience of Young American Children. Baltimore: Paul H. Brookes Publishing.
Hayden, Brian (1997). *The Pithouses of Keatley Creek*. New York: Harcourt Brace College.
Heath, Rachel (forthcoming). "Why Do Firms Hire Using Referrals? Evidence from Bangladeshi Garment Factories." *Journal of Political Economy*.
Heckman, James J. (2012). "Invest in Early Childhood Development: Reduce Deficits, Strengthen the Economy." *The Heckman Equation*, Vol. 7, pp. 1–2.
Heckman, James J., Seong Hyeok Moon, Rodrigo Pinto, Peter A. Savelyev, and Adam Yavitz (2010). "The Rate of Return to the HighScope Perry Preschool Program." *Journal of Public Economics*, Vol. 94, pp. 114–28.
Henrich, Joseph (2015). *The Secret of Our Success: How Culture Is Driving Human Evolution, Domesticating Our Species, and Making Us Smarter*. Princeton, N.J.: Princeton University Press.
Henrich, Joseph, Robert Boyd, Samuel Bowles, Colin Camerer, Ernst Fehr, Herbert Gintis, and Richard McElreath (2001). "In Search of Homo Economicus: Behavioral Experiments in 15 Small-Scale Societies." *The American Economic Review*, Vol. 91, pp. 73–78.
Herings, P. Jean-Jacques, Ana Mauleon, and Vincent Vannetelbosch (2009). "Farsightedly Stable Networks." *Games and Economic Behavior*, Vol. 67, pp. 526–41.
Hicks, Michael J., and Srikant Devaraj (2015). "The Myth and the Reality of Manufacturing in America." Center for Business and Economic Research, Ball State University.
Hilger, Nathaniel (2016). "Upward Mobility and Discrimination: The Case of Asian Americans." National Bureau of Economic Research Working Paper No. 22748.
Hill, Kim (2002). "Altruistic Cooperation During Foraging by the Ache, and the Evolved Human Predisposition to Cooperate." *Human Nature*, Vol. 13, pp. 105–28.
Hill, Kim, and A. Magdalena Hurtado (2017). *Ache Life History: The Ecology and Demography of a Foraging People*. New York: Routledge.
Hillebrand, Evan (2009). "Poverty, Growth, and Inequality over the Next 50 Years." Expert Meeting on How to Feed the World in 2050, Food and Agriculture Organization of the United Nations Economic and Social Development Department.
Hinsz, Verlin B., R. Scott Tindale, and David A. Vollrath (1997). "The Emerging Conceptualization of Groups as Information Processors." *Psychological Bulletin*, Vol. 121, p. 43.
Hirshleifer, David, and Siew Hong Teoh (2003). "Herd Behaviour and Cas-

cading in Capital Markets: A Review and Synthesis." *European Financial Management*, Vol. 9, pp. 25–66.
Hjort, Jonas, and Jonas Poulsen (2018). "The Arrival of Fast Internet and Employment in Africa." National Bureau of Economic Research Working Paper No. 23582.
Hodas, Nathan O., Farshad Kooti, and Kristina Lerman (2013). "Friendship Paradox Redux: Your Friends Are More Interesting than You." ArXiv: 1304.3480v1.
Hofstra, Bas, Rense Corten, Frank van Tubergen, and Nicole B. Ellisond (2017). "Sources of Segregation in Social Networks: A Novel Approach Using Facebook." *American Sociological Review*, Vol. 82 (3), pp. 625–56.
Hogg, Michael A., and Scott Tindale (2008). *Blackwell Handbook of Social Psychology: Group Processes*. New York: John Wiley & Sons.
Holland, Paul W., Kathryn Blackmond Laskey, and Samuel Leinhardt (1983). "Stochastic Blockmodels: First Steps." *Social Networks*, Vol. 5, pp. 109–37.
Hölldbler, Bert, and Edward O. Wilson (1990). *The Ants*. Cambridge, Mass.: Harvard University Press.
Holley, Richard A., and Thomas M. Liggett (1975). "Ergodic Theorems for Weakly Interacting Infinite Systems and the Voter Model." *The Annals of Probability*, Vol. 3 (4), pp. 643–63.
Hoxby, Caroline, and Christopher Avery (2013). "The Missing 'One-offs': The Hidden Supply of High-Achieving, Low-Income Students." *Brookings Papers on Economic Activity*, Vol. 2013, pp. 1–65.
Hoxby, Caroline M., and Sarah Turner (2015). "What High-Achieving Low-Income Students Know About College." *The American Economic Review*, Vol. 105, pp. 514–17.
Hoxby, Caroline M., and Gretchen Weingarth (2005). "Taking Race Out of the Equation: School Reassignment and the Structure of Peer Effects." Unpublished.
Hu, Nan, Paul A. Pavlou, and Jennifer Zhang (2009). "Why Do Online Product Reviews Have a J-Shaped Distribution? Overcoming Biases in Online Word-of-Mouth Communication." *Communications of the ACM*, Vol. 52, pp. 144–47.
Huang, Jin (2013). "Intergenerational Transmission of Educational Attainment: The Role of Household Assets." *Economics of Education Review*, Vol. 33, pp. 112–23.
Hugonnier, Julien, Benjamin Lester, and Pierre-Olivier Weill (2014). "Heterogeneity in Decentralized Asset Markets." National Bureau of Economic Research Working Paper No. w20746.
Hung, Angela A., and Charles R. Plott (2001). "Information Cascades: Rep-

lication and an Extension to Majority Rule and Conformity-Rewarding Institutions." *The American Economic Review,* Vol. 91, pp. 1508–20.

Hwang, Victor W., and Greg Horowitt (2012). *The Rainforest: The Secret to Building the Next Silicon Valley*. San Francisco: Regenwald.

Ioannides, Y. M., and L. Datcher-Loury (2004). "Job Information Networks, Neighborhood Effects and Inequality." *Journal of Economic Literature,* Vol. 424, pp. 1056–93.

Jackson, Matthew O. (2003). "The Stability and Efficiency of Economic and Social Networks." In *Advances in Economic Design,* ed. S. Koray and M. Sertel. Heidelberg: Springer-Verlag.

——— (2007). "Social Structure, Segregation, and Economic Behavior." Nancy Schwartz Memorial Lecture, April 2007, Northwestern University. Available at SSRN: https://ssrn.com/abstract=1530885.

——— (2008). *Social and Economic Networks.* Princeton, N.J.: Princeton University Press.

——— (2008b). "Average Distance, Diameter, and Clustering in Social Networks with Homophily." In *The Proceedings of the Workshop in Internet and Network Economics (WINE 2008), Lecture Notes in Computer Science,* ed. C. Papadimitriou and S. Zhang. Berlin and Heidelberg: Springer-Verlag.

——— (2009). "Genetic Influences on Social Network Characteristics." *Proceedings of the National Academy of Sciences,* Vol. 106, pp. 1687–88.

——— (2014). "Networks in the Understanding of Economic Behaviors." *The Journal of Economic Perspectives,* Vol. 28 (4), pp. 3–22.

——— (2017). "A Typology of Social Capital and Associated Network Measures." Available at SSRN: http://ssrn.com/abstract=3073496.

——— (2018). "The Friendship Paradox and Systematic Biases in Perceptions and Social Norms," *Journal of Political Economy.*

Jackson, Matthew O., and Dunia López Pintado (2013). "Diffusion and Contagion in Networks with Heterogeneous Agents and Homophily." *Network Science,* Vol. 1 (1), pp. 49–67.

Jackson, Matthew O., and Stephen Nei (2015). "Networks of Military Alliances, Wars, and International Trade." *Proceedings of the National Academy of Sciences,* Vol. 112 (50), pp. 15277–84.

Jackson, Matthew O., Tomas R. Rodriguez Barraquer, and Xu Tan (2012). "Social Capital and Social Quilts: Network Patterns of Favor Exchange." *The American Economic Review,* Vol. 102, pp. 1857–97.

Jackson, Matthew O., and Brian W. Rogers (2007a). "Meeting Strangers and Friends of Friends: How Random Are Social Networks?" *The American Economic Review,* Vol. 97, pp. 890–915.

——— (2007b). "Relating Network Structure to Diffusion Properties Through Stochastic Dominance." *The BE Journal of Theoretical Economics,*

Vol. 7, pp. 1–13.
Jackson, Matthew O., Brian W. Rogers, and Yves Zenou (2017). "The Economic Consequences of Social-Network Structure." *Journal of Economic Literature,* Vol. 55, pp. 49–95.
Jackson, Matthew O., and Evan C. Storms (2017). "Behavioral Communities and the Atomic Structure of Networks." ArXiv: 1710.04656.
Jackson, Matthew O., and Anne van den Nouweland (2005). "Strongly Stable Networks." *Games and Economic Behavior,* Vol. 51, pp. 420–44.
Jackson, Matthew O., and Asher Wolinsky (1996). "A Strategic Model of Social and Economic Networks." *Journal of Economic Theory,* Vol. 71, pp. 44–74.
Jackson, Matthew O., and Yiqing Xing (2014). "Culture-Dependent Strategies in Coordination Games." *Proceedings of the National Academy of Sciences,* Vol. 111 (3), pp. 10889–96.
——— (2018). "The Interaction of Communities, Religion, Governments, and Corruption in the Enforcement of Social Norms." Available at SSRN: https://ssrn.com/abstract=3153842.
Jackson, Matthew O., and Leeat Yariv (2011). "Diffusion, Strategic Interaction, and Social Structure." In *Handbook of Social Economics,* ed. Jess Benhabib, Alberto Bisin, and Matthew O. Jackson. San Diego: North-Holland.
Jackson, Matthew O., and Yves Zenou (2014). "Games on Networks." In *Handbook of Game Theory,* ed. H. P. Young and S. Zamir. Amsterdam: Elsevier.
Jadbabaie, Ali, Pooya Molavi, Alvaro Sandroni, Alireza Tahbaz-Salehi (2010). "Non-Bayesian Social Learning." *Games and Economic Behavior,* Vol. 76, pp. 210–25.
Jensen, Robert (2007). "The Digital Provide: Information (Technology), Market Performance, and Welfare in the South Indian Fisheries Sector." *The Quarterly Journal of Economics,* Vol. 122, pp. 879–924.
——— (2010). "The (Perceived) Returns to Education and the Demand for Schooling." *The Quarterly Journal of Economics,* Vol. 125 (2), pp. 515–48.
Jia, Ruixue, and Hongbin Li (2017). "Access to Elite Education, Wage Premium, and Social Mobility: The Truth and Illusion of China's College Entrance Exam." Working Paper, University of Toronto.
Johansen, Anders (2004). "Probing Human Response Times." *Physica A: Statistical Mechanics and Its Applications,* Vol. 338 (1), pp. 286–291.
Kaminsky, Graciela L., Carmen M. Reinhart, and Carlos A. Vegh (2003). "The Unholy Trinity of Financial Contagion." *The Journal of Economic Perspectives,* Vol. 17 (4), pp. 51–74.

Kaplan, Hillard, Kim Hill, Jane Lancaster, and A. Magdalena Hurtado (2000). "A Theory of Human Life History Evolution: Diet, Intelligence, and Longevity." *Evolutionary Anthropology: Issues, News, and Reviews,* Vol. 9, pp. 156–85.

Kaplan, Martin, and Matthew Hale (2010). "Local TV News in the Los Angeles Media Market: Are Stations Serving the Public Interest?" Norman Lear Center, USC Annenberg School for Communication & Journalism.

Kaplan, Steven N., and Joshua Rauh (2013). "It's the Market: The Broad-Based Rise in the Return to Top Talent." *The Journal of Economic Perspectives,* Vol. 27, pp. 35–55.

Karlan, Dean, and Valdivia, Martin (2011). "Teaching Entrepreneurship: Impact of Business Training on Microfinance Clients and Institutions." *Review of Economics and Statistics,* Vol. 93 (2), pp. 510–27.

Kasinitz, Philip, and Jan Rosenberg (1996). "Missing the Connection: Social Isolation and Employment on the Brooklyn Waterfront." *Social Problems,* Vol. 43, pp. 180–96.

Kasparov, Garry K., and Daniel King (2000). *Kasparov Against the World: The Story of the Greatest Online Challenge.* KasparovChess Online, Incorporated.

Katz, Elihu, and Paul F. Lazarsfeld (1955). *Personal Influence: The Part Played by People in the Flow of Mass Communication.* Glencoe, Ill.: Free Press.

Kaufmann, Katja Maria (2014). "Understanding the Income Gradient in College Attendance in Mexico: The Role of Heterogeneity in Expected Returns." *Quantitative Economics,* Vol. 5, pp. 583–630.

Kawachi, Ichiro, Daniel Kim, Adam Coutts, and S. V. Subramanian (2004). "Commentary: Reconciling the Three Accounts of Social Capital." *International Journal of Epidemiology,* Vol. 33, pp. 682–90.

Kearns, M. J., S. Judd, J. Tan, and J. Wortman (2009). "Behavioral Experiments on Biased Voting in Networks." *PNAS,* Vol. 106:5, pp. 1347–52.

Kelly, Morgan, and Cormac Ó Gráda (2000). "Market Contagion: Evidence from the Panics of 1854 and 1857." *The American Economic Review,* Vol. 90:5, pp. 1110–24.

Kempe, David, Jon Kleinberg, and Eva Tardos (2003). "Maximizing the Spread of Influence Through a Social Network." *Proceedings of the 9th International Conference on Knowledge Discovery and Data Mining,* pp. 137–46.

Kenney, Martin, ed. (2000). *Understanding Silicon Valley: The Anatomy of an Entrepreneurial Region.* Stanford, Calif.: Stanford University Press.

Kent, Dale (1978). *The Rise of the Medici: Faction in Florence, 1426–1434.* Oxford, U.K.: Oxford University Press.

Kets, Willemien, Garud Iyengar, Rajiv Sethi, and Samuel Bowles (2011).

"Inequality and Network Structure." *Games and Economic Behavior,* Vol. 73, pp. 215–26.

Kets, Willemien, and Alvaro Sandroni (2016). "A Belief-Based Theory of Homophily." Available at SSRN: https://ssrn.com/abstract=2871514.

Keynes, John Maynard (1936). *The General Theory of Employment, Interest, and Money*. London: Macmillan.

Kim, David A., Alison R. Hwong, Derek Staff, D. Alex Hughes, A. James O'Malley, James H. Fowler, and Nicholas A. Christakis (2015). "Social Network Targeting to Maximise Population Behaviour Change: A Cluster Randomised Controlled Trial." *Lancet,* Vol. 386, pp. 145–53.

Kindelberger, Charles P., and Robert Z. Aliber (2000). *Manias, Panics and Crashes: A History of Financial Crises.* New York: Palgrave Macmillan.

Kinnan, Cynthia, and Robert Townsend (2012). "Kinship and Financial Networks, Formal Financial Access, and Risk Reduction." *The American Economic Review,* Vol. 102 (3), pp. 289–93.

Kivela, Mikko, Alexandre Arenas, James P. Gleeson, Yamir Moreno, and Mason A. Porter (2014). "Multilayer Networks." ArXiv:1309.7233v4 [physics.soc-ph].

Klasing, Mariko J., and Petros Milionis (2014). "Quantifying the Evolution of World Trade, 1870–1949." *Journal of International Economics,* Vol. 92, pp. 185–97.

Kleinberg, Jon M. (2000). "Navigation in a Small World," *Nature,* Vol. 406, p. 845.

Kleinberg, Jon M., Ravi Kumar, Prabhakar Raghavan, Sridhar Rajagopalan, and Andrew S. Tomkins (1999). "The Web as a Graph: Measurements, Models, and Methods." In *International Computing and Combinatorics Conference,* pp. 1–17. Heidelberg: Springer.

Klewes, Joachim, and Robert Wreschniok (2009). *Reputation Capital.* Heidelberg: Springer.

Kloumann, Isabel, Lada Adamic, Jon Kleinberg, and Shaomei Wu (2015). "The Lifecycles of Apps in a Social Ecosystem." In *Proceedings of the 24th International Conference on World Wide Web,* pp. 581–91.

Knack, Stephen, and Philip Keefer (1997). "Does Social Capital Have an Economic Payoff? A Cross-Country Investigation." *The Quarterly Journal of Economics,* Vol. 112, pp. 1251– 88.

Knight, Frank H. (1924). "Some Fallacies in the Interpretation of Social Cost." *The Quarterly Journal of Economics,* Vol. 38 (4), pp. 582–606.

Kohn, George C., ed. (2008). *Encyclopedia of Plague and Pestilence: From Ancient Times to the Present.* Infobase Publishing.

König, Michael D., Claudio J. Tessone, and Yves Zenou (2014). "Nestedness in Networks: A Theoretical Model and Some Applications." *Theoretical*

Economics, Vol. 9, pp. 695–752.

Krackhardt, David (1987). "Cognitive Social Structures." *Social Networks,* Vol. 9, pp. 109–34.

——— (1996). "Structural Leverage in Marketing." In Dawn Iacobucci, ed., *Networks in Marketing.* pp. 50–59. Thousand Oaks, CA: Sage.

Krapivsky, Paul L., Sidney Redner, and Francois Leyvraz (2000). "Connectivity of Growing Random Networks." *Physical Review Letters,* Vol. 85, p. 4629.

Kremer, Michael, Nazmul Chaudhury, F. Halsey Rogers, Karthik Muralidharan, and Jeffrey Hammer (2005). "Teacher Absence in India: A Snapshot." *Journal of the European Economic Association,* Vol. 3, pp. 658–67.

Krugman, Paul (2014). "Why We're in a New Gilded Age," *The New York Review of Books,* May 8.

Kuhn, Peter, Peter Kooreman, Adriaan Soetevent, and Arie Kapteyn (2011). "The Effects of Lottery Prizes on Winners and Their Neighbors: Evidence from the Dutch Postcode Lottery." *American Economic Review,* Vol. 101 (5), pp. 2226–47.

Kumar, Ravi, Prabhakar Raghavan, Sridhar Rajagopalan, D. Sivakumar, Andrew Tomkins, and Eli Upfal (2000). "Stochastic Models for the Web Graph." In *Foundations of Computer Science, 2000,* Proceedings, 41st Annual Symposium, pp. 57–65, IEEE.

Laguna Müggenburg, Eduardo (2017). "Using Homophily to Spread Information: Influencers Need Not Be Superstars." Mimeo, Stanford University.

Lalanne, Marie, and Paul Seabright (2016). "The Old Boy Network: The Impact of Professional Networks on Remuneration in Top Executive Jobs." SAFE Working Paper No 123.

Lareau, Annette (2011). *Unequal Childhoods: Class, Race, and Family Life.* Berkeley: University of California Press.

Laschever, Ron A. (2011). "The Doughboys Network: Social Interactions and Labor Market Outcomes of World War I Veterans." SSRN Discussion Paper No. 1205543.

Lau, Max S. Y., Benjamin Douglas Dalziel, Sebastian Funk, Amanda McClelland, Amanda Tiffany, Steven Riley, C. Jessica E. Metcalf, and Bryan T. Grenfell (2017). "Spatial and Temporal Dynamics of Superspreading Events in the 2014–2015 West Africa Ebola Epidemic." *Proceedings of the National Academy of Sciences,* Vol. 114 (9), pp. 2337–42.

Lazarsfeld, Paul F., Bernard Berelson, and Hazel Gaudet (1948). *The People's Choice: How the Voter Makes Up His Mind in a Presidential Campaign.* New York: Columbia University Press.

Lazarsfeld, Paul F., and Robert K. Merton (1954). "Friendship as a Social Process: A Substantive and Methodological Analysis." In *Freedom and*

Control in Modern Society, ed. M. Berger. New York: Van Nostrand.
Lazear, Edward P. (1999). "Culture and Language." *Journal of Political Economy,* Vol. 107, pp. S95–S126.
Lazer, David, and Stefan Wojcik (2017). "Political Networks and Computational Social Science." In *The Oxford Handbook of Political Networks,* ed. Jennifer Victor, Alexander Montgomery, and Mark Lubell. New York: Oxford University Press.
Leduc, Matt V., Matthew O. Jackson, and Ramesh Johari (2016). "Pricing and Referrals in Diffusion on Networks." SSRN Paper No. 2425490.
Lee, Chu Lin, and Gary Solon (2009). "Trends in Intergenerational Income Mobility." *Review of Economics and Statistics.* Vol. 91 (4), pp. 766–72.
Lelkes, Yphtach, Gaurav Sood, and Shanto Iyengar (2015). "The Hostile Audience: The Effect of Access to Broadband Internet on Partisan Affect." *American Journal of Political Science,* Vol. 61 (1), pp. 5–20.
Lerman, Kristina, Xiaoran Yan, and Xin-Zeng Wu (2015). "The Majority Illusion in Social Networks." ArXiv: 1506.03022v1.
Lerner, Josh, and Ulrike Malmendier (2013). "With a Little Help from My (Random) Friends: Success and Failure in Post–Business School Entrepreneurship." *Review of Financial Studies,* Vol. 26, pp. 2411–52.
Levitt, Steven D., and Stephen J. Dubner (2005). *Freakonomics.* New York: HarperCollins.
Levy, Gilat, and Ronny Razin (2015). "Correlation Neglect, Voting Behavior, and Information Aggregation." *The American Economic Review,* Vol. 105, pp. 1634–45.
Li, Weihua, Aisha E. Bradshaw, Caitlin B. Clary, and Skyler J. Cranmer (2017). "A Three-Degree Horizon of Peace in the Military Alliance Network," *Science Advances,* Vol. 3, article no. e1601895.
Lin, Ken-Hou, and Jennifer Lundquist (2013). "Mate Selection in Cyberspace: The Intersection of Race, Gender, and Education." *The American Journal of Sociology,* Vol. 119 (1), pp. 183–215.
Lin, Nan (1999). "Building a Network Theory of Social Capital." *Connections,* Vol. 22, pp. 28–51.
Lindert, Peter H., and Jeffrey G. Williamson (2012). "American Incomes 1774–1860." National Bureau of Economic Research Working Paper No. 18396.
Lindquist, Matthew J., and Yves Zenou (2014). "Key Players in Co-offending Networks." Available at SSRN: http://ssrn.com/abstract=2444910.
List, John A. (2006). "The Behavioralist Meets the Market: Measuring Social Preferences and Reputation Effects in Actual Transactions." *Journal of Political Economy,* Vol. 114, pp. 1–37.
List, John A., and Imran Rasul (2011). "Field Experiments in Labor Eco-

nomics." *Handbook of Labor Economics,* Vol. 4, pp. 103–228.
Lobel, Ilan, and Evan Sadler (2015). "Information Diffusion in Networks Through Social Learning." *Theoretical Economics,* Vol. 10, pp. 807–51.
Lorrain, François, and Harrison C. White (1971). "Structural Equivalence of Individuals in Social Networks." *The Journal of Mathematical Sociology,* Vol. 1, pp. 49–80.
Loury, Glenn (1977). "A Dynamic Theory of Racial Income Differences." *Women, Minorities, and Employment Discrimination,* Vol. 153, pp. 86–153.
——— (2009). *The Anatomy of Racial Inequality*. Cambridge, Mass.: Harvard University Press.
Lucas, Robert E., Jr. (2013). "Glass-Steagall: A Requiem." *The American Economic Review: Papers and Proceedings,* Vol. 103 (3), pp. 43–47.
Ludwig, Jens, Jeffrey B. Liebman, Jeffrey R. Kling, Greg J. Duncan, Lawrence F. Katz, Ronald C. Kessler, and Lisa Sanbonmatsu (2008). "What Can We Learn About Neighborhood Effects from the Moving to Opportunity Experiment." *American Journal of Sociology,* Vol. 114, pp. 144–88.
Mailath, George J., and Larry Samuelson (2006). *Repeated Games and Reputations: Long-Run Relationships*. Oxford, U.K.: Oxford University Press.
Manski, Charles F. (1993). "Identification of Endogenous Social Effects: The Reflection Problem." *The Review of Economic Studies,* pp. 531–42.
——— (2006). "Interpreting the Predictions of Prediction Markets." *Economics Letters,* Vol. 91, pp. 425–29.
Marmaros, David, and Bruce Sacerdote (2002). "Peer and Social Networks in Job Search." *European Economic Review,* Vol. 46, pp. 870–79.
Marshall, Alfred (1890). *Principles of Political Economy.* New York: Macmillan.
Martinelli, César A., Susan Parker, Ana Cristina Pérez-Gea, and Rodimiro Rodrigo (2015). "Cheating and Incentives: Learning from a Policy Experiment." Available at SSRN: https://ssrn.com/abstract=2606487.
——— (2016). "Cheating and Incentives: Learning from a Policy Experiment." Working Paper, George Mason University.
Marvel, Seth A., Travis Martin, Charles R. Doering, David Lusseau, and Mark E. J. Newman (2013). "The Small-World Effect Is a Modern Phenomenon." ArXiv: 1310.2636.
Massey, Douglas S., Joaquin Arango, Graeme Hugo, Ali Kouaouci, Adela Pellegrino, and J. Edward Taylor (1998). *Worlds in Motion: Understanding International Migration at the End of the Millennium*. Oxford, U.K.: Oxford University Press.
Massey, Douglas S., and Nancy A. Denton (1993). *American Apartheid: Segregation and the Making of the Underclass*. Cambridge, Mass.: Harvard University Press.
Mauleon, Ana, and Vincent Vannetelbosch (2004). "Farsightedness and

Cautiousness in Coalition Formation Games with Positive Spillovers." *Theory and Decision*, Vol. 56, pp. 291–324.

Mazzocco, Maurizio, and Shiv Saini (2012). "Testing Efficient Risk Sharing with Heterogeneous Risk Preferences." *The American Economic Review*, Vol. 102, pp. 428–68.

McCarty, Christopher, Peter D. Killworth, H. Russell Bernard, and Eugene C. Johnsen (2001). "Comparing Two Methods for Estimating Network Size." *Human Organization*, Vol. 60 (1), pp. 28–39.

McCormick, Tyler H., Matthew J. Salganik, and Tian Zheng (2010). "How Many People Do You Know?: Efficiently Estimating Personal Network Size." *Journal of the American Statistical Association*, Vol. 105 (489), pp. 59–70.

McCoy, Elin (2014). *The Emperor of Wine: The Rise of Robert M. Parker, Jr., and the Reign of American Taste*. New York: HarperCollins.

McFarland, Daniel A., James Moody, David Diehl, Jeffrey A. Smith, and Reuben J. Thomas (2014). "Network Ecology and Adolescent Social Structure." *American Sociological Review*, Vol. 79 (6), pp. 1088–1121.

McPherson, Miller, Lynn Smith-Lovin, and James M. Cook (2001). "Birds of a Feather: Homophily in Social Networks." *Annual Review of Sociology*, Vol. 27 (1), pp. 415–44.

McShane, Blakeley B., Eric T. Bradlow, and Jonah Berger (2012). "Visual Influence and Social Groups." *Journal of Marketing Research*, Vol. 49 (6), pp. 854–71.

Mele, Angelo (2017). "A Structural Model of Segregation in Social Networks." *Econometrica*, Vol. 85 (3), pp. 825–50.

Mengel, Friederike (2015). "Gender Differences in Networking." Available at SSRN: https://ssrn.com/abstract=2636885.

Miller, John H., and Scott E. Page (2009). *Complex Adaptive Systems: An Introduction to Computational Models of Social Life*. Princeton, N.J.: Princeton University Press.

Mitzenmacher, Michael (2004). "A Brief History of Generative Models for Power Law and Lognormal Distributions," *Internet Mathematics*, Vol. 1, pp. 226–51.

Mobius, Markus, Tuan Phan, and Adam Szeidl (2015). "Treasure Hunt: Social Learning in the Field." National Bureau of Economic Research Paper No. 21014.

Molavi, Pooya, Alireza Tahbaz-Salehi, and Ali Jadbabaie (2018). "A Theory of Non-Bayesian Social Learning." *Econometrica*, Vol. 86 (2), pp. 445–90.

Monsted, Bjarke, Piotr Sapiezynski, Emilio Ferrara, and Sune Lehmann (2017). "Evidence of Complex Contagion of Information in Social Media: An Experiment Using Twitter Bots." ArXiv preprint arXiv:1703.06027.

Montgomery, James D. (1991). "Social Networks and Labor-Market Out-

comes: Toward an Economic Analysis." *The American Economic Review,* Vol. 81, pp. 1408–18.
Moody, James, and Peter J. Mucha (2013). "Portrait of Political Party Polarization." *Network Science,* Vol. 1 (1), pp. 119–21.
Moore, Cristopher, and Mark E. J. Newman (2000). "Epidemics and Percolation in Small-World Networks." *Physical Review E,* Vol. 61, p. 5678.
Morelli, Sylvia A., Desmond C. Ong, Rucha Makati, Matthew O. Jackson, and Jamil Zaki (2017). "Psychological Trait Correlates of Individuals' Positions in Social Networks." *Proceedings of the National Academy of Sciences,* Vol. 114 (37), pp. 9843–47.
Moretti, Enrico (2011). "Social Learning and Peer Effects in Consumption: Evidence from Movie Sales." *The Review of Economic Studies,* Vol. 78, pp. 356–93.
Morris, Stephen (2000). "Contagion." *Review of Economic Studies,* Vol. 67 (1), pp. 57–78.
Munshi, Kaivan (2003). "Networks in the Modern Economy: Mexican Migrants in the US Labor Market." *The Quarterly Journal of Economics,* Vol. 118, pp. 549–99.
Muralidharan, Karthink, and Michael Kremer (2009). *Public and Private Schools in Rural India,* pp. 1–27. Cambridge, Mass.: MIT Press.
Myers, Charles A., and George P. Shultz (1951). *The Dynamics of a Labor Market.* Chicago: Greenwood.
Nannicini, Tommaso, Andrea Stella, Guido Tabellini, and Ugo Troiano (2013). "Social Capital and Political Accountability." *The American Economic Journal: Economic Policy,* Vol. 5, pp. 222–50.
Neal, Larry D., and Marc D. Weidenmier (2003). "Crises in the Global Economy from Tulips to Today." In *Globalization in Historical Perspective,* pp. 473–514. Chicago: University of Chicago Press.
Nei, Stephen M. (2017). "Frictions in Information Aggregation in Social Learning Environments." Mimeo. Oxford University.
Neuman, Susan B., and Donna Celano (2012). *Giving Our Children a Fighting Chance: Poverty, Literacy, and the Development of Information Capital.* New York: Teachers College Press.
Newman, Mark E. J. (2003). "The Structure and Function of Complex Networks." *SIAM Review,* Vol. 45 (2), pp. 167–256.
Newman, Mark E. J., Cristopher Moore, and Duncan J. Watts (2000). "Mean-Field Solution of the Small-World Network Model." *Physical Review Letters,* Vol. 84, pp. 3201–04.
Nguyen, Trang (2008). "Information, Role Models and Perceived Returns to Education: Experimental Evidence from Madagascar." Manuscript, MIT.
Ody-Brasier, Amandine, and Isabel Fernandez-Mateo (2015). "Minority

Producers and Pricing in the Champagne Industry: The Case of Female Grape Growers." *Academy of Management Proceedings*, Vol. 2015 (1), pp. 124–57.

Ostrom, Elinor (1990). *Governing the Commons: The Evolution of Institutions for Collective Action*. Cambridge, U.K.: Cambridge University Press.

Ozsoylev, Han N., Johan Walden, M. Deniz Yavuz, and Recep Bildik (2014). "Investor Networks in the Stock Market." *The Review of Financial Studies*, Vol. 27 (5). pp. 1323–66.

Padgett, John F., and Christopher K. Ansell (1993). "Robust Action and the Rise of the Medici 1400–1434." *American Journal of Sociology*, Vol. 98 (6), pp. 1259–1319.

Page, Scott E. (2008). *The Difference: How the Power of Diversity Creates Better Groups, Firms, Schools, and Societies.* Princeton, N.J.: Princeton University Press.

——— (2017). *The Diversity Bonus: How Great Teams Pay Off in the Knowledge Economy.* Princeton, N.J.: Princeton University Press.

Pallais, Amanda, and Emily Glassberg Sands (2016). "Why the Referential Treatment: Evidence from Field Experiments on Referrals." *Journal of Political Economy*, Vol. 124 (6), pp. 1793–1828.

Patacchini, Eleonora, and Yves Zenou (2012). "Ethnic Networks and Employment Outcomes." *Regional Science and Urban Economics*, Vol. 42, pp. 938–49.

Payne, B. Keith, Jazmin L. Brown-Iannuzzi, and Jason W. Hannay (2017). "Economic Inequality Increases Risk Taking." *Proceedings of the National Academy of Sciences*, Vol. 114, pp. 4643–48.

Pennock, David M., Gary W. Flake, Steve Lawrence, Eric J. Glover, and C. Lee Giles (2002). "Winners Don't Take All: Characterizing the Competition for Links on the Web." *Proceedings of the National Academy of Sciences*, Vol. 99, pp. 5207–11.

Perkins, H. Wesley, Michael P. Haines, and Richard Rice (2005). "Misperceiving the College Drinking Norm and Related Problems: A Nationwide Study of Exposure to Prevention Information, Perceived Norms and Student Alcohol Misuse." *Journal of Studies on Alcohol*, Vol. 66, pp. 470–78.

Perkins, H. Wesley, Jeffrey W. Linkenbach, Melissa A. Lewis, and Clayton Neighbors (2010). "Effectiveness of Social Norms Media Marketing in Reducing Drinking and Driving: A Statewide Campaign." *Addictive Behaviors*, Vol. 35, pp. 866–74.

Perkins, H. Wesley, Philip W. Meilman, Jami S. Leichliter, Jeffrey R. Cashin, and Cheryl A. Presley (1999). "Misperceptions of the Norms for the Frequency of Alcohol and Other Drug Use on College Campuses." *Journal of American College Health*, Vol. 47:6, pp. 253–58.

Persson, Torsten, and Guido Tabellini (1994). "Is Inequality Harmful for Growth?" *The American Economic Review*, Vol. 84, pp. 600–621.

Pfeffer, Jeffrey, (1981). *Power in Organizations*, Vol. 33, Marshfield, Mass.: Pitman.

Pfeffer, Jeffrey (1992). *Managing with Power: Politics and Influence in Organizations*. Cambridge, Mass.: Harvard Business Press.

Pfitzner, René, Ingo Scholtes, Antonios Garas, Claudio J. Tessone, and Frank Schweitzer (2013). "Betweenness Preference: Quantifying Correlations in the Topological Dynamics of Temporal Networks." *Physical Review Letters*, Vol. 110, article no. 198701.

Piketty, Thomas (2014). *Capital in the Twenty-First Century*. Cambridge, Mass.: Harvard University Press.

Popkin, Susan J., Laura E. Harris, and Mary K. Cunningham (2002). "Families in Transition: A Qualitative Analysis of the MTO Experience." Report Prepared for the U.S. Department of Housing and Urban Development.

Porter, Mason A., Jukka-Pekka Onnela, and Peter J. Mucha (2009). "Communities in Networks." *Notices of the AMS*, Vol. 56, pp. 1082–97.

Poy, Samuele, and Simone Schüller (2016). "Internet and Voting in the Web 2.0 Era: Evidence from a Local Broadband Policy." CESIFO Working Paper No. 6129.

Prabhakar, Balaji, Katherine N. Dektar, and Deborah M. Gordon (2012). "The Regulation of Ant Colony Foraging Activity Without Spatial Information." *PLoS Computational Biology*, Vol. 8, article no. e1002670.

Prendergast, Canice, and Robert H. Topel (1996). "Favoritism in Organizations." *Journal of Political Economy*, Vol. 104, pp. 958–78.

Price, Derek de Solla (1976). "A General Theory of Bibliometric and Other Cumulative Advantage Processes." *Journal of the American Society for Information Science*, Vol. 27, pp. 292–306.

Prummer, Anja (2016). "Spatial Advertisement in Political Campaigns." Preprint, Queen Mary University of London.

Putnam, R. D. (2000). *Bowling Alone: The Collapse and Revival of American Community*. New York: Simon & Schuster.

Quillian, Lincoln (1995). "Prejudice as a Response to Perceived Group Threat: Population Composition and Anti-Immigrant and Racial Prejudice in Europe," *American Sociological Review*, pp. 586–611.

Rainie, Lee, and Barry Wellman (2012). *Networked: The New Social Operating System*. Cambridge, Mass.: MIT Press.

Ravallion, Martin, and Shubham Chaudhuri (1997). "Risk and Insurance in Village India: Comment." *Econometrica*, Vol. 65:1, pp. 171–84.

Rawls, John (1971). *A Theory of Justice*. Cambridge, Mass.: Harvard Univer-

sity Press.
Reardon, Sean F. (2011). "The Widening Academic Achievement Gap Between the Rich and the Poor: New Evidence and Possible Explanations." In *Whither Opportunity*, pp. 91–116. New York: Russell Sage Foundation.
Rees, Albert, George Pratt Shultz, et al. (1970). *Workers and Wages in an Urban Labor Market*. Chicago: University of Chicago Press.
Reinhart, Carmen, and Kenneth Rogoff (2009). *This Time Is Different*. Princeton, N.J.: Princeton University Press.
Revzina, N. V., and R. J. DiClemente (2005). "Prevalence and Incidence of Human Papillomavirus Infection in Women in the USA: A Systematic Review." *International Journal of STD and AIDS*, Vol. 16, pp. 528–37.
Riach, Peter A., and Judith Rich (2002). "Field Experiments of Discrimination in the Marketplace." *The Economic Journal*, Vol. 112, pp. F480–F518.
Richerson, Peter J., and Robert Boyd (2008). *Not by Genes Alone: How Culture Transformed Human Evolution*. Chicago: University of Chicago Press.
Roemer, John E., and Alain Trannoy (2016). "Equality of Opportunity: Theory and Measurement." *Journal of Economic Literature*, Vol. 54, pp. 1288–1332.
Rogers, Everett M. (1995). *Diffusion of Innovations*. New York: Free Press.
Ross, Lee, David Greene, and Pamela House (1977). "The False Consensus Effect: An Ego-Centric Bias in Social Perception and Attribution Processes." *Journal of Experimental Social Psychology*, Vol. 13, pp. 279–301.
Roth, Alvin E. (2007). "Repugnance as a Constraint on Markets." *The Journal of Economic Perspectives*, Vol. 21, pp. 37–58.
Sacerdote, Bruce (2001). "Peer Effects with Random Assignment: Results for Dartmouth Roommates." *The Quarterly Journal of Economics*, Vol. 116, pp. 681–704.
——— (2011). "Peer Effects in Education: How Might They Work, How Big Are They and How Much Do We Know Thus Far?" In *Handbook of the Economics of Education*, ed. by Eric A. Hanushek, Stephen Machin, and Ludger Woessmann, Vol. 3, pp. 249–77. San Diego: North-Holland.
Salganik, Matthew J., Peter S. Dodds, and Duncan J. Watts (2006). "Experimental Study of Inequality and Unpredictability in an Artificial Cultural Market." *Science*, Vol. 311, pp. 854–56.
Samphantharak, Krislert, and Robert M. Townsend (2018). "Risk and Return in Village Economies." *American Economic Journal: Microeconomics*, Vol. 10 (1), pp. 1–40.
Saunders, Anthony, and Berry Wilson (1996). "Contagious Bank Runs: Evidence from the 1929–1933 Period." *Journal of Financial Intermediation*,

Vol. 5, pp. 409–23.
Schaner, Simone (2015). "Do Opposites Detract? Intrahousehold Preference Heterogeneity and Inefficient Strategic Savings." *American Economic Journal: Applied Economics,* Vol. 7 (2), pp. 135–74.
Scharfstein, David S., and Jeremy C. Stein (1990). "Herd Behavior and Investment." *The American Economic Review,* pp. 465–79.
Schmitt, Robert C., and Eleanor C. Nordyke (2001). "Death in Hawai'i: The Epidemics of 1848–1849." *The Hawaiian Journal of History,* Vol. 35, pp. 1–13.
Schweitzer, Frank, Giorgio Fagiolo, Didier Sornette, Fernando Vega-Redondo, Alessandro Vespignani, and Douglas R. White (2009). "Economic Networks: The New Challenges." *Science,* Vol. 325, pp. 422–25.
Scitovsky, Tibor (1954). "Two Concepts of External Economies." *Journal of Political Economy,* Vol. 62 (2), pp. 143–51.
Seabright, Paul (2010). *The Company of Strangers: A Natural History of Economic Life.* Princeton, N.J.: Princeton University Press.
Shemesh, Joshua, and Fernando Zapatero (2016). "The Intensity of Keeping Up with the Joneses Behavior: Evidence from Neighbor Effects in Car Purchases." Preprint.
Shi, Yigong, and Yi Rao (2010). "China's Research Culture." *Science,* Vol. 329 (5996), p. 1128.
Shiller, Robert J. (2015). *Irrational Exuberance.* Princeton, N.J.: Princeton University Press.
Shilts, Randy (1987). *And the Band Played On: Politics, People, and the AIDS Epidemic.* New York: St. Martin's Press.
Shoag, Daniel, and Stan Veuger (2016). "No Woman No Crime: Ban the Box, Employment, and Upskilling." HKS Working Paper No. 16-015.
Shulman, Stanford T., Deborah L. Shulman, and Ronald H. Sims (2009). "The Tragic 1824 Journey of the Hawaiian King and Queen to London: History of Measles in Hawaii." *Pediatric Infectious Disease Journal,* Vol. 28 (8), pp. 728–33.
Skopek, Jan, Florian Schulz, and Hans-Peter Blossfeld (2010). "Who Contacts Whom? Educational Homophily in Online Mate Selection." *European Sociological Review,* Vol. 27 (2), pp. 180–195.
Smith, Adam (1776). *An Inquiry into the Nature and Causes of the Wealth of Nations.* London: A. and C. Black and W. Tait.
Smith, Lones, and Peter Sorensen (2000). "Pathological Outcomes of Observational Learning." *Econometrica,* Vol. 68, pp. 371–98.
Smith, Sandra S. (2000). "Mobilizing Social Resources: Race, Ethnic, and Gender Differences in Social Capital and Persisting Wage Inequalities." *The Sociological Quarterly,* Vol. 41 (4), pp. 509–37.
Snijders, Tom A. B. (2011). "Multilevel Analysis." In *International Encyclope-*

dia of Statistical Science, pp. 879–82. New York: Springer.
Sobel, Joel (2002). "Can We Trust Social Capital?" *Journal of Economic Literature*, Vol. 40, pp. 139–54.
Solomonoff, Ray, and Anatol Rapoport (1951). "Connectivity of Random Nets." *The Bulletin of Mathematical Biophysics*, Vol. 13, pp. 107–17.
Solow, Robert M. (2000). "Notes on Social Capital and Economic Performance." In *Social Capital: A Multifaceted Perspective*, Vol. 6, pp. 6–12. Washington, D.C.: World Bank Publications.
Soramäki, Kimmo, Morten L. Bech, Jeffrey Arnold, Robert J. Glass, and Walter E. Beyeler (2007). "The Topology of Interbank Payment Flows." *Physica A*, Vol. 379, pp. 317–33.
Stanley, H. Eugene (1971). *Phase Transitions and Critical Phenomena*. Oxford, U.K.: Oxford University Press.
Stock, James H., and Francesco Trebbi (2003). "Retrospectives: Who Invented Instrumental Variable Regression?" *The Journal of Economic Perspectives*, Vol. 17, pp. 177–94.
Su, Lixin Nancy, and Donghui Wu (2016). "Is Audit Behavior Contagious? Teamwork Experience and Audit Quality by Individual Auditors." Available at SSRN: https://ssrn.com/abstract=2816435.
Sunstein, Cass R. (2108). *Republic: Divided Democracy in the Age of Social Media*. Princeton, N. J.: Princeton University Press.
Surowiecki, James (2005). *The Wisdom of Crowds*. New York: Anchor.
Szreter, Simon, and Michael Woolcock (2004). "Health by Association? Social Capital, Social Theory, and the Political Economy of Public Health." *International Journal of Epidemiology*, Vol. 33, pp. 650–67.
Tabellini, Guido (2010). "Culture and Institutions: Economic Development in the Regions of Europe." *Journal of the European Economic Association*, Vol. 8, pp. 677–716.
Tadelis, Steven (2016). "The Economics of Reputation and Feedback Systems in E-Commerce Marketplaces." *IEEE Internet Computing*, Vol. 20 (1), 12–19.
Tan, Jijun, Ting Zeng, and Shenghao Zhu (2015). "Earnings, Income, and Wealth Distributions in China: Facts from the 2011 China Household Finance Survey." Preprint.
Tan, Tongxue (2016). *Social Ties and the Market: A Study of Digital Printing Industry from an Informal Economy Perspective*, Chapter 3. Beijing: BRILL.
Tatum, Beverly Daniel (2010). *Why Are All the Black Kids Sitting Together in the Cafeteria? And Other Conversations About Race*. New York: Basic Books.
Thaler, Richard H., and Cass R. Sunstein (2008). *Nudge: Improving Decisions About Health, Wealth, and Happiness*. New Haven, Conn.: Yale University Press.

Tomasello, Michael (2009). *The Cultural Origins of Human Cognition*. Cambridge, Mass.: Harvard University Press.

Townsend, Robert M. (1994). "Risk and Insurance in Village India." *Econometrica,* Vol. 62, pp. 539–91.

Travers, Jeffrey, and Stanley Milgram (1969). "An Experimental Study of the Small World Problem." *Sociometry,* Vol. 32 (4), pp. 425-43.

Tucker, Joan S., Jeremy N. V. Miles, Elizabeth J. D'Amico, Annie J. Zhou, Harold D. Green, and Regina A. Shih (2013). "Temporal Associations of Popularity and Alcohol Use Among Middle School Students." *Journal of Adolescent Health,* Vol. 52, pp. 108–15.

Ugander, Johan, Brian Karrer, Lars Backstrom, and Cameron Marlow (2011). "The Anatomy of the Facebook Social Graph." http://arxiv.org/abs/1111.4503v1.

Uzzi, Brian (1996). "The Sources and Consequences of Embeddedness for the Economic Performance of Organizations: The Network Effect." *American Sociological Review,* pp. 674–98.

——— (1997). "Social Structure and Competition in Interfirm Networks: The Paradox of Embeddedness." *Administrative Science Quarterly,* Vol. 42, pp. 35–67.

Valente, Thomas W. (2012). "Network Interventions." *Science,* Vol. 337 (6), pp. 49–53.

Valente, Thomas W., and Patchareeya Pumpuang (2007). "Identifying Opinion Leaders to Promote Behavior Change." *Health Education and Behavior,* Vol. 34 (6), pp. 881–96.

Valente, Thomas W., Jennifer B. Unger, and C. Anderson Johnson (2005). "Do Popular Students Smoke? The Association Between Popularity and Smoking Among Middle School Students." *Journal of Adolescent Health,* Vol. 37, pp. 323–29.

Valentine, Vikki (2006). "Origins of the 1918 Pandemic: The Case for France." NPR, http://www.npr.org/templates/story/story.php?storyId=5222069.

van der Leij, Marco, Daan in 't Veld, and Cars H. Hommes (2016). "The Formation of a Core-Periphery Structure in Heterogeneous Financial Networks." Available at SSR: https://ssrn.com/abstract=2865666.

Vázquez, Alexei (2003). "Growing Network with Local Rules: Preferential Attachment, Clustering Hierarchy, and Degree Correlations." *Physical Review E,* Vol. 67, article no. 056104.

Vega-Redondo, Fernando (2007). *Complex Social Networks.* Cambridge, U.K.: Cambridge University Press.

Verbrugge, Lois M. (1977). "The Structure of Adult Friendship Choices." *Social Forces,* Vol. 56, pp. 576–97.

Wainwright, Tom (2016). *Narconomics: How to Run a Drug Cartel*. New York: PublicAffairs.
Waldman, Steven, and the Working Group on Information Needs of Communities (2011). *Information Needs of Communities: The Changing Media Landscape in a Broadband Age*. Federal Communications Commission Report, http://www.fcc.gov/infoneedsreport.
Wang, Chaojun (2017). "Core-Periphery Trading Networks." Dissertation, Stanford University.
Wartick, Steven L. (2002). "Measuring Corporate Reputation: Definition and Data." *Business & Society*, Vol. 41, pp. 371–92.
Wasserman, Stanley, and Katherine Faust (1994). *Social Network Analysis*. Cambridge, U.K.: Cambridge University Press.
Watts, Alison (2001). "A Dynamic Model of Network Formation." *Games and Economic Behavior*, Vol. 34, pp. 331–41.
Watts, Duncan J. (1999). *Small Worlds: The Dynamics of Networks Between Order and Randomness*. Princeton, N.J.: Princeton University Press.
——— (2004). *Six Degrees: The Science of a Connected Age*. New York: W. W. Norton.
Watts, Duncan J., and Steven H. Strogatz (1998). "Collective Dynamics of Small-World Networks." *Nature*, Vol. 393, pp. 440–42.
Weichselbaumer, Doris, and Rudolf Winter-Ebmer (2005). "A Meta-Analysis of the International Gender Wage Gap." *Journal of Economic Surveys*, Vol. 19, pp. 479–511.
Weisel, Ori, and Shaul Shalvi (2015). "The Collaborative Roots of Corruption." *Proceedings of the National Academy of Sciences*, Vol. 112, pp. 10651–56.
Wellman, Barry, and Stephen D. Berkowitz (1988). *Social Structures: A Network Approach*. Cambridge, U.K.: Cambridge University Press.
West, Cornel (1993). *Race Matters*. New York: Vintage.
White, Douglas R., and Karl P. Reitz (1983). "Graph and Semigroup Homomorphisms on Networks of Relations." *Social Networks*, Vol. 5, pp. 193–234.
Wilfert, L., G. Long, H. C. Leggett, P. Schmid-Hempel, R. Butlin, S. J. M. Martin, and M. Boots (2016). "Deformed Wing Virus Is a Recent Global Epidemic in Honeybees Driven by Varroa Mites." *Science*, Vol. 351, pp. 594–97.
Willette, Demian A., Sara E. Simmonds, Samantha H. Cheng, Sofi Esteves, Tonya L. Kane, Hayley Nuetzel, Nicholas Pilaud, Rita Rachmawati, and Paul H. Barber (2017). "Using DNA Barcoding to Track Seafood Mislabeling in Los Angeles Restaurants." *Conservation Biology*. Vol. 31 (5), pp. 1076–85.
Wilson, William Julius (2012). *The Truly Disadvantaged: The Inner City, the*

Underclass, and Public Policy. Chicago: University of Chicago Press.
Wolfers, Justin, and Eric Zitzewitz (2004). "Prediction Markets." *The Journal of Economic Perspectives*, Vol. 18, pp. 107–26.
——— (2006). "Interpreting Prediction Market Prices as Probabilities." National Bureau of Economic Research Paper No. 12200.
Woolcock, Michael (1998). "Social Capital and Economic Development: Toward a Theoretical Synthesis and Policy Framework." *Theory and Society*, Vol. 27, pp. 151–208.
Wu, Ye, Changsong Zhou, Jinghua Xiao, Jürgen Kurths, and Hans Joachim Schellnhuber (2010). "Evidence for a Bimodal Distribution in Human Communication." *Proceedings of the National Academy of Sciences*, Vol. 107 (44), pp. 18803–8.
Xie, Yu, and Xiang Zhou (2014). "Income Inequality in Today's China." *Proceedings of the National Academy of Sciences*, Vol. 111, pp. 6928–33.
Xing, Yiqing (2016). "Who Shares Risk with Whom and How? Endogenous Matching and Selection of Risk Sharing Equilibria." SIEPR Discussion Paper No. 16-025.
Young, Allyn A. (1913). "Review of Pigou's Wealth and Welfare." *The Quarterly Journal of Economics*, Vol. 27 (4), pp. 672–86
Young, H. Peyton (1996). "The Economics of Convention." *The Journal of Economic Perspectives*, Vol. 10, pp. 105–22.
Zuckoff, Mitchell (2006). *Ponzi's Scheme: The True Story of a Financial Legend*. New York: Random House.
Chen, Yuyu, Suresh Naidu, Tinghua Yu, and Noam Yuchtman (2015). "Intergenerational mobility and institutional change in 20th century China." *Explorations in Economic History* 58: 44 – 73.
Huang, Fali, Ginger Zhe Jin, and Lixin Colin Xu(2017). "Love, money, and parental goods: Does parental matchmaking matter? ." *Journal of Comparative Economics* 45, no. 2, 224 – 245.
Xie, Yu (2017). "It's Whom You Know." *Science*, volume 355, Issue 6329, pp. 1022 – 1023.

致　谢

我们从本书中看到，身处不同网络中的人们共同影响着我们的观点和行为。撰写一本书同样如此。压力能帮助揭示哪些人是你的真朋友，写书的过程展示了众多的人际关系。

本书的写作灵感来自我妻子对我的《社会与经济网络》（*Social and Economic Network*）一书的逐字审读。萨拉喜欢每章开头部分对有关概念和思想的集中描述——在技术性的介绍文字之前。把这些描述汇编起来，会形成一本短小却枯燥的书，但它的确表明有关人类网络会如何影响人类行为的许多话题可以面向更广泛的读者群体，而且至少已经有一个人希望了解更多。

我要特别感谢 Asher Wolinsky 在 1992 年的一次午餐谈话激发了我对网络研究的兴趣，以及他在我最终形成本书的整个旅程中的合作。在社会交往研究领域，我有过很多的合作者，他们对我的深刻影响或明或暗地表现在本书中的各处。按照年代顺序，包括：Asher Wolinsky、Alison Watts、Bhaskar Dutta、Ehud Kalai、Anna Bogomolnaia、Anne van den Nouweland、Toni Calvó-Armengol、Roland Fryer、Francis Bloch、Gary Charness、Alan Kirman、Jernej Čopič、Brian Rogers、Massimo Morelli、Dunia López Pintado、Leeat Yariv、Andrea Galeotti、Sanjeev Goyal、Fernando Vega-Redondo、Ben Golub、Sergio Currarini、Paolo Pin、Daron Acemoglu、Tomas Rodriguez Barraquer、谭旭、Abhijit Banerjee、Arun Chandrasekhar、Esther Duflo、邢亦青、Yves Zenou、Matt Elliott、Stephen Nei、Matt Leduc、Ramesh Johari、Sylvia Morelli、